Waldtraut Lewin
Römische Sagen

W0039673

Noch weitere Titel in dieser Reihe:

RÖMISCHE SAGEN

Ausgewählt und neu erzählt von Waldtraut Lewin

ISBN 978-3-7855-6353-3
1. Auflage 2013
© 2013 Loewe Verlag GmbH, Bindlach
Umschlagillustration: Markus Lovadina
Umschlaggestaltung: Christian Keller
Printed in Germany

www.loewe-verlag.de

INHALT

DIE GRÜNDUNG ROMS

DIE ZEIT DER KÖNIGE

GÖTTERBEGEGNUNG

Wie alles begann

Es war in grauer Vorzeit, als die Stammväter Roms aufbrachen und gen Westen fuhren über das Meer, hinter sich die himmelhoch lodernden Flammen ihrer zerstörten Heimatstadt Troja.

Was aber war geschehen und wie war es zu dieser Katastrophe gekommen?

Zehn Jahre lang hatte ein gewaltiges griechisches Heer Troja belagert, die mächtige Stadt an der Küste Kleinasiens. Der Anlass war eigentlich geringfügig, doch er hatte Folgen von dramatischen Ausmaßen: Der junge troische Königssohn Paris hatte eine griechische Fürstin nach Troja entführt. Und wie so oft in diesen Zeiten hatten Götter die Hand im Spiel. Es war die Liebesgöttin Aphrodite, die Tochter des Zeus, die Paris bei seinem Raub der schönen Helena half.

Für die verbündeten Könige der Griecheninseln war diese Entführung Grund genug gewesen, einen zehnjährigen Kampf um Troja zu beginnen. Die Schmach sollte gerächt werden! Der »gehörnte« Gatte der Helena war König Menelaus, sein Bruder Agamemnon übernahm die Leitung der Operation. Und die Götter des Olymp hatten leidenschaftlich für die eine oder andere Seite Partei ergriffen!

Natürlich unterstützte Aphrodite weiter ihren Günstling Paris. Hera aber, die Frau des Zeus, war als Beschützerin der Ehe leidenschaftlich auf der Seite der Griechen – schließlich hatte Paris seine geliebte Helena ihrem angetrauten Mann gestohlen! Ihr zur Seite stand Pallas Athene, die Vertreterin von Weisheit und kluger Kriegsführung: Ihr Liebling war der listenreiche Odysseus, ein griechischer Heerführer. Der Meeresgott Poseidon stand, aus welchen Gründen auch immer, auf der Seite der Griechen, während Apollon, der unfehlbare Bogenschütze, für die Troer stritt. Der Göttervater Zeus versuchte zu vermitteln, aber die anderen Götter hatten sich so heftig für ihre Schützlinge eingesetzt und wüteten so wild gegeneinander, dass er nahezu machtlos war. Schließlich, nach langen zehn Jahren, zog der oberste Gott seine Hand von Troja ab, gab der einen Partei – der seiner Frau! – nach und erteilte die Zustimmung für die Zerstörung der Stadt.

Und so fiel das stark befestigte, schier uneinnehmbare Troja durch die List des Odysseus.

Man hatte vorgetäuscht, die Belagerung endlich abzubrechen, und die Schiffe der Griechen waren am Horizont verschwunden. Zurückgelassen hatten sie aber ein riesiges hölzernes Pferd – und in ihrem Glückstaumel über den endlich erlangten Frieden zogen die Troer das Ungetüm ins Innere ihrer Festung. Sie ahnten nicht, dass im Bauch des Holzrosses bewaffnete Krieger versteckt waren.

Nachts geschah es dann: Die Flotte kehrte in aller Heimlichkeit zurück, die Griechen stiegen aus dem Bauch des Pferdes und vereinigten sich mit ihren Kampfgefährten. Mord, Tod und Brand rasten alsbald durch die Straßen; die ahnungslosen Troer, die bis spät in die Nacht hinein ihren »Sieg« gefeiert hatten, wurden im Schlaf gemeuchelt, der Rest versklavt und weggeschleppt. Die Stadt war eine einzige Brandfackel.

Nur Wenigen gelang die Flucht aus der verlorenen Stadt.

Zu ihnen zählte der heldenhafte Äneas, ein Sohn der Aphrodite.

Die Göttin war Troja schon immer zugetan gewesen, und da sie nun einmal die Liebesgöttin war, blieb es nicht aus, dass der eine oder andere Troer mit ihrer Gunst beschenkt wurde. Zu diesen Sterblichen gehörte Anchises, ein Verwandter des troischen Königs Priamus, und diesem Mann hatte die Göttin einen Sohn geboren: eben jenen Äneas.

In den zehn Jahren der Belagerung hatte Äneas viele tapfere Kämpfe mit griechischen Kriegern bestanden, aber sein Ruhm stand immer ein bisschen im Schatten der anderen großen Helden der Stadt, wie zum Beispiel Hektor oder die anderen Söhne des Königs.

Aber nun hatte ihn die Mutter zu Großem ausersehen.

In der Nacht, in der Troja fiel, hatte ihn die Göttin in einem Traum gewarnt und ihn aufgefordert, die Stadt zu verlassen. Doch als Äneas vom Kampfgeschrei und Waffenlärm erwachte, war der Traum vergessen und er eilte auf das Dach seines Hauses. Er sah, dass die Griechen bereits schwert- und fackelschwingend auf Plätzen und Straßen herumliefen und abschlachteten, was ihnen in den Weg kam. Rasch ergriff er Lanze und Schild, um mit einigen tapferen Gefährten zu retten, was zu retten war, und wollte sich ins Getümmel stürzen.

Doch auf der Schwelle seines Hauses kam ihm Panthus

entgegen, ein Priester des Apollo. Er trug kleine Statuen aus gebranntem Ton in einem Weidenkorb mit sich: die schützenden Götter der Stadt, die Penaten.

»Edler Äneas«, rief er, »es gibt keine Rettung mehr. Trojas letzter Tag ist gekommen, wir alle sind dem Tod geweiht. Jedoch wenigstens unsere Götter dürfen nicht in die Hand des Feindes fallen! Mein Gott Apollo hat mir eingegeben, sie dir anzuvertrauen, damit du sie in Sicherheit bringst und sie aus unserem Untergang rettest!«

Äneas aber verwies den Priester zunächst ins Haus zu seinem Vater Anchises und machte sich auf, mit den Verteidigern der Stadt zu kämpfen.

Aber bald musste er einsehen, dass die Stadt verloren war; es konnte nur noch darum gehen, ehrenvoll zu sterben. Troja brannte.

Da kamen ihm sein alter Vater, sein Sohn und sein Weib in den Sinn, die alle drei hilflos der rasenden Wut der Sieger ausgesetzt sein würden – und er dachte an die Stadtgötter, die in seinem Haus geborgen waren. Der Traum, in dem ihn seine göttliche Mutter gewarnt hatte, die Stadt zu verlassen, sobald er könne, fiel ihm wieder ein. Er steckte sein blutbeflecktes Schwert in die Scheide und eilte nach Haus.

Seine Frau Creusa erwartete ihn bereits. Sie hielt ihr kleines Söhnchen Julus an der Hand und war bereit zum Aufbruch, denn auch ihr hatte die Liebesgöttin eine nächtliche Botschaft geschickt.

Aber der greise Anchises weigerte sich zu fliehen. »Flüchtet ihr, ihr seid jung und voller Lebensmut und Kraft!«, rief er aus. »Wenn aber die Götter das Ende Trojas beschlossen haben, will ich mit meiner Stadt untergehen!«

»Nun gut«, erwiderte Äneas. »So soll es denn sein: Ich werde das Haus schützen und hier auf der Schwelle kämpfend untergehen, denn ohne dich, teurer Vater, verlasse ich Troja nicht.«

Schon zog er seine Waffe, um sich in Kampfposition zu begeben, da geschah ein Wunder. Auf dem Scheitel des kleinen Julus erschien ein Flämmchen, das über seine Locken strich und die Schläfen umzüngelte. Erschrocken schrie die Mutter auf und versuchte mit den Händen den Brand zu löschen, aber da merkte sie: Das Feuer erzeugte keinerlei Hitze, es loderte, ohne Schmerzen zuzufügen.

Äneas sank in die Knie. »Höchster Vater der Götter, kommt das Omen, das ich hier sehe, von dir? Ist es dein Wille, dass das Geschlecht deiner Tochter nicht zugrunde gehen soll?«

Ein krachender Donner, der das Schlachtgewühl und die Schreie der Sterbenden draußen übertönte, bekräftigte, dass hier ein Gott ein Zeichen gab: das Zeichen, sich zu retten und Troja zu verlassen.

Nun kannte Äneas kein Zögern mehr.

»Wenn du dich weigerst zu gehen«, sagte er entschlossen zu seinem Vater, »so muss ich dich forttragen. Du bist soeben Zeuge gewesen: Meine göttliche Mutter und der höchste aller Götter haben mir eine Aufgabe überantwortet. So wie der Steuermann im Sturm das sinkende Schiff verlässt und sich und die Seinen in ein kleines Boot rettet, so werde ich dich, mein Weib und meinen kleinen Sohn Julus Ascanius fortführen aus der dem Untergang geweihten Stadt. Wenn auch König Priamus und mit ihm unser ganzes Volk untergehen soll: Unsere Penaten wenigstens sollen mit uns gerettet werden und Garant sein dafür, dass die Troer nicht vollständig vom Boden der Erde verschwinden.

Du, Vater, bist der Einzige hier, der sie tragen darf, denn weder Weib noch Kind sind dazu auserlesen, und meine Hände sind vom Blut des Kampfes befleckt, bevor ich nicht gereinigt bin, hieße es die Götter entweihen, wenn ich sie berührte.«

Da nahm Anchises, endlich überzeugt, den Korb mit den Götterbildern, und Äneas hob den Vater auf seine starken Schultern und machte sich auf; seinen kleinen Sohn aber hielt er an der Hand und Creusa ging hinterher. Ihr Ziel war ein Tempel außerhalb der Stadtmauern, und zwar auf der Seite, wo die Stadt ans Gebirge grenzte – die Seeseite war völlig in der Hand der Griechen. Äneas kannte eine kleine Ausfallpforte, dahin wandte er sich mit den Seinen.

Äneas wählte die Straßen, aus denen die Griechen nach ihrem Wüten schon abgezogen waren. Er sprang über die Leichen, die im Weg lagen, und er, der sonst furchtlos den Feinden getrotzt hatte, schrak jetzt bei jedem Geräusch zusammen, denn schließlich galt es, um jeden Preis seine Familie und die Penaten zu retten.

Aber die mütterliche Göttin leitete ihn, als er so durch die brennende Stadt schritt; sie blies vor ihm die Flammen der Brände aus, teilte die Rauchwolken und lenkte die Pfeile und Speere ab, die hier und da auftauchende Verfolger ihnen nachschleuderten.

Ab und zu wandte Äneas sich um, vergewisserte sich, dass seine Frau Creusa ihm folgte. Die Flucht der Familie schien zu glücken.

Endlich hatte er mit Glück die Stadt verlassen und lud seine Bürde ab. Nun wollte er seine Gattin erleichtert in die Arme schließen – doch Creusa war verschwunden! Irgendwann auf der letzten Strecke des Weges musste sie zurückgeblieben sein.

Er rief seine Gattin mit Namen – vergebens. So kehrte er verzweifelt um und suchte nach ihr. Er kam nicht weit. Wo sie eben noch gewesen waren, schlugen nun die Flammen bis in den Himmel.

Im Feuer sah er eine Gestalt, die seine Creusa zu sein schien, aber sie kam ihm größer und erhabener vor als sonst und es war ihm, als würde sie schweben. Sein Fuß stockte und der Ruf blieb ihm in der Kehle stecken.

Das Wesen kam auf ihn zu und sagte mit sanfter Stimme: »Lieber Gemahl, suche nicht mehr nach mir. Die Götter haben es so bestimmt, dass ich dir nicht folgen soll. In der Zukunft erwartet dich eine andere Gattin. Sei unbesorgt, kein roher Grieche wird meine Ehre antasten, niemand wird mich als Sklavin fortschleppen. Deine göttliche Mutter hat sich meiner angenommen und mich in ihr Heiligtum auf Zypern entführt. Gedenke meiner ohne Schmerz und bewahre dein Herz für unseren Sohn.«

Äneas stürzte vor und wollte die Erscheinung umarmen, aber er griff nur in leere Luft.

Bestürzt und verwirrt kehrte Äneas um, verließ die aufgegebene Stadt und ging zum Tempel zurück. Dort hatten sich inzwischen noch andere Flüchtlinge eingefunden, die ebenfalls hofften, hier in Sicherheit zu sein.

Mit Grausen sahen sie von fern zu, wie in Troja die Flammen wüteten. Dem kampferprobten Äneas sagte die Erfahrung, dass sie weitermussten. Noch war es Nacht und die Griechen schwelgten im Blutrausch. Aber bei Tagesanbruch würden sie bestimmt beginnen, die Umgebung nach Überlebenden abzusuchen. Also sammelte er die geretteten Troer um sich und stieg mit ihnen und seiner Familie in die nahe gelegenen Berge, an deren Fuß sich der Tempel befand.

Auf Umwegen gelangten sie schließlich ans Meeresgestade am Fuße des Idagebirges und fanden zunächst Unterschlupf in der kleinen Stadt Antandrus. Dort stellten sich mit der Zeit noch andere Troer ein, die dem Morden entkommen waren.

Ihnen allen war klar, dass sie nicht in der Nähe der Ruinen Trojas, der von den Göttern verlassenen Stadt, bleiben konnten. Irgendwann würden die Griechen abziehen mit allem, was sie erbeutet hatten – aber wer wollte schon an diesen Ort zurückkehren? Er schien ihnen verflucht.

Sie mussten sich eine andere Heimat suchen.

Die Götter reisen mit

Wer außerdem mit ihnen zog, waren ihre alten Götter, denn was ist entsetzlicher, als alles an Gut und Habe zu verlieren und dann nicht einmal mehr jemanden zu haben, zu dem man beten kann! Nicht nur der Korb mit den Penaten, den Statuen der troischen Hausgötter, nein, die ganze Schar des Olympos begleitete den Flüchtling Äneas und die Seinen.

Lange waren die Flüchtlinge unterwegs. Als sie dann aber

nach einer Reihe von Irrfahrten (von denen noch erzählt werden soll) endlich eine neue Heimat fanden, trafen sie nicht etwa auf unbewohnte Landstriche. An den Gestaden Latiums, in Italien, wohnten andere Völker und die beteten andere Gottheiten an. Aber andere Götter – das musste nicht heißen, feindliche Götter.

Erfreulicherweise behauptete in dieser frühen Zeit der Menschheit noch niemand von sich, seine Götter oder sein einer Gott seien allein selig machend und alle, die einen anderen anbeten würden, seien verloren und verworfen.

Ganz im Gegenteil.

Die griechischen Götter und die Gottheiten Latiums begegneten einander freundlich, wie es auch – zunächst – die Völker taten. Und ihre Anbeter stellten bald fest, dass sich die hohen Wesen ergänzten oder dass sie zum Teil sogar die gleichen Aufgaben zu erfüllen hatten. So unterschiedlich sind die Dinge, für die Götter »zuständig« sind, nun einmal nicht: Geburt und Tod, Krieg und Frieden, Ehe, Glück und Wohlstand.

Im Laufe der Zeit bekamen die göttlichen Neuankömmlinge andere Namen. Ungriechische Namen, die sich häufig anlehnten an die Sprachen, die auf Italiens Boden gesprochen wurden.

So konnte es geschehen, dass der neue Götterhimmel in vielem identisch war mit dem, den die Flüchtlinge mitbrachten – aber doch nicht ganz und gar. Die Götter, die es nun gab und die einmal die Götter der mächtigen Stadt Rom sein sollten, sahen den Vorbildern vom Olympos ungefähr so ähnlich, wie ein Sohn seinem Vater oder eine Tochter ihrer Mutter ähnlich sieht.

Und bevor nun erzählt werden kann, welche Abenteuer Äneas und den Seinen zustießen, müssen wir diese neuen römischen Götter vorstellen.

Der römische Götterhimmel

Jupiter

ist bei den Römern der höchste Gott und er kann in vielem dem griechischen Zeus gleichgesetzt werden. Er ist Herr des Himmels und Beherrscher der Götter. In seinem Namen steckt das lateinische Wort »pater«, Vater der Götter und der Menschen. Zeus ist hier mit einem uralten italischen Himmelsgott verschmolzen. Sein Name bedeutet »Himmlischer Vater« und er war vor allem anderen ein Wetter- und Donnergott. Nun, das Donnern gehört auch zu seinen Obliegenheiten … Jupiter hat die Beinamen »der Beste« (Optimus) und »der Größte« (Maximus). Dieser Göttervater ist also seriös! Damit freilich steht er im Gegensatz zu Zeus, dem die fantasievollen Griechen jede Menge Liebesabenteuer mit sterblichen Frauen angedichtet hatten. Jupiter macht so etwas nicht.

Juno

So hat auch seine Gattin Juno keinen Grund, ständig eifersüchtig zu sein wie ihre griechische Entsprechung Hera. Sie ist eine sehr ernsthafte Person. Auch sie ist wie Hera die Be-

schützerin der Ehe und der Frauen und kann sich sehr auf-
regen über Ehegatten, die einander betrügen. Sie bestraft
die Frevler unnachsichtig und ist in hohem Maße nachtra-
gend. Ihren Namen hat sie von der italischen Fruchtbar-
keitsgottheit Uni übernommen, mit der sie im Lauf der
Zeit eins wurde.

Ihr gemeinsamer Sohn ist Mars.

Mars

Er ist der Ares der Griechen, ist hier wie dort der Gott des
Krieges, und da die Römer ein sehr kämpferisches Volk
sind – es wird viel davon die Rede sein –, wird er hoch verehrt. Das Kriegsgewerbe obliegt ihm ganz allein. Während
er sich bei den Griechen mit seiner Halbschwester Pallas
Athene dieses Ressort teilen musste (Athene war die Tak-
tikerin und Strategin, Ares der »Hau-Drauf«), hat bei den
Römern diese Göttin den Namen Minerva und ist hier
hauptsächlich für Handwerk und Gewerbe zuständig. Aus
den Kriegen hält sie sich heraus.

Apollo

Er ist der Führer der Musen, der Gott des Lichts und der
geistigen Klarheit, und hat seinen griechischen Namen behalten können, aber er ist nun hauptsächlich ein Beschützer der Ärzte und der Heilkunst geworden.

Zwar wissen die Römer auch um seine Begleiterinnen,

die neun Musen, die Wissenschaften und Künste vertreten, aber sie genießen im Volk keine allzu große Verehrung. Die Musen, das war etwas, worüber im alten Rom gebildete Leute in der griechischer Literatur nachlasen.

Apollos Schwester Artemis, die spröde mädchenhafte Jägerin, heißt in Rom Diana.

Diana

Sie bewacht die keimende Saat und ist mit dem Mond auf Du und Du, aber auch in den Wäldern ist sie gern zu Haus. Die schönen und scheuen Nymphen sind ihr als Gefolge geblieben und auch der bocksfüßige Naturgott Pan und seine lüsternen Freunde, die Satyrn, bevölkern die römischen Wälder.

Mercurius

Aus Hermes, dem Führer der Reisenden und der Seelen auf dem Weg in die Unterwelt, haben die Römer den Mercurius gemacht und er ist nun hauptsächlich der Beschützer der Kaufleute – und der Diebe, was man sich in Rom, als es mächtig wurde, wohl als dicht beisammenliegende Berufe vorstellte. Ausgestattet mit Stab, goldenen Flügelsandalen und manchmal auch geflügeltem Helm, ist er ebenfalls der Bote der Götter.

Priapus

Der Sohn des Mercurius allerdings, der in der griechischen Mythologie eher eine untergeordnete Rolle spielt, hat es in Rom zu hoher Beliebtheit gebracht. Priapus ist Wächter der Gärten und Haine und stets zu derb-komischen Scherzen aufgelegt. Sein besonderes Kennzeichen ist sein riesiges, immer erigiertes Glied.

Venus

Aus Aphrodite wurde nun Venus und auch hier ist sie die Göttin der Liebe und der Schönheit. Ihr anmutiger und flatterhafter Sohn, der mit dem Bogen den unfehlbaren Liebespfeil in die Herzen der Menschen schießt, wurde von Eros zu Amor.

Verheiratet ist sie mit Vulcanus (griechisch Hephaistos), dem hässlichen hinkenden Gott des Feuers und der Schmiedekunst – was sie nicht davon abhält, zahlreiche Liebesabenteuer zu suchen, vor allem mit dem starken und schönen Kriegsgott Mars.

Bacchus

Der Gott hieß in Griechenland Dionysos. Er ist der Gott des Weines und des Rausches, dem man ein Trankopfer spendet, bevor man ein fröhliches Gelage beginnt.

Andere Bewohner des griechischen Olymp büßten ihre Vielfalt ein und sind zu »Schutzheiligen« geworden: Ceres, die griechische Demeter, soll die Gärten behüten, Neptunus, einst der Gott der Meere und Gewässer Poseidon, soll nun Trockenheit abwehren und das Versiegen von Quellen und Wasserläufen verhindern.

Die Rachegöttinnen der griechischen Sage heißen Erinnyen oder Eumeniden. Sie verfolgen Verbrecher, vor allem Mörder oder Frevler gegen das Göttliche, quälen sie und treiben sie manchmal in den Wahnsinn. In Rom heißen sie Furien. Ihre Aufgaben sind die gleichen geblieben.

Die Römer werden sich nicht so viel Zeit nehmen, sich aufregende Geschichten über ihre Götter auszudenken. Sie sind nüchterner als die Griechen und kommen nicht auf die Idee, ihre himmlischen Beschützer wie Menschen zu beschreiben und ihnen Abenteuer anzudichten, wie sie sie selbst erleben. Es sieht so aus, als sollten all diese Götter einfach nur »funktionieren«, damit auf der Welt alles seine Ordnung hat. Um sie dafür gnädig zu stimmen, baut man ihnen Tempel und weiht ihnen Opfergaben.

Zu den Göttern, die aus Griechenland übers Meer gekommen sind und mehr oder weniger ihr Gesicht verändert haben, gesellt sich in der neuen Heimat eine ganze Reihe von Gottheiten, die aus der Tradition der Ureinwohner, der Italiker, vor allem aber vom uralten Volk der Etrusker stammen. Die Etrusker bewohnten einen großen Teil Mittelitaliens. Sie hatten eine hohe Kultur, die den Einwanderern weit überlegen war. Ihre Götter waren beliebt bei den einfachen Leuten und wurden bei den Bauern und Handwerkern stets weiter verehrt. Da gibt es Götter für die Bienenzucht und für die Obstbäume, für die Rinderherden und für das Saatkorn, fürs Weideland und sogar für die Düngung.

Die Römer betrachteten die Etrusker zwar mit Misstrauen und bekämpften das Volk schließlich bis zur Ausrottung. Trotzdem aber übernahmen sie vieles aus dem etruskischen Pantheon, dem Götterhimmel. Das hängt auch damit zusammen, dass man der Auffassung war, man könnte in Kriegszeiten sozusagen die Götter der Gegner auf seine Seite ziehen, wenn man zu ihnen betete und ihnen Opfer darbrachte.

Allerdings ist von diesen Kulten dann oft nur noch die leere Hülle übrig geblieben, man vollzog Rituale, deren Herkunft man nicht kannte und daher auch nicht mehr verstand.

Was uns heute aber geheimnisvoll und rätselhaft erscheinen mag und was wir gern ergründen wollen, rührt die verstandesmäßig agierenden Römer gar nicht; wenn man nur alles »richtig« macht im Gottesdienst, würde es schon helfen.

Zu den ureigenen Göttern der Römer gehören Janus, Saturnus und Vesta.

Wenn römische Priester mehrere Götter anrufen, so wird stets mit dem Namen des Janus begonnen. Über seine Herkunft ist nichts bekannt. Er ist der göttliche Hüter von Türen, Toren und Schwellen. Man stellt ihn doppelgesichtig dar, weil er sowohl in die Vergangenheit als auch in die Zukunft sieht. So ist er der Gott des Anfangs und des Endes, des Lebensbeginns und des Abschlusses. Ihm gebühren höchste Ehren. Nur die höchsten Staatsbeamten oder die obersten Priester dürfen seinen Kult ausüben.

In der Gestalt des Saturnus hat wieder eine Verschmelzung stattgefunden. Bei den Griechen ist er der Vater des Zeus, eine Verkörperung der Zeit, ein Titan, der seine Kinder verschlingt, und alles andere als ein angenehmer Geselle. Der Saturnus der Römer jedoch war der Hausgott eines etruskischen Stammes und man bringt ihn in Verbindung mit Saat und Ernte; er gibt als Erster den Menschen Nahrung und seine Regierung war die des goldenen Zeitalters, wo alle Menschen in Eintracht lebten und weder Herren noch Sklaven existierten.

Einmal im Jahr, zur Zeit der Wintersonnenwende, werden die Saturnalien gefeiert, jenes Fest, an dem die Sklaven die Rolle der Herren übernehmen dürfen, ehe sie nach drei Tagen wieder in ihren alten Stand zurückkehren müssen.

Vesta war die heilige Hüterin des Herdfeuers – was darauf hinweist, welche wichtige Rolle die Familie, die Sippe, im römischen Volk spielt. Vesta erhält in Rom einen eigenen Tempel, darin bewacht sie das Ewige Feuer der Stadt. Die Flamme darf nie erlöschen! Sechs Vestalinnen, Frauen aus den ersten Häusern der Stadt, hüten es. Sie üben das Amt für dreißig Jahre aus und während dieser Zeit sind sie unberührbar, das heißt, sie dürfen sich mit keinem Mann einlassen. Eine Vestalin, die ihre Jungfräulichkeit verliert, wird auf grausame Weise öffentlich hingerichtet.

Das Herdfeuer, der Mittelpunkt eines jeden Hauses, ist auch die Stätte, an der der Familienvater alle Riten vollzieht, die eine wichtige Handlung begleiten, zum Beispiel ein neugeborenes Kind zu seinem rechtmäßigen Sohn zu erklären.

Im römischen Alltag werden außerdem eine ganze Reihe von Haus- und Familiengöttern angebetet.

Da sind zunächst die Penaten, Schutzgötter der Familie innerhalb des Hauses; eigentlich Götter der Hauswirtschaft. Die Römer siedeln diese Götter bereits bei ihren legendären Vorfahren in Troja an – ein Zeichen dafür, dass sie nicht wegdenkbar sind.

Die Laren dagegen wachen außerhalb des Hauses über das Wohlergehen der »familia« (zu der auch die Sklaven gehören). Ihre Altäre sind hauptsächlich an Kreuzwegen und an Grenzrainen aufgestellt. Auch hier geht es darum, dass diese kleinen Götter den Besitz sichern. Man erkauft sich ihr Wohlwollen durch Opfergaben.

Eine wichtige Stellung nimmt auch die Verehrung der Ahnen ein, deren Büsten in jedem besseren römischen Haus in der Empfangshalle stehen. Man glaubt, dass die Seelen der Verstorbenen in ihren Gräbern weiterleben. Sind sie wohlwollend, indem man sie durch Verehrung besänftigt, heißen sie Manen. Vernachlässigt man sie, können sie zu Lemuren werden, zu bösartigen Quälgeistern. Aber auch sie kann man durch die richtigen Opfer oder durch magische Riten lenken und beherrschen.

Zudem hat jedes männliche freie Familienmitglied einen Genius, ein Symbol seiner Lebenskraft. Dies Symbol wird sehr ernst genommen: Es konnte vorkommen, dass ein Sklave, der den Genius seines Herren gelästert hatte, gekreuzigt wurde.

Darüber hinaus machen die Römer unbekümmert Naturerscheinungen zu Göttern. Sie nahmen an, dass bestimmten Vorgängen mystische Kräfte innewohnen, die man durch die richtigen Beschwörungen gutstimmen kann. So gibt es eine Gottheit des ersten Babyschreis; besondere Götter lehren das Kind essen und trinken und ruhig im Bett zu liegen, andere stärken seine Knochen und Zähne und überwachen seine ersten Schritte und seine ersten Worte.

Es ist also eine ganz praktische Sicht auf das Verhältnis zwischen Göttern und Menschen, die sich hier offenbart. »Do ut des« heißt die lateinische Devise: Ich gebe, damit du gibst.

Mit anderen Worten: Wenn ich im Umgang mit den Überirdischen nur alles richtig mache, wird es mir gut gehen.

So nimmt es nicht Wunder, dass alle möglichen magischen Handlungen und Beschwörungen den römischen Götterkult bestimmen. Und nicht nur für Haus und Familie spielen Riten die beherrschende Rolle. Auch alle politischen Aktivitäten der Stadt werden begleitet von rituellen Handlungen. Regierungsbeschlüsse können sogar annulliert werden, wenn ein Gutachten der Religionshüter dazu negativ ausfällt.

Eine Reihe von Priestern wacht darüber, dass alles so abläuft, wie es festgelegt ist. Eine große Rolle spielt dabei das

Opfer von Tieren und Nahrungsmitteln, das Einhalten bestimmter uralter Feste und die Wahrsagung aus dem Vogelflug oder den Eingeweiden von Opfertieren, die auszudeuten natürlich wieder nur auserwählte Priester imstande sind – die Auguren.

Die Texte, die bei den Beschwörungen oder bei bestimmten Liedern vorgetragen werden, stammen aus grauer Vorzeit und sind den Römern selbst nicht mehr verständlich.

Und aus gleicher Vorzeit stammen auch einige kuriose Vorschriften für die Priester: Der Jupiterpriester zum Beispiel darf kein bewaffnetes Heer anschauen, keinen Ring oder Gürtel tragen, nicht mit unbedecktem Kopf ausgehen, und die Berührung von rohem Fleisch, Ziegen, Efeu und Bohnen ist ihm untersagt.

Niemand hat dafür eine Erklärung. Aber es sucht auch keiner danach.

Zwei Feste der Römer gehen auf uralte Tabus zurück: Das Fest des Waldgottes Silvanus wird nur von Männern begangen, beim Fest der Bona Dea, der »Guten Göttin«, sind nur Frauen zugelassen. Auf beiden Festen muss es ziemlich ausschweifend zugegangen sein. Was genau dabei geschah, weiß heute allerdings keiner mehr.

Die Götterwelt der Römer ist bunt zusammengewürfelt und die praktische Nützlichkeit hat eindeutig den Vorrang vor dem Spiel der Fantasie. Welche Liebschaften die Götter mit Menschen oder untereinander haben, worüber sie lachen oder weinen oder sich erzürnen, weswegen sie beleidigt sind – das ist den Menschen am Tiber nicht mehr so wichtig, wie es den Griechen war. Jedenfalls dichten sie den griechischen Unsterblichen keine neuen Abenteuer an.

Aber der sagenhafte Stammvater Äneas kommt aus der griechischen Welt. Und der Dichter, der Äneas' Geschichte in Rom und für Rom einst erzählt hat, muss tief eintauchen in den Geist Griechenlands, wenn er seinen Helden aus Troja beschreibt, obwohl er durch und durch Römer ist. Seine Götter tragen zwar bereits lateinische Namen, aber noch benimmt sich die eifersüchtige und intrigante Juno wie ihre Vorgängerin Hera, noch haften Venus die Koketterien und Launen der Aphrodite an, noch tobt Neptunus auf dem Meer herum wie einst Poseidon.

Erst nachdem sich der Sagenkreis um Äneas erschöpft hat, sind die Römer bei sich, bei ihrer Weltsicht, ihrer klaren Nüchternheit angekommen.

Doch jetzt brechen zunächst die besiegten Troer auf ins Ungewisse.

DIE ABENTEUER DES ÄNEAS

Aufbruch

Die kleine Schar der Überlebenden aus Troja, die sich in der Hafenstadt Antandrus zusammengefunden hatte, musste sich nun auf die Suche nach einer neuen Heimat machen. Das Königshaus des Priamus war ausgelöscht, all die herrlichen Söhne, die bei der Verteidigung ihrer Stadt so viele Heldentaten vollführt hatten, waren entweder im Kampf gefallen oder, wie der greise König selbst, beim Sturm auf die Stadt von den Griechen niedergemetzelt worden.

Anchises, der Vater des Äneas, schien allen zu alt und gebrechlich, um die Flüchtlinge durch all die Gefahren zu leiten, denen sie mit Sicherheit auf ihrer Reise in eine ungewisse Zukunft ausgesetzt sein würden. So blieb als Führer der Überlebenden nur sein Sohn Äneas übrig. Dass er der Sohn der Göttin Venus war, war dem Volk zunächst verschwiegen worden. Venus hatte sich nur im Geheimen zu ihrer Mutterschaft bekannt und dem Anchises befohlen, überall zu behaupten, er habe ein Kind mit einer Nymphe gezeugt. Aber nach und nach war die Wahrheit ohnehin durchgesickert.

Nun aber, in den Schrecken des letzten Kampfes um Troja, hatte sich die Göttin ihres einstigen Geliebten und ihrer beider Sohn erinnert, sich zu ihnen bekannt und sie, wie wir wissen, sicher aus der brennenden Stadt geleitet. Da Äneas selbst schon einen Sohn, den kleinen Julus, hatte, war das Überleben des Geschlechts gesichert.

Die Rolle als Führer fiel also Äneas zu und er nahm sie selbstverständlich an. Er fühlte sich von jeher dazu berufen, große Taten zu vollbringen und die Menschen zu leiten. Bisher hatte er dazu wenig Gelegenheit gehabt. Die Söhne des Königs hatten stets in der ersten Reihe gestanden. Mit großer Sorge und tiefem Verantwortungsgefühl kümmerte Äneas sich nun um die Heimatlosen.

Die Flüchtlinge hatten sich zunächst in Antandrus niedergelassen. Aber es war klar, dass ihnen die Bewohner der Stadt auf Dauer kein Heimatrecht gewähren würden. So ordnete Äneas an, dass sie über den Winter Holz in den Bergen des Ida schlagen und mit dem Bau neuer Schiffe beginnen sollten. Wie alle Mittelmeervölker waren auch die Troer geschickte Schiffsbauer, und tatsächlich war zu Beginn des Frühlings eine stattliche Flotte entstanden, die in der Lage war, die Überlebenden mit ihrer wenigen geretteten Habe aufzunehmen. Sie waren entschlossen, Asien zu verlassen und sich in Europa eine neue Heimat zu schaffen.

An einem sonnigen Morgen machten die Troer ihre Schiffe segelklar, die Männer hoben ihre Frauen und Kinder an Bord und setzten sich an die Ruder und der greise Anchises selbst gab das Zeichen zum Aufbruch.

Munter blähte der auffrischende Wind die Segel, die schwarz geteerten Schiffsrümpfe hoben und senkten sich im Takt der Wellen, die rauschend an ihnen vorbeischossen,

Möwen umsegelten kreischend die Takelage, Delfine hoben ihre freundlichen Köpfe aus dem Wasser und begrüßten die Seefahrer mit hohen anmutigen Sprüngen.

Aber auf den Schiffen herrschte keine frohe Stimmung. Viele Frauen hatten ihre Gewänder über den Kopf gezogen und weinten still vor sich hin. Andere standen am Heck und streckten jammernd die Arme nach dem sich entfernenden heimatlichen Strand aus, den sie nun für immer verlassen sollten.

Ihr Anführer Äneas stand jedoch hoch aufgerichtet am Mast des Flaggschiffs und sah nach vorn. Er wusste, es gab kein Zurück. Neben ihm war sein kleiner Sohn Julus. Ihm wie allen anderen musste er eine neue Heimat geben. Dazu hatten die Götter ihn ausersehen.

In Thrakien

Alles schien günstig zu verlaufen.

Die Flotte machte gute Fahrt und schon nach wenigen Tagen landete man an einem Strand, der den Seefahrern unbekannt schien.

Das Land wirkte fruchtbar, es gab reichlich Wasser und Wild und keine Bewohner näherten sich den Ankömmlingen.

Äneas, der auf gut Glück losgesegelt war, wusste nicht, dass er in Thrakien angekommen war (einem Landstrich, der etwa dem heutigen Bulgarien entspricht), sonst hätte er ohne Zweifel nicht sofort damit begonnen, hier den Grundstein für eine neue Stadt zu legen.

Denn Thrakien und das frühere Troja hatten folgende Vorgeschichte: Die beiden Herrscherhäuser waren von alters her eigentlich durch freundschaftliche Bande miteinander verknüpft gewesen. Ein Sohn des Priamus, Polydorus, wurde beim thrakischen König erzogen, wie es häufig Sitte war, dass man seine jungen Söhne an andere Höfe schickte, um sie dort aufwachsen zu lassen.

Als die Griechen nun Troja belagerten, unternahmen sie häufig Beutezüge ins Hinterland der Stadt und »Exkursionen« zur See, um die potenziellen Verbündeten der Troer auszurauben. So gab es auch einen griechischen Streifzug nach Thrakien. Der feige thrakische Herrscher jedoch erkaufte sich Frieden und Tributfreiheit, indem er den jungen Sohn des Priamus an die Griechen auslieferte. Die Eroberer machten sich ein Vergnügen daraus, den Jungen vor den Toren Trojas und unter den Augen seines Vaters zu Tode zu steinigen.

Äneas also wusste nicht, dass er in Thrakien gelandet war. Er hielt seine Männer an, den Grundstein für eine neue Stadt zu legen, und während sie schon Holz schlugen für die ersten Häuser, die errichtet werden sollten, wollte ihr gottesfürchtiger Anführer für das Werk den Schutz der Götter erbitten und Jupiter einen Stier opfern.

Er errichtete einen behelfsmäßigen Altar aus Erde und Rasenstücken und sah sich nach frischem Grün um, das Viereck des Altars mit Zweigen abzustecken.

In der Nähe entdeckte er einen Hügel, der von einem luftigen Wäldchen gekrönt wurde. Junge Myrthen und die frischen Triebe der Cornelkirsche wuchsen da, gut geeignet für das, was er vorhatte.

Also eilte er zu dem Wäldchen und fasste nach einem der Sträucher, um ihn auszureißen. Aber welch Entsetzen! Schwarze Blutstropfen quollen aus den Wurzeln und breiteten sich zu einer Lache auf dem Boden aus.

Von Schauder ergriffen ließ Äneas die Pflanze los und warf sich zu Boden.

»Ihr Nymphen des Waldes und ihr Schutzgötter dieser Erde, wer ihr auch sein mögt!«, rief er mit erhobenen Händen. »Ich flehe euch an, wendet das Unheil ab von mir! Was soll das Wunderzeichen bedeuten?«

Aber es blieb still, nur der Wind raschelte im zarten Laub der Myrthen. So fasste sich Äneas ein Herz und ergriff einen anderen Strauch, um ihn auszureißen. Nun aber drang ein tiefes Stöhnen aus dem Boden hervor und schließlich hörte er eine Stimme wie von weit her: »Was quälst du mich, Fremdling? Habe Erbarmen mit mir! Ich bin Polydorus, der Sohn des Priamus, dessen Seele in diesem Hügel wohnt, hier, wo ich als Kind ahnungslos spielte. Mein Pflegevater, der König von Thrakien, verriet mich und lieferte mich den Griechen aus, aber andere Thraker, die gottesfürchtiger waren als er, sammelten heimlich meine Gebeine und brachten sie zur Sühne hierher. Störe meine Ruhe nicht! Aber fürchte den Mann, der hier herrscht! Er ist Fremden nicht günstig gesonnen.«

Nachdem Äneas sich gefasst hatte, eilte er zu den Troern zurück und berichtete zunächst seinem Vater, dann den anderen Ältesten der Auswanderer von dem, was ihm widerfahren war.

Alle waren sich einig darin, dass sie hier keine neue Heimstatt finden konnten.

So ließ man die bereits begonnen Arbeiten an der neuen Stadt liegen und stehen, veranstaltete in aller Eile eine Totenfeier zu Ehren des unglücklichen Polydorus und stach dann in See, so schnell es nur ging – bevor die verräterischen Bewohner des Landes überhaupt etwas von ihrer Ankunft wahrgenommen hatten.

Der erste Versuch, wieder sesshaft zu werden, war gescheitert.

Auf Delos

Noch immer waren ihnen Wind und Wetter günstig und so machte die kleine Flotte schnelle Fahrt. Sie waren nicht allzu lange unterwegs, als sie eine Insel aus dem Meer aufsteigen sahen, dicht bewaldet und von lieblichen Buchten geschmückt.

Diese Insel war Delos, eine der Zykladeninseln im Ägäischen Meer, jener Ort, auf dem einst Apollo zur Welt gekommen war. Die dortigen Bewohner hatten dem Gott ihre Stadt geweiht und verehrten ihn als den Beschützer der Heilkundigen in einem schönen Tempel.

Als die Flotte der Flüchtlinge in den Hafen von Delos einlief, eilte der Herrscher des Landes, der gleichzeitig der oberste Priester war, herbei, um die Fremdlinge nach den Regeln der Gastfreundschaft zu begrüßen. Zum Zeichen seiner friedlichen Gesinnung trug er einen Lorbeerzweig in der Hand und trug den heiligen Kranz des Apollogeweihten um die Stirn.

»Wer auch immer ihr sein mögt!«, rief er aus, »seid willkommen auf Delos, der Insel des Apollo. Seid Gäste meines Volkes. Hier könnt ihr das Orakel des Gottes befragen, ob euch eine glückliche Zukunft bevorsteht.«

Dankbar verließen die Troer ihre Schiffe, um an Land zu gehen.

Äneas half seinem greisen Vater beim Verlassen des Flaggschiffs, und kaum hatte dessen Fuß das Land berührt, da rief der priesterliche König: »Kann ich meinen Augen trauen? Anchises, mein alter Gastfreund aus Troja! Nie werde ich vergessen, mit welcher Fürsorge und Freundlichkeit du mich umgabst, als ich dich einst in deinen Hallen besuchte! Apollo sei Dank, du lebst! Als die Kunde vom furchtbaren Ende eurer Stadt zu mir drang, glaubte ich, auch du und dein Sohn wären unter den Opfern!«

Anchises umarmte den anderen unter Tränen. »Wir sind die Einzigen, die sich aus der brennenden Stadt retten konnten – die letzten Überlebenden. Wahrhaftig, ein günstiger Wind hat uns hierhergeführt. So können wir das Orakel des Gottes befragen, der uns und unserer Stadt immer gnädig gesonnen war und auf den Mauern für uns und mit uns gegen die Griechen gestritten hat.«

Und so geschah es.

Äneas, Anchises und der delische König zogen zum Lorbeerhain des Apollo aus, wo sich hinter hohen Quadermauern sein säulengeschmücktes Heiligtum befand. In der offenen Halle stand der metallene Dreifuß mit dem Opferfeuer. Davor ging Äneas ehrfürchtig auf die Knie, hob flehend die Hände und betete: »Hoher Beschützer des troischen Volkes, dessen Bogen unfehlbar trifft und der die Zukunft kennt, gib uns Schutzflehenden eine neue Stadt, lass uns ein zweites Troja gründen und gewähre, dass unser Volk nicht zugrunde geht und verstreut im Elend der Fremde umherstreifen muss! Gib uns ein Zeichen, Apollo, sprich zu uns, wenn du deine Verehrer weiterhin liebst.«

Und siehe da, die Erde erbebte ringsum, der Lorbeerhain und die umgebenden Berge schienen sich zu schütteln wie erwachende Tiere. Alles Volk fiel schreckensbleich zu Boden. Und dann ertönte aus dem Inneren des Tempels eine weithin hallende Stimme: »Standhafter Stamm Trojas, kehre zurück in das Land eurer Ahnherren! Suche den Schoß auf, der dich hervorgebracht hat. Von dort aus werden die Enkel des Äneas, wird sein Haus den Erdkreis weithin beherrschen.«

Die Stimme verhallte und das Land ringsum lag so friedlich und still im Sonnenlicht, als sei nichts geschehen.

Langsam erhoben sich die Menschen, noch bleich vom ausgestandenen Schrecken. Aber allmählich wurde den Troern bewusst, welch günstiges Orakel ihnen da eben verkündet worden war. Sie würden nicht nur überleben, sondern aufs Neue ein mächtiges Volk sein! Bald lagen sich alle in den Armen und weinten vor Freude.

Äneas, sein Vater und die Ältesten berieten gemeinsam mit dem delischen König, welches Land die Prophezeiung des Apollo wohl gemeint haben könnte.

Der alte Anchises war in der Ahnenkunde wohlbewandert und wusste viele Geschichten aus grauer Vorzeit. Er sagte schließlich: »Ich glaube, ich kenne die Deutung des Orakels, liebe Freunde. Nicht fern von hier liegt eine Insel im Meer, deren Name ist Kreta. Von dort soll einer unserer Stammväter hergekommen sein.

Das Land, so heißt es, ist fruchtbar und die Bewohner freundlich und genau wie in unserer alten troischen Heimat heißt das Gebirge dieser Insel Idagebirge. Schon das sollte uns ein Zeichen sein, dass wir von dort stammen. Sicher schickt uns Apollo nun wieder dorthin zurück. Lasst uns die Schiffe rüsten! Wenn uns die Götter günstigen Fahrtwind verleihen, können wir binnen Kurzem dorthin gelangen.«

Die Deutung, die Anchises dem Götterspruch gab, schien allen einleuchtend.

So schritten sie zunächst dazu, den Göttern zu opfern. Sie schlachteten dem Apollo einen weißen Stier und genauso widmeten sie ein solches Tier dem Neptunus, damit der die Meereswogen besänftigen solle. Den Windgöttern aber opferten sie ein weißes und ein schwarzes Lamm.

Dann nahmen sie Abschied vom Gastfreund und bestiegen wieder ihre Schiffe und bei heiterem Wetter machte sich die Flotte frohgemut auf den Weg zur Insel Kreta.

Heimstatt Kreta?

Bereits am dritten Tag erreichten die Flüchtlinge Kreta.

Ihre Freude kannte keine Grenzen, da sie von den Bewohnern, wie erhofft, freundlich aufgenommen wurden. Ohne Wenn und Aber wurde ihnen ihre Bitte gewährt, auf der Insel zu siedeln, und Äneas begann mit dem gleichen Eifer und ordnendem Talent wie auf Thrakien mit dem Aufbau ihrer neuen Stadt, die er Pergamus nannte, denn so hatte die Burg, das Zentrum von Troja, geheißen.

Alles hätte nicht besser verlaufen können. Jahre vergingen. Die Auswanderer wurden nun sesshaft. Man verteilte den Grund und Boden unter den Familien, erbaute ein Rathaus, wie es sich für eine Stadt gehörte, verkündete die Regeln des Zusammenlebens, schloss erste Ehen unter den jungen Leuten.

Und dann kam ein von Dürre bestimmter Sommer und mit ihm das Verderben. Ein glutheißer Wind aus dem Süden fuhr gleichsam mit Feuerzungen ohne Pause über das Land der Troer dahin. Die Saaten verdorrten auf dem Halm, weder Baum noch Sträucher trugen Früchte, das Vieh verendete an den versiegten Quellen und brüllte vor Hunger. Seuchen befielen die Menschen, viele starben an Wassermangel.

Keine Opfergaben, keine Gebete, kein noch so inständiges Flehen halfen. Auf dem Land schien ein Fluch zu liegen. Sicher hatte man den Zorn der Götter herausgefordert. Aber womit? Hatten sie sich nicht strikt an das gehalten, was ihnen vom Orakel verkündet worden war? Hatte man bestimmte Riten nicht befolgt?

Die schwer geprüften Flüchtlinge glaubten sich verloren. Der Rat der Ältesten traf zusammen, um zu beraten, was zu tun sei.

Bekümmerten Herzens sprach der greise Anchises: »Der Spruch des Apollo darf nicht angezweifelt werden. Freunde, ich bin es, den an diesem Unglück die Schuld trifft. Ich habe den Spruch des Gottes falsch gedeutet. Dies Gestade ist uns offenbar verwehrt. Wohlan denn, lasst alles, was noch am Leben ist, ein weiteres Mal zu Schiff gehen und zurücksegeln nach Delos, um Apollo noch einmal anzurufen. Sicher werden wir dann Aufschluss darüber erlangen, was der Gott gemeint hat.«

Die Siedler stimmten ihm zu – alles war besser, als an diesem verheerten und verbrannten Ufer zu bleiben. Aufs Neue wurden die Schiffe beladen, aufs Neue nahm man Abschied von einer Hoffnung.

Die letzte Nacht auf Kreta rückte heran. Äneas hatte seinen Vater Anchises und seinen kleinen Sohn bereits zu den Schiffen gebracht.

In der leer geräumten Halle seiner Wohnung lag Äneas auf einem schlichten Felllager. Die Sorgen um das Wohl der ihm Anvertrauten ließen ihn nicht schlafen und offenen Auges, die Hände hinterm Kopf verschränkt, starrte er ins Leere. Er war voller Zweifel. Würde er tatsächlich der Richtige sein, sein Volk zu führen? War die Entscheidung, wieder aufzubrechen, wirklich der rechte Weg?

Grelles weißes Mondlicht erfüllte den Raum.

Plötzlich hatte er das Gefühl, nicht mehr allein zu sein. Er fuhr auf.

Da standen im Kreis um ihn herum die tönernen Götter Trojas, die Penaten – jene Statuen, die er aus den Flammen der Stadt gerettet hatte, und starrten ihn mit hohlen Augen an. Aber jetzt waren sie zu übermenschlicher Größe angewachsen und umringten ihn bedrohlich.

Panische Angst überkam ihn. Hatte er einen Fehler gemacht, für den ihn die Ahnen und Beschützer des Heims nun strafen wollten? Er war sich sicher, immer alle Riten gewissenhaft befolgt zu haben!

Aber da begannen die Wesen zu sprechen, ohne dass sie ihre Lippen bewegten, und es war wie eine einzige, aber aus vielen Stimmen bestehende Rede, die durch den leeren Raum wehte: »Fürchte dich nicht, frommer Äneas! Apollo selbst spricht durch unseren Mund. Vertrau uns und folge unserem Rat, so wie wir uns in deiner Obhut sicher wissen. Du wirst uns und deinem Volk eine neue Heimat schaffen und uns zu herrlichem Ruhm führen. Darum scheue nicht die Mühen der Reise und verzage nicht, wenn sich dir Widrigkeiten in den Weg stellen. Noch hast du eine lange mühsame Fahrt vor dir.

Denn wahrlich, nicht dieses Ufer hat der delische Gott gemeint. Nicht Kreta sollt ihr bewohnen. Weit von hier befindet sich das Land, das dir und den Deinen vom Himmel bestimmt ist.

Dies Land, wo die wahren Ursprünge deines Stammes liegen, heißt Italien und liegt viele Schiffsreisen von Kreta entfernt im Westen. Dort erwartet euch eure neue Heimat; jenes Gestade wird euch vom Vater der Götter, von Jupiter selbst, gegeben.

Jupiter hat uns beauftragt, dir diese Botschaft zu überbringen. Zweifle nicht an unseren Worten und diene uns weiter so treu, wie du es bisher getan hast.«

Die Stimmen verhallten. Der Raum war wieder leer, nur das gleißende Mondlicht umspielte die Säulen. Äneas fröstelte trotz der Wärme der Nacht, erschüttert von der Kraft der Vision, die ihn überwältigt hatte. Aber er zweifelte keinen Augenblick am Inhalt der Botschaft. Jetzt kannte er seinen Weg. Jetzt war er sich sicher.

Er stand auf und ging zu dem bereits verwaisten Hausaltar, der als Letztes noch in dem sonst ausgeräumten Haus stand, und obwohl der Wein im Krug das Einzige war, das seinem von der Hitze ausgetrockneten Gaumen geblieben war, spendete er den Göttern, die eben mit ihm gesprochen hatten, ein reichliches Trankopfer und dankte ihnen mit erhobenen Händen für ihre Hilfe und ihren Trost.

Dann eilte er zum Schiff, um seinen Vater zu wecken und ihm von seiner Vision zu berichten.

Anchises sah Äneas nach seinem Bericht lange und schweigend an. Dann sagte er: »Lieber Sohn, erinnerst du dich an Kassandra, unseres Königs Tochter? Sie hatte die Gabe der Weissagung und war mit dem Fluch geschlagen, dass niemand ihr glaubte, sondern sie für eine Närrin hielt. Kassandra ging weinend durch Trojas Straßen am Tag, als wir schon das verderbliche Pferd in die Mauern der Stadt geholt hatten und unseren Sieg feierten. Sie beklagte unseren Untergang und versuchte uns zu warnen, doch alle lachten sie aus – bis Stunden später das Verderben über uns hereinbrach und die Griechen die Stadt stürmten.

Viele Jahre zuvor hat mir Kassandra einmal prophezeit, dass mein Geschlecht seine Zukunft in einem Land suchen müsse, das sie – Italien nannte. Damals achtete ich nicht auf ihre Worte. Aber jetzt, wo sich ihre andere Weissagung auf so schreckliche Art als richtig erwiesen hat, jetzt schenke ich ihr Glauben. Ja, dein Nachtgesicht kommt von Jupiter. Wir wollen ihm vertrauen. Auf nach Italien.«

Bei Tagesanbruch versammelte Äneas das Volk zur Abreise und berichtete ihm von seiner Vision. So aus der Ungewissheit über die Zukunft befreit, jubelte man dem Anführer zu und war freudig bereit, sich mit ihm in das nächste Abenteuer zu stürzen.

Wieder brachen sie auf, wieder durchfurchten ihre Schiffe

das Meer, schlugen die Ruder die Wellen, blähten sich die Segel im Wind.

Niemand der Auswanderer konnte ahnen, wie weit sie noch vom Ziel entfernt waren.

Der Fluch der Harpyien

Rings um die Flotte der Troer war nichts als Meer und Himmel. So fuhren sie dahin.

Da sah Äneas, wie sich am Horizont dunkle Wolken zusammenballten, immer höher stiegen und bald das Tageslicht verdunkelten. Eine böse Ahnung erfasste ihn. War das ein gewöhnliches Unwetter oder nahte die nächste Heimsuchung durch göttliche Mächte?

Besorgt wandte er sich an Palinurus, den Steuermann des Flaggschiffs und erfahrendsten Seemann unter ihnen. »Was hältst du davon, Freund?«

»Ein schweres Unwetter zieht auf«, erwiderte der. »Der Wind treibt die Wolken rasch auf uns zu. Wir tun gut daran, die Segel zu streichen und alles sturmfest zu machen. Frauen, Kinder und Greise sollen unter Deck gehen.«

Äneas gab die betreffenden Befehle und sein Herz wurde schwer. Hatten ihn die Hausgötter genarrt? Hatte er etwas falsch gemacht, dass ihnen die Unsterblichen nun statt günstigem Reisewetter einen Sturm schickten? Aber dann sagte er sich, dass es sicher nur eine Prüfung sei, die ihm die Götter zugedacht hatten, und zwang sich zu mehr Geduld und Zuversicht.

Dann brach das Unwetter mit voller Wucht über sie herein. Nachtschwarz war der Himmel, Blitze zuckten, der Sturm heulte entsetzlich und die Wogen türmten sich haushoch auf. Es dauerte nicht lange und die kleine Flotte wurde auseinandergetrieben.

Drei Tage und drei Nächte wütete der Sturm. Endlich, am vierten Tag, legte sich der Wind und die verirrten Schiffe fanden wieder zueinander. Zum Glück war keines verloren gegangen.

Aber niemand wusste, wo man sich jetzt befand. In den finsteren Sturmnächten hatte sich kein Stern gezeigt, nach dem man hätte navigieren können, immer noch war der Himmel mit Wolken bedeckt. Man fuhr ohne Orientierung dahin. Würden sie vielleicht über den Rand der bewohnten Welt hinaustreiben ins Meer der Dunkelheit, von wo es keine Rückkehr gab?

Umso größer war die Freude der Verzweifelten, als sich am Horizont endlich Land abzeichnete. Ein fernes Gebirge stand klar umrissen gegen den grauen Himmel.

Die Troer schöpften neuen Mut. Sie legten sich mit aller Kraft in die Riemen und ruderten auf den Strand zu.

Es sah verheißungsvoll aus. Da gab es eine Bucht, in der sie landen konnten, und unter Jubelrufen legten sie an, sprangen ans Ufer und dankten den Göttern dafür, wieder festen Boden unter den Füßen zu haben nach den ausgestandenen Gefahren. Ihre Freude wuchs noch, als sie nicht weit vom Strand Weiden mit Ziegen und Rindern sahen, die sich ohne Hirten im saftigen Gras tummelten. Endlich wieder frisches Fleisch!

Äneas sah ein, dass er den ausgehungerten Irrfahrern nicht verweigern konnte, sich an den Herden zu bedienen.

Er mahnte: »Nehmt nur, was ihr für eine Mahlzeit braucht, aber opfert vorher reichlich den Göttern. Wenn wir dem abwesenden Herrn dieser Herden begegnen werden, wollen wir ihm unsere missliche Lage erklären und ihn für die Verluste entschädigen. Sicher wird er Verständnis haben.«

So stürzten sich die Troer mit den Schwertern unter die Tiere, schlachteten, was sie für nötig hielten, entfachten Lagerfeuer, brachten den Göttern ihr Opfer dar und setzten sich dann in fröhlicher Stimmung zum Essen nieder.

Sie hatten gerade mit ihrer Mahlzeit begonnen, da hörten sie in der Luft ein abscheuliches Geräusch. Es klang wie der Flügelschlag von Hunderten großer Adler.

Als sie aufsahen, stockte ihnen der Atem vor Grauen.

Riesige Ungeheuer mit hageren Weiberköpfen und mit metallenen Vogelschwingen, an deren Ende sich Krallenhände befanden, stürzten kreischend und krächzend vom Himmel herab, rissen das meiste, was von dem Mahl noch übrig war, an sich und verloren Berge von stinkendem Kot, der die Reste des Fleisches ungenießbar machte. Blitzschnell zogen sie sich mit ihrer Beute unter Hohngelächter zum Gebirge zurück.

Die Troer standen wie vom Donner gerührt und sahen geschockt den Ungeheuern nach. Wo waren sie nur gelandet und was waren das für Wesen? Keiner wusste es zu sagen.

Der weise Anchises entsann sich schließlich einer Geschichte.

»Äneas, liebe Landsleute«, sagte er, »hört mich an. Der Sturm muss uns ins Ionische Meer verschlagen haben. Dies ist eine der Strophasinseln und auf diesen Inseln hausen scheußliche Zwitterwesen, halb Frauen, halb Vögel. Man nennt sie Harpyien. Einst wurden sie hierher verbannt, ich weiß nicht mehr, um welcher Untat willen. Sie sind bekannt dafür, dass sie sich auf die gedeckten Tische der Menschen stürzen und fressen, was sie nur bekommen können. Den Rest beschmutzen sie mit ihrem stinkenden Unrat.«

Äneas schüttelte den Kopf. »Die Gefährten sind hungrig!«, sagte er und wandte sich den Troern zu. »Wir wollen uns von diesen Bestien nicht das Essen verderben lassen. Sucht eine geschützte Stelle, eine Höhle oder einen dicht bewachsenen Platz im Wald, entzündet die Feuer neu und bereitet ein zweites Mal Fleisch zu.«

Gesagt, getan. Man fand im Wald eine Stelle unter einem dichten Laubdach, von dem man hoffte, dass die Vogelfrauen es nicht durchdringen konnten. Aber kaum war das Fleisch gar und der Duft des Gebratenen zog durch die Luft, als die Harpyien zum zweiten Angriff ansetzten. Von allen Seiten schossen sie herbei, das Sausen ihrer Schwingen erfüllte die Luft und wieder konnten sich die Troer ihrer nicht erwehren. Was die Scheusale nicht in ihren Klauen mitgehen ließen, das verseuchten sie mit ihrem Kot.

Bei einem dritten Versuch probierte Äneas eine List. Er gebot einem Teil seiner Männer, sich zu verstecken, und als die Harpyien sich wieder näherten, gab er das Zeichen zum Angriff. Aber es erwies sich, dass keine noch so scharfe Waffe, kein Schwert, kein Pfeil, kein Speer in der Lage war, das metallische Gefieder der Ungeheuer zu durchdringen.

»Lasst uns wieder zu Schiff gehen!«, befahl er deshalb. »Hier werden wir unseres Lebens nicht froh.«

Die Harpyien saßen unbeweglich und drohend auf Baumkronen und Felsvorsprüngen und unter den Blicken der furchtbaren Vogelfrauen, immer auf einen neuen Angriff gefasst, beluden die Seefahrer ihre Schiffe und gingen an Bord.

Als aber Äneas gerade das Zeichen geben wollte, die Leinen zu lösen, schlug eine der Harpyien mit den Schwingen und begann gellend zu lachen. Dann schrie sie mit krächzender, weithin hallender Stimme: »Warum habt ihr die Tiere unserer Insel abgeschlachtet? Warum habt ihr euch an unserer Herde vergriffen? Warum habt ihr uns bekämpft? Unselige Troer, hört meine Prophezeiung: Fahrt nur, fahrt nach Italien, wie es euch verkündet ist! Aber die verheißene Stadt errichtet ihr dort nicht eher, bis rasender Hunger euch zwingt, an euren eigenen Tischen zu nagen, als Strafe für das Unrecht, das ihr hier an uns begangen habt.«

Nach diesen Worten hob sie sich in die Lüfte, und mit ihr alle anderen Harpyien, und sie flogen aufs Gebirge zu und waren fort.

Den Troern sank der Mut bei dieser schauerlichen und rätselhaften Weissagung. Was sollte das bedeuten, dass sie an ihren Tischen nagen müssten? Sie wussten nicht, was von den Harpyien zu halten war: Waren sie nur bösartige Missgestalten oder vielleicht doch wissende Göttinnen?

Aber Anchises und Äneas beruhigten die Gefährten und flehten die Götter an, das Unheil abzuwenden.

Und wieder stachen die Schiffe der Flüchtlinge in See.

Italien vor Augen

Viele Tage war die kleine Flotte der sinkenden Sonne entgegengesegelt, bis sie das nächste Mal Land sah. Am Horizont zeigte sich eine buchtenreiche Küste, sanfte Hügel erstreckten sich landeinwärts.

Wie gebannt starrten die Troer auf das Land.

»Italien!«, rief schließlich einer. »Das Land der Verheißung! Das muss es sein!« Und auf allen Schiffen brach ungeheurer Jubel aus. Der kleine Julus umarmte und küsste seinen Vater und den Frauen und Kindern an Bord kamen vor Glück die Tränen.

Am Vorderdeck des Flaggschiffs stand der alte Anchises. Mit zitternden Händen umwand er einen Becher mit Efeu, ließ sich Wein einschenken und hob das Gefäß in die Höhe. »Ihr gnädigen Götter! Schenkt uns für den Rest der Fahrt günstigen Wind, lasst uns endlich die neue Heimat erreichen!«, rief er, hob den Becher hoch und spendete den Unsterblichen eine reichliche Gabe Wein.

Alles schien zu glücken. Der Wind blähte die Segel und in voller Fahrt glitten die Schiffe in einen natürlichen Hafen ein, eine schöne Bucht zwischen schützenden Klippen. Schon machte sich das Schiffsvolk bereit, die Landung vorzubereiten, da hob Anchises, der seinen Posten am Bug des Schiffs nicht verlassen hatte, plötzlich abwehrend beide Arme.

»Haltet ein!«, rief er. »Nicht weiter! Seht doch, dort!«

Am Ufer standen vier schneeweiße Pferde, die mit stolz erhobenem Schweif und gewölbtem Hals die Ankömmlinge zu bedrohen schienen.

»Wisst ihr, was das bedeutet?«, sprach Anchises verzagt. »Rosse bedeuten Krieg und mit Krieg bedroht uns dies Land, so gastfreundlich es auch aussieht. Wendet die Kiele der Schiffe und lasst uns wieder aufs offene Meer hinausfahren!«

Die Troer vertrauten der Deutungskunst des Alten, und so folgten sie niedergeschlagen seinem Rat und verließen die Bucht. Ach, sie schienen dem Ziel schon so nahe gewesen zu sein. Nun harrten ihrer neue Gefahren.

Ein Grieche hilft den Troern

Südwärts ging die Fahrt, vorbei an Inseln und tückischen Felsenriffen, die nur halb aus dem Wasser ragten und die Rümpfe der Schiffe in Gefahr brachten. Aber der erfahrene Palinurus steuerte das Schiff des Äneas sicher an den Unheilsstellen vorbei und in seinem Kielwasser folgten die anderen.

Eines Abends, als die Dunkelheit schon hereingebrochen war, hörten sie backbords ein furchtbares Grollen und Tosen, stärker, als es selbst die wildeste Brandung hervorrufen konnte.

»Lasst uns beidrehen und den Morgen abwarten«, riet Palinurus, »denn was da vor uns ist, das wissen die Götter allein – aber es hört sich auf alle Fälle gefährlich an.«

So geschah es. Die ganze Nacht hindurch hörten sie das Getöse und sie konnten vor Sorge vor dem nächsten Morgen kein Auge zutun. Als die Morgenröte Aurora dann schließlich den Himmel mit ihren Rosenfingern färbte und die Sterne verblassten, ruderten sie behutsam weiter und sahen bald vor sich eine Insel, auf der ein Feuer speiender Berg ständig schwarze Wolken, Asche, glühende Steine und Lavaströme ausspie und das Land ringsum verwüstete. Sie waren an der Küste Siziliens angelangt und der Feuerberg war der Ätna, der um diese Zeit gerade aktiv war.

Äneas und die Seinen umfuhren Sizilien weiträumig und fanden schließlich eine andere Insel mit einer einladenden Bucht und sie gingen vor Anker, um frisches Wasser und Lebensmittel zu besorgen.

Aber kaum hatte Äneas mit einigen der Seinen das Land betreten, da kam aus dem Waldesgrün eine Gestalt heraus und warf sich mit flehender Gebärde vor ihnen zu Boden. Der Mann war in Lumpen gehüllt, sein Haar und Bart lang und verfilzt, sein Körper starrte vor Schmutz. Jedoch an den Resten seiner Kleidung konnten die Ankömmlinge erkennen, dass es ein Grieche sein musste – die Muster hellenischer Webkunst zierten sein zerschlissenes Gewand.

»Bei den unsterblichen Göttern!«, rief er mit bebender Stimme, »erbarmt euch meines Elends! Zwar erkenne ich an der Art, wie ihr die Mäntel um die Schultern schlagt und an der Form eurer Bögen, dass ihr aus Troja stammt, aber seht nicht den Feind in mir, sondern einen Hilfsbedürftigen! Nehmt mich mit, fort von hier, wohin auch immer ihr wollt. Ich gebe zu: Ich habe eure Stadt befehdet, ich war bei der Zerstörung dabei. Wenn ihr denn Rache nehmen wollt, so soll es mir auch recht sein. Haut mich in Stücke oder werft mich ins Meer – dann bin ich doch wenigstens durch Menschenhände umgekommen und gerate nicht in den Magen eines Ungeheuers!«

Äneas näherte sich freundlich dem Bittenden, reichte ihm die Hand und zog ihn empor.

»Es ist nicht unsere Art, sich an den Schwachen zu vergehen. Wir gewähren dir unseren Schutz. Aber sag uns, wer du bist, wie du hierherkamst und welche Gefahren du fürchtest!«

»Meine Name ist Achämenides«, berichtete nun der Grieche. »Ich stamme aus Ithaka und war ein Gefährte des listenreichen Odysseus, auf dessen Rat hin man das hölzerne Pferd baute, durch das eure Stadt zu Fall kam. Ja, wir machten reiche Beute, aber als wir nun heimwärts segelten, ereilte uns der Zorn jener Götter, die auf eurer Seite gewesen waren und den Fall Trojas nicht ungestraft lassen wollten. Denn Odysseus landete mit uns an dieser Bucht, genau wo eure Schiffe jetzt liegen, und wir gerieten in die Gewalt eines Zyklopen, eines scheußlichen einäugigen Riesen namens Polyphemus, und ich – ich musste mitansehen, wie er meine Gefährten gleich paarweise verschlang.

Unserem Anführer Odysseus gelang es schließlich, dem Ungeheuer sein einziges Auge auszustoßen und dem Geblendeten mit einigen der Gefährten zu entfliehen. Ich aber, der ich krank und schwach hinten in der Höhle des Riesen lag – ich wurde zurückgelassen.

Irgendwann gelang es mir zu fliehen, als das Ungeheuer seine Herde hinaustrieb. Seit drei Monaten schleppe ich mich nun hier durch die Wildnis, immer in Angst, dass der geblendete Riese oder andere seiner Art, die ebenfalls in der Gegend ihr Unwesen treiben, mich doch noch erwischen und verspeisen. Ein Feuer zu machen wage ich nicht, das könnte mich verraten.

Euch, tapfere Troer, droht das gleiche Schicksal wie dem Odysseus, darum beschwöre ich euch, setzt Segel, ehe es zu spät ist, und verlasst diese Küste – aber falls ein Funke von Menschlichkeit in euch wohnt, dann nehmt mich mit!«

Kaum hatte er ausgesprochen, da tauchte auf der Höhe des Berges auch schon der blinde Zyklop Polyphemus auf, riesig wie ein Turm. Inmitten seiner Schafherde schritt er dahin, gestützt auf eine ausgerissene Fichte als Stock. Er näherte sich mit unsicheren Schritten dem Meeresgestade, um seine Augenhöhle mit Wasser auszuwaschen und zu kühlen, denn er litt noch immer Schmerzen.

Den Troern sträubten sich die Nackenhaare.

So schnell und leise sie nur konnten, begaben sie sich zurück auf die Schiffe, kappten die Taue und legten sich in die Riemen. Den verzweifelten Griechen nahmen sie mit.

Polyphemus hörte das Geräusch der Ruder. Er richtete sich auf und stieß ein Wutgebrüll aus, von dem die Klüfte der Insel widerhallten und welches das ganze Zyklopengeschlecht auf den Plan rief. Gewaltig erhoben sie sich hier und da aus Schluchten und Tälern und bewegten sich mit dröhnenden Schritten auf das Ufer zu.

Polyphemus selbst war der davonrudernden Flotte durch das Wasser nachgewatet und es fehlte nicht viel, dass er das letzte der Schiffe noch mit Händen hätte fassen können. Dann jedoch musste er umkehren, denn der Grund wich unter seinen Füßen und er konnte nicht schwimmen. Die Troer atmeten auf. So schnell es nur ging, ließen sie die Insel der Zyklopen hinter sich und gewannen die offene See.

Achämenides, der Grieche, erwies sich im Weiteren als hilfreich, denn da er das Gewässer kannte, das er mit Odysseus durchsegelt hatte, konnte er dem Palinurus gute Ratschläge geben und auf verborgene Unterwasserriffe hinweisen.

Als sie schließlich außer Gefahr waren und ruhig dahinsegelten, nahm sich Äneas wieder Zeit, über die verschlungenen Wege des göttlichen Ratschlusses nachzudenken. Er hatte erfahren, dass einer der grimmigsten Feinde seiner Vaterstadt, Odysseus, durchaus nicht wohlbehalten in seine Heimat zurückgesegelt war, sondern dass ihm unterwegs Gefahren begegnet waren und wohl noch begegneten. Und es bewegte ihn, dass er nun auf dem gleichen Kurs segelte wie der große Odysseus und dass einer von dessen Gefährten ihm half, weitere Schwierigkeiten zu entgehen. So hielt der große Jupiter die Waage der Geschicke im Gleichgewicht.

Es gelang dem Steuermann Palinurus, die gefährliche Meerenge mit dem wilden Strudel des Felsenriffs Charybdis zu umgehen, und die Flüchtlinge schifften nun wieder an der Küste Siziliens entlang, dort, wo die Landschaft nicht vom Ätna verwüstet war, sondern blühte und lebte.

Irgendwann beschloss man, anzulegen und zu rasten. Der Aufenthalt sollte Ruhe und Erholung bringen. Aber dann ereilte den Äneas und mit ihm alle Flüchtlinge ein großer Schmerz. Der greise Anchises, der durch seine Weisheit und seine Kenntnis von Welt und Menschen so manchen wichtigen Ratschlag erteilt hatte, er, der einstige Geliebte der Venus, der geistige Führer der flüchtigen Schar – er war den Strapazen dieser Reise nicht mehr gewachsen. All die Anstrengungen der letzten Jahre, das Leid der Vertreibung und das Wissen um die für immer verlorene Heimat – all das war zu viel für den alten Helden.

Man bettete ihn auf seinen Wunsch hin am Meeresgestade, mit Blick gen Nordosten, wo er Italiens Küste wusste.

»Ich habe das Land unserer Sehnsucht zwar mit Augen gesehen, damals, als wir uns dem Ufer näherten und ich die schneeweißen Rösser erblickte, aber ich weiß, dass ich es nicht mehr erreichen werde«, sagte er zu seinem Sohn. »Dich und all deine Nachkommen segne ich. Mögen die Himmlischen weiter mit dir sein und dich belohnen für deine Tugend und Gottesfurcht.«

Still und klaglos verlosch sein Leben in den Armen des Äneas und sein Enkel Julus küsste ihm zum Abschied weinend die Hände.

Die Troer bestatteten ihn mit großen Ehren und richteten ihm nahe der sizilischen Stadt Trepanum ein prachtvolles Leichenbegängnis aus.

Interessenkonflikte im Olymp

Nun war Äneas ganz auf sich gestellt. Auf sich und auf die Hilfe der Götter, denen er so innig und gläubig vertraute.

Aber was der fromme Mann nicht bedachte, war, dass es unter den Göttern des Olymps ja durchaus nicht nur Freunde der Troer gab und dass all sein Wohlverhalten nicht imstande war, den Groll einiger Götter zu beschwichtigen. Vor allem die Göttermutter Juno konnte es nach wie vor nicht verwinden, dass dereinst Paris, der Troerprinz, Helena, die Gattin des Menelaus, geraubt und somit Ehebruch begangen hatte. Die Wahrung der Ehe war schließlich ihr ureigenstes Gebiet! Und für die Verletzung des heiligen Gebots sollte nicht nur ganz Troja, sondern auch die letzten Troer büßen.

Zornig sah die Gattin des obersten Gottes vom Olymp herab auf die Flotte der Troer.

»War nicht ausgemacht, dass niemand aus dieser verfluchten Stadt überleben sollte? Jetzt fährt Äneas fröhlich übers Meer und will sich in Italien niederlassen! Wenn ich das dulde – wer wird in Zukunft noch Opfergaben an meinen Altären niederlegen? Niemand wird mich mehr ernst nehmen! Niemand meine Gebote befolgen! Es wird aussehen, als würde ich eine schwache und zweitrangige Stellung hier oben unter den Göttern einnehmen. Das darf nicht geschehen!«

So sprach sie und machte sich auf zu der Grotte auf der Insel Lipara westlich von Italien, wo Äolus, der göttliche Beherrscher der Winde, in Jupiters Auftrag alle Stürme der Welt hütete.

»Beherrscher der Lüfte«, redete sie ihn schmeichelnd an, »du, dem von Jupiter die Macht gegeben wurde, die Fluten zu besänftigen oder sie wild emporzujagen! Sieh die Flotte der mir verhassten Überlebenden dort auf dem Meer! Tu mir den Gefallen und schicke sie in die tiefsten Tiefen der See hinab! Zum Lohn will ich dir die schönste Nymphe aus Dianas Begleitung zur Frau geben, eins der Mädchen, mit denen die Göttin zur Jagd in den Wäldern unterwegs ist! Du weißt, keine Frau der Welt ist so schön und frisch wie eine Nymphe Dianas!«

Diesem Angebot konnte Äolus nicht widerstehen, obwohl er wusste, dass er etwas tun würde, was er eigentlich nicht durfte – denn eigentlich waren der Meeresgott Neptunus oder Jupiter selbst die Einzigen, von denen er Befehle entgegennehmen durfte.

Aber verlockt von Junos Versprechen öffnete er das Tor, hinter dem die Winde verschlossen waren. Ost und West, Nord und Süd zugleich stürzten sich in wildem Wirbel aufs Meer und verwandelten die friedlichen Wellen in eine aufgepeitschte Hölle. Himmelhoch bäumten sich die Wogen auf und kämpften gleichsam gegeneinander. Mittendrin tanzten die Schiffe der Troer wie Nussschalen auf einem Gebirgsbach! Ruder und Masten brachen, als seien es Schilfhalme, die Segel flogen in Fetzen davon, bald drang Wasser durch die geborstenen Balken in den Kielraum und einige der Schiffe lagen wie tödlich verletzt hilflos auf der Seite.

Verzweifelt klammerten sich die Flüchtlinge an Balken und Taue, aber viele gingen über Bord und versanken in den Tiefen der aufgewühlten See. Die Luft war schwarz wie Pech, nur erhellt von unheimlichen Blitzen.

Hilflos starrte Äneas in das Toben der Elemente und sah, wie ein Schiff seiner Flotte nach dem anderen verschwand. »Dreimal selig diejenigen, die im Kampf vor Troja fallen konnten!«, rief er. »Selig, die bei der Verteidigung der Heimatstadt gestorben sind! Wie beneidenswert seid ihr untergegangen, Freunde, im Kampf gegen die Griechen! Ich aber stehe ohnmächtig hier, ausgeliefert dem grausamen Meer, und muss zusehen, wie Trojas letzte Hoffnung zuschanden wird!«

Schließlich aber reckte der Herr über Wasser und Lüfte, der Meeresgott Neptunus, sein Haupt über die Wogen. Der

Lärm der entfesselten Winde hatte ihn geweckt. Mit wachsendem Zorn sah er die Schiffe der Troer in schwerer Seenot dahintreiben – und obwohl er im Krieg auf der Seite der Griechen gestanden hatte, konnte und wollte er nicht dulden, dass man seine Macht überging.

Ihm war klar: Dahinter konnte nur Juno stecken! Keine andere Gottheit sonst würde es wagen, gegen ihn anzutreten.

Unwillig schüttelte er seinen Dreizack, das Symbol seiner Macht, und rief mit gebieterischer Stimme Ost- und Nordwind, die schlimmsten Übeltäter, zu sich. »Euch werde ich …!«, polterte er wütend. »Wer, wenn nicht ich, hat darüber zu gebieten, wann ihr freigelassen werdet?! Kehrt mit euren Brüdern sofort in das Verließ des Äolus zurück und meldet eurem Herrn: Ich allein bestimme darüber, wann er das Tor für euch zu öffnen hat!«

Die Stürme folgten der Stimme ihres Herrn und Meisters und zogen sich in aller Eile zurück. Bald glätteten sich die Wogen und die Sonne brach durch die Wolken. Das Unwetter war so schnell verschwunden, wie es gekommen war.

Doch die Geretteten waren zu Tode erschöpft. Sie blickten sich um und sahen, wie der Meeresspiegel übersät war von den Trümmern zerstörter Schiffe, Planken und Maste, Waffen und Vorratskästen.

Äneas hielt Ausschau: Was war überhaupt noch geblieben von seinem Geschwader? Voll tiefem Kummer zählte er die Schiffe, die noch seetüchtig zu sein schienen. Es waren gerade sieben. Mehr als die Hälfte der troischen Segler hatte also wohl das Meer verschlungen.

Natürlich durfte er den Überlebenden seine Niedergeschlagenheit nicht zeigen, um sie nicht völlig zu entmutigen. Während er noch nachdachte, auf welche Weise er den Geist der Männer wieder aufrichten konnte, kam ihm das Schicksal zu Hilfe: In der Ferne zeigten sich die Umrisse einer Küste.

Die Versprengten rafften all ihre Kräfte zusammen und steuerten darauf zu, ohne zu ahnen, wo sie sich befanden. Der rasende Sturm jedoch hatte sie bis vor die Küste Afrikas gebracht, und vor ihnen lag der Strand von Libyen. Im Augenblick waren sie einfach froh, bald wieder festen Boden unter den Füßen zu haben, und kümmerten sich um nichts anderes.

Äneas entdeckte eine Bucht – ruhiges Wasser, wo er seine Flotte sicher an Land bringen konnte – und gab Palinurus, dem Steuermann, Anweisung zu landen. Der brachte das Flaggschiff geschickt an den Klippen vorbei in den natürlichen Hafen.

Die durchnässten Troer trugen von den Vorräten ans Ufer, was noch vorhanden und brauchbar war. Sie entfachten Feuer und versuchten, das durchnässte Korn zwischen flachen Steinen zu zerreiben und einen Brei daraus zu kochen, um zunächst wenigstens den Hunger der erschöpften Frauen und Kinder zu stillen. Äneas ließ eine der geretteten Weinamphoren öffnen, damit man sein Gemüt erwärmen und neue Zuversicht schöpfen konnte. Er selbst indessen nahm Pfeil und Bogen, und nur von wenigen Gefährten begleitet, bestieg er einen nahe gelegenen Berg, um noch einmal auf das Meer hinauszuschauen, ob sich noch das eine oder das andere versprengte Schiff zeigen würde.

Doch es war nichts zu sehen außer grauen Wogen und Schaumkronen ringsum. Kein Mast, kein Segel, kein Kiel weit und breit. Und keine Spur von Überlebenden.

Niedergeschlagen wandte sich der Führer der Troer vom Meer ab. Sie mussten hier ausharren. Vielleicht erschienen doch noch einige Schiffbrüchige … Aber nun galt es zunächst, das Überleben der Geretteten zu sichern. Es gelang Äneas, ein Rudel Hirsche aufzuspüren, und er erlegte mit seinen Männern einige davon. So hatten die Schiffbrüchigen wenigstens Fleisch.

Während das Essen zubereitet wurde, ging Äneas von einem zum anderen und sprach tröstende Worte. »Freunde«, sagte er, »gebt die Hoffnung nicht auf. Wir haben schon so viel Schlimmes ertragen – das Ende unserer Leiden wird bald kommen, es kann nicht anders sein. Denkt daran, dass ein Gott uns verheißen hat: Wir werden Italiens Strand erreichen und dort ein neues Troja errichten! Es kann und darf nicht geschehen, dass die Letzten von uns das ersehnte Ziel nicht erreichen. Also bewahrt euren Mut und denkt an die Zukunft.«

So sprach er, aber in Wirklichkeit war ihm das Herz in der Brust schwer wie Blei und er selbst zweifelte an ihrer Zukunft.

Schließlich saßen die Überlebenden am Feuer bei Wein und Fleisch, sie gedachten der Freunde, die umgekommen waren in der Salzflut, sprachen leise die Totenklagen und fielen schließlich in den Schlaf der Erschöpfung. Ihr Überleben war noch immer ungewiss.

Venus greift ein

Hoch oben auf dem Olymp stand der Göttervater Jupiter und ließ seine Blicke über Meere und Länder schweifen. Gerade entdeckte er die Schiffe des Äneas in der libyschen Bucht, da trat Venus zu ihm, die schönen Augen tränenfeucht. Sie schlang die schimmernden Arme um seinen Hals und sagte unter Schluchzen: »Was nur hat mein Sohn Äneas verschuldet, erhabener Herrscher, dass du ihn mit Leid und Schwierigkeiten überhäufst und ihm verwehrst, seiner Bestimmung zu folgen? Hast du nicht selbst geboten, dass er in Italiens Fluren ein neues Troja errichten soll? Nun aber stürzest du ihn und die Seinen in unendliches Elend! Wird denn sein Unglück nie ein Ende nehmen?«

Jupiter lächelte und erwiderte, während er die Wangen der Liebesgöttin streichelte: »Sei unbesorgt, meine Tochter. Am vorherbestimmten Los deines Sohns wird sich nichts ändern. Habe nur etwas Geduld und du wirst erleben, wie er glorreich in Italien eine neue Stadt erbauen und wie sein Geschlecht über Länder und Menschen herrschen wird. Diese Stadt wird Rom heißen und ich verspreche dir, dass beim Namen dieser Stadt der Erdkreis in Bewunderung und ehrfürchtiger Scheu erbeben wird. Darauf gebe ich dir mein Wort und so ist es im Rat der Götter beschlossen.

Selbst Juno, die jetzt noch gegen deinen Sohn wütet, wird sich dereinst mit seinen Enkeln versöhnen. Glaube mir, liebliche Venus, die Nachkommen deines Sohns Äneas werden göttliche Ehren genießen. Jetzt aber will ich für die Gegenwart sorgen, damit du nicht betrübt sein musst. Ich schicke sogleich unseren Boten Mercurius nach Libyen, wo dein Sohn mit den Seinen gelandet ist. Dort herrscht die Königin Dido. Er soll ihr im Traum erscheinen – so will ich sie vorbereiten, dass sie im Herzen bereit ist, Äneas und die Flüchtlinge gastfreundlich bei sich aufzunehmen.«

Mit zärtlichen Küssen bedankte sich die Liebesgöttin beim Göttervater. Aber über das Versprechen Jupiters hinaus beschloss sie, sich fortan selbst kräftig einzumischen.

Am nächsten Tag begab sich Äneas von einem Freund begleitet auf einen Erkundungsgang ins Landesinnere. Vorsorglich ließ er die geretteten Schiffe unter überhängenden Baumzweigen und im Schutz einer Felswand verbergen.

Mitten im Wald begegnete den beiden eine junge Frau, die als Jägerin unterwegs war. Sie trug den Bogen über der Schulter, ihr Gewand war bis zu den Knien hochgeschürzt und sie sprach die Männer keck an: »Sagt einmal, ihr Helden, seid ihr hier irgendwo meinen Gefährtinnen begegnet? Sie sind ähnlich wie ich gekleidet, tragen einen Luchspelz, Köcher und Pfeile.«

Äneas verneinte überrascht. Etwas an dieser Frau kam ihm … bemerkenswert vor. Sie war unglaublich schön, ihre Stimme klangvoll und ihr Wuchs untadelig.

»Wir haben niemanden gesehen, Jungfrau«, erwiderte er, »aber wer bist du? Bist du wirklich eine Sterbliche oder in Wahrheit eine Nymphe … oder gar eine Gottheit? Diana vielleicht, die Schwester Apollos, der es ja gefällt zu jagen?«

Das Mädchen lachte und schüttelte seine Locken. »Nur weil ich Pfeil und Bogen führe, bin ich noch lange nicht Diana!«, antwortete sie. »Wir tyrischen Mädchen pflegen uns so zu kleiden.«

»So sind wir also in Tyrien?«, fragte Äneas zurück. »Du musst wissen, wir sind Schiffbrüchige, an diese Küste gelangt durch einen Sturm, und wir haben keine Vorstellung davon, wohin es uns verschlagen hat.«

»Du bist in Afrika!«, sagte die junge Jägerin. »Wir heißen Tyrer, nach der Stadt Tyrus, die uns geboren hat. Tyrus liegt in Phönizien, am Gestade des Mittelmeeres, nördlich von hier, aber Libyen ist dieses Land, und nicht weit von hier hat Königin Dido mit phönizischen Ankömmlingen ihr Reich errichtet.«

»Wer ist diese Herrscherin? Wird sie Fremden wohlgesonnen sein?«, forschte Äneas. Sein schönes Gegenüber maß ihn mit forschendem Blick. »Setzt euch her zu mir auf die Moosbank«, sagte sie freundlich. »Nehmt euch die Zeit und ich werde euch von Dido berichten.«

Vom Schicksal der Königin Dido

Und so begann das seltsame Mädchen, das Äneas und Achates im Wald getroffen hatten, zu erzählen:

»Wie ich selbst stammt Dido aus der wohlhabenden Hafenstadt Tyrus, sie war glücklich verheiratet mit dem Phönizier Sichäus, der über große Reichtümer verfügte. Aber der Bruder Didos, der als König über Tyrus herrschte, war ein übler Tyrann. Er neidete dem Schwager das Glück und das Gold, und so erschlug er Sichäus eines Tages in einem Tempel während des Opfers, als keine Zeugen zur Stelle waren. Der Mord brachte ihm freilich nichts ein, denn Sichäus hatte seine Schätze sorgfältig verborgen.

Doch die arglose Dido glaubte ihrem Bruder, der berichtete, dass Räuber ihren Mann umgebracht hatten. Bitter trauerte sie um ihn und gelobte in ihrem Schmerz, sich nie wieder zu vermählen. Aber eines Nachts erschien ihr im Traum der Schatten des Gemeuchelten, die breite Schwertwunde klaffend auf der Brust, und offenbarte ihr, wer sein wahrer Mörder war.

›Flieh aus Tyrus‹, warnte sie Sichäus' Geist, ›so schnell du nur kannst! Bevor dein Bruder, geblendet von Goldgier, auch dir etwas antut!‹ Außerdem verriet er seiner Frau alle Verstecke, in denen er seine reichen Schätze, sein Gold und Silber verborgen hatte.

Dido bereitete sich zur Flucht und es zeigte sich, dass viele Tyrer bereit waren, mit ihr zu gehen, weil sie den Tyrannen hassten und fürchteten. Sie füllten ihre Schiffe mit den Kostbarkeiten an, die Dido nach Anweisung ihres toten Gatten aus den Verstecken gehoben hatte, und bei Nacht und Nebel brachen sie auf.

So gelangten sie schließlich, geführt von Dido als ihrer gebietenden Fürstin, hierher nach Afrika.

Wenn ihr weiter ins Landesinnere geht, so wird bald eine mächtige Stadt mit stark befestigten Mauern und einer hoch aufragenden Burg vor euren Augen auftauchen. Das ist Didos Werk, denn wahrlich, sie ist eine geborene Herrscherin!

Mit List und Klugheit erwarb sie hier in Afrika Land. Nur was eine Kuhhaut fassen könne, wolle sie haben. Der Herr der Ländereien, ein Fürst namens Hiarbas, der über den hier ansässigen Stamm der Gaetuler herrschte, stimmte zu, denn das schien ihm wirklich eine geringe Fläche zu sein und gern wollte er sich der schönen Frau gefällig zeigen: Er hatte ein Auge auf Dido geworfen und hoffte, sie so zu gewinnen.

Dido aber ließ die Kuhhaut in so feine Streifen schneiden, dass man damit den ganzen Raum, den jetzt die Burg innehat, umspannen konnte, und durch das Gold, das sie mit sich führte, gelang es ihr, noch weitere Ländereien hinzuzukaufen. Nun ist sie eine mächtige Königin. Vielleicht wollt ihr ja zu ihr gehen. Sie wird euch gewiss freundlich aufnehmen. Nun aber steht mir auch Rede und Antwort. Wer seid ihr und woher kommt ihr?«

Also berichtete Äneas der Jägerin von seiner Herkunft aus Troja, von der Flucht und den Schicksalsschlägen, denen er und die Seinen ausgesetzt waren. »Es ist, als wenn mich Asien und Europa ausgestoßen hätten!«, rief er und rang die Hände. »Nun bin ich also nach Afrika gelangt – aber wer weiß, ob ich hier willkommen sein werde!«

Das Mädchen betrachtete ihn voller Mitgefühl und Tränen schimmerten in ihren Augen.

Als er aber nun fortfuhr und vom Verlust eines großen Teils seiner Flotte vor der Küste Afrikas erzählte, unterbrach ihn die schöne Fremde lächelnd. »Ich habe von meiner Mutter die Kunst der Weissagung gelernt«, sagte sie. »Folgendes Omen habe ich gesehen: Ein Schwarm von Schwänen glitt am Himmel entlang, da kam ein Adler und jagte sie auseinander, aber nachdem er am Horizont verschwunden war, fanden die Schwäne sich wieder zusammen. So deute ich das: Sicher haben einige deiner Gefährten schon den sicheren Hafen erreicht und die anderen nähern sich der Küste, beschädigt zwar, aber nicht vernichtet. Vertrau mir! Geh du nun deines Weges zu Dido, geh zu ihrer neuen

Stadt Karthago – und auf meine Hilfe kannst du auch in Zukunft bauen!«

Sie wandte sich zum Gehen und jetzt erst fiel es Äneas wie Schuppen von den Augen. Überirdischer Glanz umhüllte ihren weißhäutigen Nacken, betörend duftend fielen ihr die Locken über die Schultern. Die Fremde war Venus, seine Mutter!

Er sank in die Knie und sein Begleiter mit ihm.

»Bleibe, Erhabene!«, rief Äneas mit ausgestreckten Armen. Aber die Göttin entschwebte bereits durch die Lüfte und ihr Lachen klang wie Vogelgesang.

Die beiden Männer standen auf und sahen sich sprachlos und erschüttert an.

Als sie nun weitergehen und, dem Rat der Göttin folgend, sich zu Dido aufmachen wollten, bemerkten sie, dass die Göttin noch etwas getan hatte, sie zu unterstützen und ihnen zu helfen: Sie hatte einen undurchdringlichen Nebel um sie gewoben, sodass sie beide unsichtbar waren und sich auf diese Weise zunächst unerkannt dem Hof der Königin Dido nähern konnten, unbehelligt von Wächtern oder Kriegern, die zum Schutz der Fürstin dort sicher angetreten waren.

Guten Mutes schritten sie vorwärts.

In Karthago

Umhüllt von ihrer Nebeltarnung gingen die beiden Freunde auf dem eingeschlagenen Pfad weiter, und als sie einen Hügel erstiegen hatten, konnten sie tatsächlich die Stadt mit ihrer Königsburg am Meeresufer sehen, eine großzügig geplante Anlage mit gepflasterten Straßen und breiten doppelflügeligen Stadttoren. Noch war nicht alles fertiggestellt, man war eifrig dabei, Mauern auszuführen oder Plätze abzustecken, an denen man Gebäude errichten wollte. Am Hafen waren Schachtarbeiten im Gange, an anderer Stelle wurden gerade die steinernen Grundpfeiler eines Theaters aufgestellt.

Direkt im Zentrum stand, bereits vollendet, ein prächtiger Bau. Es war ein aus Erz gefügter Tempel, umgeben von einem schattigen Hain.

Im Inneren der Nebelwolke betraten die Männer nun die Befestigungen und gingen unbemerkt zwischen den Arbeitenden und den patrouillierenden Wachen hindurch.

Vor allem auf dem Marktplatz herrschte rege Geschäftigkeit.

»Was für ein glückliches Volk, das seine neue Heimstatt gefunden hat!«, sagte Äneas leise zu sich selbst. Wie lange würde er wohl noch brauchen, um wie diese Königin seinen Schutzbefohlenen eine neue Stadt zu schenken?

Sie näherten sich dem Tempel, den sie bereits von Weitem gesehen hatten. Wie sie hörten, hatte ihn die dankbare Königin der Göttin Juno errichtet, die den Bund ihrer Ehe so sehr gesegnet hatte, dass sie nun von den Schätzen ihres Gemahls profitierte.

Äneas betrachtete das Bauwerk. Und dann sah er etwas, das ihn mit Erstaunen und Rührung erfüllte. Er sah, dass die Wandmalereien an der Innenseite dieses Tempels Szenen aus dem Kämpfen um Troja darstellten! Da war König Priamus abgebildet und seine Söhne im Streit mit den Griechen und vieles andere mehr. Ihm schossen die Tränen in die Augen. »Also weiß man hier davon, was meiner Vaterstadt zugestoßen ist«, sagte er zu sich selbst. »Und wie es aussieht, steht man nicht auf der Seite der Sieger, sondern hat Mitgefühl mit den Besiegten.«

Während er noch in die Betrachtung der Malereien vertieft war, kündete Trompetenschall das Kommen der Herrscherin selbst an.

Inmitten eines bewaffneten Ehrengeleits von jungen Männern betrat Dido den Schauplatz, aufs Kostbarste geschmückt und mit Krone und Stab, den Zeichen ihrer Würde, ausgestattet, und nahm Platz auf ihrem Thron zwischen den Säulen des Tempels.

Äneas war geblendet von ihrer ernsten, hoheitsvollen Schönheit.

Die herrliche Fürstin ließ sich vom Fortgang der Arbeiten an der Stadt berichten, sah die Pläne der Baumeister an, billigte oder verwarf sie und sprach Recht, wenn jemand mit einem Streitfall zu ihr kam. Das alles tat sie mit großer Umsicht und Sachkenntnis. Äneas wusste nicht, was er mehr bewundern sollte: die Art, wie sie zu regieren verstand, oder ihre Anmut.

Plötzlich entstand Bewegung auf dem Platz. Eine Gruppe von Männern in abgerissenen, salzverkrusteten Kleidern bahnte sich einen Weg durch das Menschengewühl.

Sie näherten sich dem Thron der Königin und warfen sich zu ihren Füßen.

Äneas und Achates glaubten ihren Augen nicht zu trauen. Es waren Kapitäne und Steuerleute von Schiffen der troischen Flotte – von jenen, die sie verloren geglaubt hatten! Also hatte Venus die Wahrheit gesagt, als sie so schalkhaft von ihrer prophetischen Gabe gesprochen hatte: Es gab wirklich noch mehr Überlebende.

Die beiden Männer wären am liebsten auf die geretteten Gefährten losgestürmt und hätten sie in die Arme geschlossen, aber noch waren sie ja in der Wolke verborgen und hätten, unsichtbar, die Männer in Verwirrung gestürzt wie auch die Wächter irritiert.

Einer der Troer, der Steuermann Iloneus, ergriff nun das Wort. »Erhabene Herrscherin!«, rief er aus. »Sieh uns gnädig an. Wir sind heimatlose Flüchtlinge aus Troja, der großen Stadt, die von der Hand der Griechen gefallen ist. Ein böses Unwetter hat uns an diese Küste verschlagen. Nun aber verwehren uns die Anwohner, dauerhaft hier an Land zu gehen, sie erlauben uns nicht, unsere schwer angeschlagenen Schiffe ans Ufer zu ziehen und sie auszubessern, ja, sie drohen sogar, Feuer an die Schiffsrümpfe zu legen. Was für barbarische Bräuche sind das? Kennt man hier die Gesetze der Gastfreundschaft nicht? Wir wollen ja nichts weiter als ein paar Stämme schlagen, um die Lecks auszubessern und neue Ruder anzufertigen. Außerdem sind wir auf der Suche nach unserem Anführer, dem Helden Äneas, von dem es heißt, dass er ein Sohn der Venus ist. Keinen Mann gibt es auf der Welt, der so weise, so tapfer und so gottesfürchtig ist wie er. Erlaube uns, große Königin, in diesem Land nach ihm zu forschen, während wir unsere Schiffe ausbessern. Wenn auch er sich retten konnte vor dem Sturm, dann werden wir ihn hier finden. Danach werden wir weiterziehen, wohin auch immer das Geschick uns treibt, und dich nicht weiter mit unserer Anwesenheit belästigen.«

Dido schlug nachdenklich die Augen nieder. Gerade in der Nacht zuvor hatte sie einen Traum gehabt, in dem Mercurius ihr erschienen war und sie gemahnt hatte, Fremden gegenüber freundlich zu sein. Der Traum war nur noch verschwommen in ihrer Erinnerung, aber er wirkte doch nach, und so fasste sie unter diesem Eindruck einen Entschluss und erwiderte ruhig: »Sorgt euch nicht, ihr Flüchtlinge! Ich habe ein ähnliches Geschick wie ihr erlitten, musste auch aus meiner Heimat fort und verstehe euch daher sehr gut. Aber mein Reich ist noch jung, und deshalb muss ich seine Grenzen mit Härte bewachen lassen. Zürnt meinen Männern nicht, wenn sie allzu eifrig in ihrer Pflichterfüllung sind. Ich werde sogleich Befehl geben, dass man euch an Land lässt und euch mit allem versorgt, was ihr wünscht. Wir leben zwar hier im fernen Libyen an der Küste Afrikas, aber so groß ist die Welt nicht, dass wir nicht vom Untergang eurer herrlichen Stadt gehört hätten, von euren Helden, eurem Waffenruhm und eurem jetzigen Elend. Jede Hilfe und Unterstützung sollt ihr erhalten, wenn ihr weiterzusegeln wünscht.

Aber wenn ihr euch entschließen solltet, hier bei mir zu siedeln oder in meiner Stadt Karthago zu wohnen, so seid ihr herzlich willkommen und ich nehme euch auf mit den gleichen Rechten, die alle Mitbürger genießen. Augenblicklich werde ich Boten aussenden, die nach eurem Anführer Äneas suchen sollen. Geben die Götter, dass er sich hat retten können, so wie es euch auch gelungen ist.«

Venus war unsichtbar ihrem Sohn gefolgt, um ihm, falls es nötig werden sollte, beizustehen. Jetzt hielt sie den Augenblick für gekommen, den verhüllenden Schleier zu lüften. Gleichzeitig sandte sie einen hellen Lichtstrahl vom Himmel herab, genau auf das Haupt des Äneas. Und sie hatte sein Haar schön gelockt, ihm frische Jugendfarbe auf die Wangen und heitere Würde in den Blick gezaubert.

Wie durch ein Wunder stand er nun plötzlich in strahlender Herrlichkeit inmitten der anderen vor dem Thron und sagte: »Niemand muss nach mir suchen. Hier bin ich, Äneas, der Troer, den Fluten entronnen wie diese meine lieben Gefährten.«

Da standen alle wie vom Donner gerührt und starrten die Erscheinung an.

Äneas aber fuhr in seiner Rede fort: »Großmütige Königin, ich habe deine Worte vernommen, mit denen du meinem verstreuten Volk Asyl angeboten hast! Gesegnet seiest du und die Mutter, die dich gebar! Mögen dir die Götter deinen Edelsinn lohnen und möge dein Ruhm für alle Zeiten erstrahlen!«

Nun war der Bann gebrochen. Die Gefährten stürzten auf Äneas zu, ihn zu umarmen und ihm die Hände zu schütteln, und auch er und sein Begleiter begrüßten die anderen mit Rührung. So gewann Königin Dido Zeit, sich zu fassen, denn der Anblick des Fremden und seine wohlgesetzten Worte hatten sie mitten ins Herz getroffen.

Schließlich erhob sie sich und sagte: »So bist du es wirklich, Äneas, der Sohn der Venus? Nein, kein Zweifel, denn dein edles Aussehen spricht für sich. Tretet denn ein in mein Haus, ihr Männer aus Troja, und seid willkommen! Offenbar konntest du, Äneas, durch die Macht der Götter unsichtbar, bereits erfahren, dass ich weiß, wie Flüchtlinge empfinden. Ich leide mitfühlend mit euch.«

Und sie warf Äneas einen Blick zu, der ihm das Herz wärmte.

Gemeinsam mit seinen Männern betraten sie die schimmernde Halle.

Amor kommt ins Spiel

Äneas schickte seinen Freund in aller Eile zu den Schiffen mit einem doppelten Auftrag.

Zunächst einmal sollten Gastgeschenke für Dido herbeigeschafft werden: Einige Troer hatten aus dem brennenden Palast des Priamus Kostbarkeiten retten können – ein Zepter, eine Perlenkette und einen kostbaren Mantel, der einst der geraubten Helena gehört hatte. Diese Dinge, so bestimmte Äneas nun, sollte Dido als Zeichen der Dankbarkeit zum Geschenk erhalten.

Zum anderen aber brannte er darauf, seinen Sohn Julus der Königin vorzustellen. Er liebte das Kind über alle Maßen und wünschte, dass auch diese wunderbare Frau Anteil nehmen und seinen Vaterstolz mitfühlen könnte. Sein Freund sollte den heranwachsenden Knaben von den Schiffen holen und in die Stadt bringen.

Venus aber, die natürlich mit großer Anteilnahme verfolgt hatte, was sich zwischen ihrem Sohn und der Königin Karthagos anbahnte, wollte ganz sicher gehen, dass die zurückhaltende Dido, die noch immer um ihren ermordeten Gatten trauerte, auch wirklich für Äneas entbrannte.

Sie begab sich zu ihrem Sohn Amor und befahl ihm: »Nimm die Gestalt deines Neffen Julus an und lass dich an seiner Stelle von Achates nach Karthago bringen. Wenn dann Äneas und die Fürstin beim Mahl sitzen, sieh zu, dass du dich liebenswürdig und reizend benimmst – das wird dir ja nicht schwerfallen. Und falls dich Dido dann auf den Schoß nimmt, träufele den Zaubertrank der Liebe in ihr Herz!«

Das war ein Auftrag ganz nach Amors Geschmack! Wenn es darum ging, jemanden verliebt zu machen, war er in seinem Element.

Als der Bote erschien, sprang er ihm freudig als Julus entgegen – natürlich konnte der Gott sich perfekt verwandeln! Er ließ sich an die Hand nehmen und nach Karthago bringen. Venus hatte für diesen Tag den echten Julus in einen ihrer Haine entführt und süßen Schlummer auf seine Augenlider gegossen.

Unterdessen hatte die Königin in ihrer Burg ein prachtvolles Mahl zu Ehren ihrer troischen Gäste herrichten lassen. Auf purpurnen Polstern ruhten sie, die Tafeln waren mit silbernem Geschirr und goldenen Pokalen eingedeckt und die Diener reichten frisches Quellwasser und schimmernde Tücher zum Waschen der Hände. Duftendes Brot lag in schön geflochtenen Körben bereit und fünfzig Mägde warteten darauf, die Speisen zuzubereiten und zu servieren.

Dido hatte auch die Ältesten der Karthager und ihre vertrauten Ratgeber dazugeladen und alle bewunderten die köstlichen Geschenke der Troer. Besondere Aufmerksamkeit aber galt dem jungen Julus. Der Knabe hatte sich zunächst mit liebenswürdiger Unbefangenheit seinem Vater an den Hals geworfen und ihn mit Zärtlichkeiten bedacht.

Allen ging das Herz auf beim Anblick des Jungen – wie es bei den Sterblichen nun einmal zu sein pflegt, wenn Amor persönlich zugegen ist! Und es dauerte nicht lange, da rief Dido das schöne Kind zu sich und zog es, genau wie Venus sich erhofft hatte, auf ihren Schoß, liebkoste und küsste es und spielte mit ihm. So hatte Amor reichlich Gelegenheit, das Feuer der Liebe zu Äneas in ihrem Herzen zu entfachen.

Es war Abend geworden und das Mahl neigte sich dem Ende zu. Draußen durchdrang der Schein von Fackeln das Dunkel der Nacht und in den weiten Hallen, in denen die fröhlichen Festgenossen lagerten, brannten große Öllampen auf den Tischen und verbreiteten warmes Licht. Dido ließ nun metallene Mischkrüge herbeibringen. Sie erhob sich, ergriff eine mit Edelsteinen verzierte Schale und füllte sie mit Wein. Stille trat ein in den Räumen des Palastes. Die Königin hielt das Gefäß mit beiden Händen in die Höhe und rief mit lauter Stimme: »Jupiter, Größter und Bester, Herr des Himmels und mächtiger Beschützer des Gastrechts, nimm als Erstes ein Opfer von mir. Mach diesen Tag zu einem Freudentag, an dem Karthager und Troer bis in späte Generationen gedenken werden! Und auch du, Bacchus, Bringer der Freuden, und du, gütige Juno, nehmt meine Ehrerbietung an!«

Dann spendete sie das Trankopfer und ließ die Schale schließlich an ihrem Tisch herumgehen, sodass die Häupter beider Völker davon tranken.

Der kleine Julus ruhte inzwischen schlafend auf den purpurnen Polstern, eine günstige Gelegenheit für Venus, den Tausch rückgängig zu machen. Nun lag wirklich Äneas'

Sohn da und schlief und Venus und Amor zwinkerten sich voller Einverständnis zu, denn sie sahen: Das süße Gift der Liebe wirkte schon in der Königin. Sie konnte die Augen nicht abwenden von ihrem stattlichen Gast.

Und Äneas selbst? Bei ihm hatte es keiner der Listen Amors bedurft. Der Sohn der Venus war Dido bereits mit Haut und Haar verfallen.

Schließlich zu später Stunde bat Dido ihn, von seinen gefahrvollen Abenteuern zu berichten.

Seufzend sagte Äneas: »Du befiehlst mir, unendlichen Schmerz zu erneuern, oh Königin, aber dein Wille soll geschehen.«

Und um der schönen Frau ihre Bitte zu erfüllen, erzählte er alles, von ihrem Aufbruch aus der brennenden Stadt, vom Verlust seiner Gattin Creusa, von dem, was ihnen unterwegs zugestoßen war, von Orakelsprüchen und Harpyien, vom Tod des Anchises und dem schrecklichen Seesturm, der sie hierher verschlagen hatte.

Äneas schloss so: »Das ist das Ende unserer Not! Gepriesen sei der Gott, der uns an diese Küste geführt hat und uns das Gastrecht einer großen Königin genießen lässt!«

Und er verneigte sich vor Dido.

Die Liebe siegt

Mit atemloser Spannung hatte Dido an Äneas' Lippen gehangen.

Nun, als das Fest vorüber war und sich die Gesellschaft zerstreut hatte, konnte sie keinen Schlaf finden. Die kraftvolle Männlichkeit ihres Gastes, seine wohlklingende Stimme, sein Ernst und seine Würde hatten sie ganz in seinen Bann geschlagen, und die Widrigkeiten, gegen die er sich kämpfend bewährt hatte, all das Unglück, in dem er sich so standhaft gezeigt hatte, erhöhten in ihren Augen noch seinen Reiz.

Amor hatte seine Aufgabe erfüllt: Dido glühte vor Liebe.

Unruhig irrte sie durch die Räume ihres Palastes, und als schon die Morgenröte den Horizont rosig färbte, hielt sie es nicht mehr aus. Sie musste jemandem ihr volles Herz ausschütten.

Dieser Jemand war ihre Schwester Anna, zu der sie schon immer mit all ihren Sorgen und Nöten, mit ihren Freuden und Leiden gegangen war und die ihr vertrauter war als sonst irgendein Mensch.

Sie betrat Annas Schlafgemach, setzte sich zu ihr ans Bett und weckte sie.

Anna richtete sich auf und sah, dass Dido tränenüberströmt war. Erschrocken fragte sie: »Liebe Schwester, was ist mit dir? Hat dich jemand gekränkt oder dir etwas angetan?«

»Nur ich selbst tue mir etwas an!«, erklärte die Königin gequält. »Ich selbst! Habe ich nicht meinem ermordeten Gemahl Treue über das Grab hinaus gelobt? Und nun … Da kommt dieser herrliche Mann ins Haus, ein Führer seines Volkes, berühmt in Waffen, edel, besonnen und weise, und ach! – er ist ein Sohn der Liebesgöttin und der Glanz der Venus wohnt auf seiner Stirn! Ja, diesem Mann könnte ich wohl mit Freuden angehören. Aber eher soll die Erde mich verschlingen, als dass ich mein Treuegelöbnis gegenüber meinem toten Mann breche!«

Anna umschlang ihre Schwester fest mit den Armen. »Was grämst du dich und machst dir unnötigen Kummer?«, sagte sie. »Meinst du, deine Entsagung würde deinem verstorbenen Gemahl nützen? Ich kann mir nicht vorstellen, dass er von dir verlangen würde, dass du deine Jugend in trauriger Witwenschaft verbringst! Außerdem: Denke nicht nur an dich, sondern erwäge unsere Lage hier! Wir sind umgeben von mehr oder weniger feindlichen Stämmen. Seit du den Gaetulerfürsten Hiarbas so listig um das Land gebracht und außerdem noch sein Liebeswerben verschmäht hast, wiegelt er die anderen gegen dich auf. Stets ist unser Frieden bedroht. Ich glaube, die große Juno, die dich beschützt, hat uns eine besondere Gunst erweisen wollen, als sie diese Flüchtlinge an unserem Strand landen ließ! Dido, unser junges Reich braucht mächtige Verteidiger. Bedenke, wie das Bündnis mit den waffenkundigen troischen Helden, wie die Anwesenheit eines Mannes wie Äneas auf unsere Feinde wirken wird! Karthago wird aufblühen, wenn du dich mit diesem Mann verbündest.

Schwester, ich sage dir, nutze die Gelegenheit! Halte diese Männer hier durch deine freundliche Einladung fest, sodass ihnen der Sinn nicht mehr nach Weiterfahrt steht. Noch liegen ihre Schiffe schwer havariert am Strand. Ihre Instandsetzung wird dauern. Du binde währenddessen Äneas fest an dich.«

Annas Worte waren genau das, was Dido eigentlich hören wollte. Sie gaben ihrer Liebe neue Nahrung.

Als es vollends Tag geworden war, ging sie mit ihrer Schwester zum Tempel der Juno, der Beschützerin der Ehe, um den Segen der Göttin zu erflehen. Unter heißen Gebeten um Gelingen ließ Dido dem auserwählten Opfertier geweihten Wein zwischen die Hörner rinnen. Würde die Göttin ihr gewähren, wonach ihr Herz verlangte?

Dann, als sie in den Straßen der Stadt umherging, traf sie durch Zufall oder Götterwunsch auf den geliebten Mann und sie wurde sprachlos, als sie ihn sah. Sie, die sonst wortgewandt und klug im Rat den Vorsitz führte, wusste nun nicht, was sie sagen sollte, und verstummte mitten im Satz, wenn er sie nur ansah.

Von da an suchte sie seine Gegenwart. Sie zeigte ihm in den kommenden Tagen ihre neue Stadt, veranstaltete bald darauf das nächste Festmahl und war unersättlich, immer wieder die Abenteuer des weit gereisten Helden zu hören, allein um dem Klang seiner Stimme nachzulauschen. Dann saß sie da, den kleinen Julus Ascanius auf dem Schoß, küsste das Kind stellvertretend für den Mann und schmolz dahin bei seinen Worten und bei seinem Anblick.

Die Tätigkeit an den Wehrbauten und an den Palästen in der Stadt wurde nicht weiter fortgesetzt, die Baustellen lagen verwaist, denn keiner gab den Arbeitern Anweisung. Es kam den verwunderten Bürgern so vor, als habe die Königin die Regierungsgeschäfte niedergelegt.

Dido hatte nur noch ein Ziel: Äneas.

Das Komplott der Göttinnen

Mit äußerstem Wohlgefallen hatte Juno mitangesehen, wie sich die Dinge entwickelten. Erstens war sie der Dido gewogen und zweitens sah sie in einer Ehe zwischen der Königin und dem Mann aus der Ferne eine willkommene Möglichkeit, ihn davon abzuhalten, in Italien ein zweites Troja zu errichten. Nichts sollte an die verhasste Stadt erinnern!

Sie wandte sich an Venus (es war einer der wenigen Augenblicke, in denen die beiden Göttinnen einander wohlgesonnen waren!). »Nun«, sagte sie mit zuckersüßer Stimme, »ich beglückwünsche dich! Mithilfe deines pfiffigen Sohns Amor hast du ja erreicht, was immer dein Ziel war: Äneas in den Armen einer schönen Frau zu wissen. So lass uns denn gemeinsame Sache machen, meine Liebe! Karthager und Troer seien vereint und sollen zu einem Volk verschmelzen. Äneas möge seinen Frieden als Herrscher an der Seite der Königin von Karthago finden.«

»Teure Herrscherin des Himmels!«, entgegnete Venus schmeichlerisch und mit übertriebener Demut. »Wer könnte dir einen Wunsch verweigern oder gar dir trotzen? Ja, lass uns diese Ehe stiften.«

In Wahrheit hatte Venus überhaupt kein Interesse daran, dass ihr Sohn lange in Karthago bleiben sollte. Es ging ihr nur darum, Äneas nach den langen Entbehrungen der Flucht ein reizvolles Liebesabenteuer zu ermöglichen.

Heuchlerisch fuhr sie fort: »Ich habe nur Bedenken, was Jupiter dazu sagen wird. Soviel ich weiß, hat er doch ganz andere Pläne mit dem Troer. Aber du bist ja seine Gattin und kannst ihn gewiss umstimmen.«

»Gewiss, das lass nur meine Sorge sein!«, sagte Juno mit erhobenem Haupt. »Zunächst werden wir beide dafür sorgen, dass sich die Liebenden finden. Eine Ehe wird dann leicht daraus und den Göttervater werde ich schon überreden.«

Am nächsten Tag hatte die Königin Dido ihrem Gast zu Ehren eine Jagd angekündigt.

In aller Morgenfrühe brach man auf. Die jungen Karthager, die daran teilnahmen, waren als Erste unterwegs. Sie zogen mit Netzen, Schlingen und Wurfspießen aus dem Tor, gefolgt von den Hundeführern hoch zu Ross.

Königin Dido, in bunte Seidengewänder gekleidet, trug ein golden blitzendes Diadem in ihrem nachtschwarzen Haar. Wie die Jagdgöttin Diana führte sie den Bogen und den Köcher mit Pfeilen. Ihre Diener halfen ihr aufs Pferd und sie ritt Äneas mitsamt den Troern entgegen, um sie willkommen zu heißen und mit ihnen gemeinsam ins Bergland zu reiten.

Venus sah wohlgefällig lächelnd vom Olymp aus zu, wie die beiden miteinander loszogen. Nein, es war nicht nötig, ihren Sohn Äneas noch mit besonderem Glanz zu umgeben oder die schöne Königin noch schöner zu machen. Der Funke zwischen ihnen war bereits übergesprungen.

Gemeinsam mit Anna, Didos Schwester, saß auch der junge Julus auf einem Pferd und alle freuten sich am fröhlichen Temperament des Knaben, der bald ein Mann sein würde.

Das Gebiet, in dem man jagen wollte, war eine bergige Landschaft, waldreich und voller Grotten und Höhlen, und sie war berühmt für ihren Reichtum an Wild.

Die Beute ließ auch nicht lange auf sich warten. Bald sahen sie eine Gruppe Rehe, dann tobte ein stolzer Hirsch in wilder Flucht über eine Waldlichtung und später brachen Wildschweine durch die Büsche. Schnell zerstreute sich die Gesellschaft in der Verfolgung der verschiedenen Tiere. Nur

Dido und Äneas ritten weiter Seite an Seite und überließen die Pirsch den anderen.

Die Zeit verging. Karthager wie Troer waren so sehr vom Jagdfieber ergriffen, dass sie überhaupt nicht merkten, wie sich der Himmel verdunkelte, und das Fürstenpaar nahm wenig von der Umwelt wahr, sie sahen nur sich gegenseitig.

Das Unwetter aber war ein Werk der Juno. Sie hatte einmal wieder ihre Macht als Herrin des Olymps eingesetzt und die Wettergötter veranlasst, ein Gewitter auf die Gesellschaft loszulassen, um das Fürstenpaar noch enger zusammenzubringen.

Windböen fuhren plötzlich mit unheimlicher Wucht über das Feld dahin, und dann öffnete der Himmel seine Schleusen. Regenfluten stürzten herab und ließen im Nu die Bäche anschwellen, Bäume stürzten um und versperrten den aufgescheuchten Höflingen den Weg. Die Pferde gerieten in Panik und warfen ihre Reiter ab. Die Gesellschaft war hilflos dem Wüten der Elemente ausgesetzt und suchte Schutz unter Bäumen und in Höhlen.

Äneas hatte das scheuende Pferd der Königin schnell am Zügel gepackt und fing die Stürzende in seinen Armen auf. Durch die Regenschleier erspähte er den Eingang zu einer Grotte – Venus hatte ihn vorsorglich in diese Richtung gelenkt.

Er trug die vor Schreck halb ohnmächtige Frau ins schützende Innere und bettete sie auf ein Moospolster. Nun waren sie in Sicherheit. Das Toben des Unwetters drang nur noch wie ein fernes Grollen zu ihnen hinein.

Plötzlich war um sie Stille. Und sie waren allein. Äneas

strich Dido die nassen Locken aus der Stirn, seine Lippen berührten ihre geschlossenen Lider …

Die beiden Göttinnen, in seltener Eintracht, lächelten sich zu.

Zerbrechliches Glück

Junos Plan schien aufzugehen.

Äneas hatte nun seinen Auftrag, den Troern in Italien eine neue Heimat zu schaffen, ganz und gar hintangestellt. In Didos Armen erlebte er die höchste Seligkeit. Warum sollte der Rest seines Volkes sich nicht hier niederlassen dürfen, hier, wo er und die Seinen so freundliche Aufnahme gefunden hatten? Warum mussten sie nach Italien? Warum sollte er nicht die Liebe der Königin genießen und mit ihr glücklich sein? Er war entschlossen, mit Dido den Bund der Ehe einzugehen und für immer zu bleiben.

Jupiter regte sich nicht, meldete keinen Protest an. Wahrscheinlich hatte er anderes zu tun.

Einen ganzen Winter über lebte das Paar zusammen und über den ganzen Kontinent verbreitete sich die Kunde, dass die schöne Dido sich mit dem Mann aus Troja verbunden hatte.

Die Nachricht erreichte auch Hiarbas, den Fürsten der Gaetuler. Diesem Mann hatte Dido bei ihrer Ankunft in Afrika jenes Stück Land abgekauft, dessen Größe sie mithilfe der in Streifen geschnittenen Kuhhaut so klug ausgedehnt hatte. Hiarbas fühlte sich seither von der Königin betrogen. Da er, wie wir wissen, außerdem noch um ihre

Hand angehalten und eine Abfuhr hinnehmen hatte müssen, war sein Zorn auf Dido doppelt groß. Natürlich gönnte er ihr das Glück nicht, das sie mit Äneas genoss.

Hiarbas hatte dem Jupiter in seinem Land über hundert Tempel errichten lassen, ja, manche hielten den Herrscher sogar für einen der Söhne des Gottes. Jedenfalls hatte er aufgrund eines oder beider Umstände das Ohr des obersten Olympiers, und so hob er die Hände zum Himmel und flehte: »Allmächtiger, kannst du ruhig zusehen bei dem, was in Karthago geschieht? Das Weib, das mich, deinen Günstling, abgewiesen hat, lebt jetzt zusammen mit einem dahergelaufenen Fremden, den es durch Zufall an das libysche Ufer verschlagen hat! Hast du keinen Blitz mehr, um ihn auf diesen Troer herabzuschleudern?«

Jupiter hatte bisher wirklich kein Auge für Karthago gehabt. Was er jetzt dort unten sah, erregte seinen Unwillen, allerdings nicht, weil er grundsätzlich etwas gegen die Verbindung der beiden hatte. Aber Äneas wagte es, seinen Auftrag zu ignorieren! Schließlich hatte er ihn ausgeschickt, sich in Italien niederzulassen, nicht an der Küste Afrikas!

Dergleichen durfte nicht geduldet werden!

Sogleich gab er dem Götterboten Mercurius, den er ja vor Zeiten ausgesandt hatte, um Dido günstig zu stimmen für die nahenden Troer, einen strengen neuen Befehl. »Dieser Mann hat seine Sendung vergessen! Beeile dich und mach ihm unmissverständlich klar, dass er dazu berufen ist, Italien zu regieren! Er soll Rom gründen, die Stadt, die dereinst alle Völker des Erdkreises lehren wird, was Recht und Gesetz ist, und den Horden der Barbaren Einhalt gebieten! Er hat unverzüglich an Bord zu gehen.«

Mercurius band sich seine goldenen Flügelsandalen an die Füße und schwebte vom Olymp herab nach Karthago wie ein Raubvogel, der sich auf die Beute stürzt.

Dort fand er Äneas, wie er, bekleidet mit einem bunten karthagischen Mantel, an der Seite ein edelsteinbesetztes Schwert, in Didos Auftrag den Bau der Stadtmauer überwachte.

Der Götterbote fuhr gleich scharfes Geschütz auf. »Jupiter sendet mich zu dir. Er zürnt! Was hast du hier am libyschen Strand, was hast du in Afrika zu suchen? Er hat dich ausgeschickt, nach Italien zu segeln, und was tust du? Du liegst hier in den Armen eines Weibes, verrichtest Sklavenarbeit für sie, versäumst und verträumst die Zeit! Wenn du schon den Befehl des höchsten Gottes in den Wind schlägst: Was ist mit dem Erbe, das du deinem Sohn Julus sichern sollst? Ihm ist anderes bestimmt, als hier in Karthago herumzutändeln – und dir auch! Italien ist euch bestimmt, euer neues Troja soll Rom heißen! Auf! Nicht gezögert und an Bord gegangen!«

Nach diesen harschen Worten fuhr der Götterbote wieder auf zum Olymp, ohne Äneas Zeit zu einer Erwiderung zu lassen.

Der Mann aus Troja war tief erschrocken.

Die Ehrfurcht vor den Göttern, der Gehorsam ihren Geboten gegenüber waren ein Teil seines Wesens. Alles, was ihm göttliche Wesen jemals im Traum oder in Visionen befohlen hatten, befolgte er gehorsam, von der Flucht aus der Stadt Troja bis zu dem, was ihm das Orakel des Apollo oder die Penaten gesagt hatten. Niemals hätte er sich vermessen, sich dem Befehl eines Gottes zu widersetzen. Aber die Liebe zu Dido hatte ihn – für eine Zeit zumindest – die strenge Weisung Jupiters vergessen lassen. Er hatte insgeheim gehofft, der Gott würde zufrieden sein, wenn die Troer hier heimisch würden.

Nun legte sich ihm eine Zentnerlast auf die Seele.

Natürlich musste er gehorchen; er konnte nicht anders. Aber wie sollte er der Königin erklären, dass er sie verlassen würde? Verlassen musste?

Hilflos und verzweifelt, wie er war, gab er den Gefährten den Auftrag, in aller Stille zu handeln. Im Geheimen sollten die Schiffe repariert und segelklar gemacht werden. Genauso heimlich ließ er die frisch instand gesetzte troische Flotte dann mit Proviant versehen.

Aber natürlich blieb das Unternehmen der Königin Dido nicht verborgen.

Äneas hatte bereits den Befehl zur Einschiffung gegeben und legte sich mit bangem Herzen die Worte zurecht, mit denen er sich von der Geliebten verabschieden wollte, da stürmte Dido in seine Räume, bleich, mit fliegenden Haaren und unordentlichen Gewändern; so warf sie sich dem Geliebten zu Füßen. Zunächst vermochte sie nicht zu sprechen vor Erregung.

Bestürzt hob Äneas sie auf und führte sie zu einem Ruhebett. Ach, sie schien ihm schöner als je, mit ihren Augen voller Tränen.

»Treuloser!«, begann sie schließlich unter Schluchzen zu sprechen. »Du willst mich also verlassen, willst dich unbemerkt davonschleichen? Ich kann es nicht begreifen. Wenn ich dich anschaue, scheinst du mir noch immer derselbe zu sein, der liebevolle, zärtliche und aufmerksame Mann, den ich angebetet habe! War denn alles nur Lug und Trug? Hast du mich nur ausgenutzt, um unter dem Schutz meiner Herrschaft in aller Ruhe deine Schiffe auszurüsten? Das hättest du mir sagen sollen! Sicher hätte ich trotzdem mein Herz nicht bezähmen können und wäre für dich entbrannt, aber ich hätte meine Leidenschaft bezwungen. Aber nun, wo wir Schwüre ausgetauscht haben, wo du mich deine Gattin genannt hast … Wie kannst du es wagen fortzugehen?«

Der gerechte Zorn, der jetzt in ihrer Stimme war, machte es Äneas leichter zu antworten. Ihren Tränen gegenüber war er hilflos gewesen.

»Königin«, sagte er mit erzwungener Fassung, »glaube mir, mein Herz fühlt wie deines. Aber ein göttlicher Befehl treibt mich von hier fort. Nein, glaube nicht, dass ich mich bei Nacht und Nebel einfach davongemacht hätte! Ich hätte dir Rede und Antwort gestanden. Dass ich meine Schiffe schon ausrüsten und flottmachen ließ, das geschah, um dir zu zeigen, dass mein Abschied unwiderruflich ist. Jupiters Ratschluss steht fest. Ich muss nach Italien, dem Land, das die Götter uns weit gereisten Flüchtlingen zugedacht haben. Soll ich mein Volk, soll ich meinen Sohn Ascanius um dies Göttergeschenk betrügen? Ein anderes Reich als das deine erwartet mich. Und nun, Dido, Geliebte, höre auf, uns die Trennung schwer zu machen durch Klagen und Vorwürfe! Oder willst du, dass uns beide der Zorn der Unsterblichen ereilt?«

Die wohlgesetzte Rede brachte die Königin noch mehr auf. Sie maß den Mann, der vor ihrem Ruhebett stand, mit einem verächtlichen Blick und sagte: »Du willst der Sohn der Liebesgöttin sein? Ich glaube eher, du bist aus den harten Felsen des Kaukasus entsprossen und Tiger haben dich gesäugt.« Anklagend schüttelte sie die Fäuste gegen den Himmel. »Hat dieser Unmensch soeben eine einzige Träne vergossen bei meinen Tränen, hat er mich mitfühlend in die Arme genommen? Nein, stattdessen schiebt er heuchlerisch einen göttlichen Auftrag vor.« Dann fuhr sie wieder zu ihm herum. »Ja, geh nur, geh! Es ist dir gleichgültig, dass ich dich und die Deinen mit offenen Armen empfangen habe und eurer Heimatlosigkeit ein Ende setzte! Und genauso gleichgültig, dass mein Karthago nach deinem Fortgang eine leichte Beute der feindlichen Fürsten ringsum wird. Hiarbas, der Gaetuler, wird sich wahrscheinlich meiner bemächtigen und mit Gewalt zu seinem Weib machen, wenn du mich nicht mehr schützt!«

Äneas stand sprachlos da und bemühte sich, sein Herz gegen Didos Vorwürfe zu verschließen.

Jetzt begann Dido wieder zu weinen. »Weh mir!«, sagte sie unter Schluchzen. »Trüge ich wenigstens ein Pfand unserer Liebe unter dem Herzen und würde irgendwann dein Ebenbild hier im Palast spielen – ich würde die Trennung leichter ertragen. Aber so bin ich allein und schutzlos, ohne eine Erinnerung an dich. Ach, bleibe noch! Es ist stürmisch auf dem Meer, du wirst an irgendeiner Felsenklippe zerschellen! Zu deinem eigenen Heil, bleib bei mir!«

Aber nichts konnte den troischen Helden aufhalten.

Didos Ende

Es war noch immer Winter, trotzdem war Äneas entschlossen, ungeachtet der Jahreszeit die Überfahrt zu wagen. Er hoffte auf göttlichen Beistand, doch in jedem Fall musste er fort, und je schneller er die Trennung vollzog, umso besser.

Schon blähten sich die Segel im Wind, die Schiffsschnäbel wurden festlich mit Laub bekränzt, die Männer nahmen ihre Plätze an den Rudern ein. Doch da schickte die verzweifelte Dido ihre Schwester Anna noch einmal mit einer Botschaft zum Ankerplatz.

Anna war auch die Vertraute des Äneas geworden und er schätzte die besonnene junge Frau. In Didos Auftrag versuchte sie, Äneas zu einem Aufschub der Reise zu überreden, beschwor seine Liebe und die Versprechen, die er der Fürstin gegeben hatte – aber ohne Erfolg. Äneas blieb unerbittlich, sosehr ihm das Herz in der Brust schmerzte.

Er ging an Bord, erteilte den Befehl, die Taue zu kappen, und ließ die Anker lichten. Die Troer stachen in See.

Die Königin hatte von den Mauerzinnen Karthagos aus die Abreise ihres Geliebten beobachtet; so brauchte Anna ihr nichts mehr zu berichten.

Als sie in das Gemach ihrer königlichen Schwester trat, fand sie zu ihrer Verwunderung Dido scheinbar heiter und gelassen.

»Ich weiß, ich werde Äneas zurückgewinnen!«, sagte sie, wie es schien, ganz ruhig, zu Anna. »Eine zauberkundige Frau aus Äthiopien hat mir verraten, wie das geschehen kann. Lass bitte heimlich vor den Toren der Stadt am Meeresufer einen großen Scheiterhaufen errichten und stapele darauf alles, was Äneas hier zurückgelassen hat – Waffen, Kleider und unser gemeinsames Bett. Und lass ringsum Altäre errichten, damit die Äthiopierin mit mir dann nachts ihr magisches Werk vollbringen kann.«

Eifrig machte sich Anna daran, den Wunsch ihrer Schwester zu erfüllen. Sie war froh darüber, dass Dido offenbar bereit war, etwas zu unternehmen, und nicht in Trauer versank. Sie ahnte ja nicht, was hinter diesen Vorbereitungen steckte: Dido wollte sterben.

Als die Fürstin sich in der Nacht gemeinsam mit der Priesterin an das Opfer machte, schickten ihr die Götter ein grausiges Zeichen, das sie in ihrem Entschluss bestärkte: Der helle Wein, den sie als Gabe für die Götter ausgießen wollte, verwandelte sich in Blut.

Dido sagte niemandem etwas davon. Aber für sie war es die Bestätigung, dass ihr Weg der richtige sein würde.

Bei Tagesanbruch begab sie sich, das offene Haar festlich bekränzt, in ihren schönsten Gewändern zu dem Holzstoß und bestieg die Stufen, die nach oben führten. Sie warf einen Blick übers Meer: Die Schiffe der Troer, die noch gegen den Wind vor der Küste gekreuzt hatten, entschwanden in diesem Moment gerade am Horizont. Alles war vorbei.

»Hört mich, ihr Götter der Unterwelt, wie sie in Tyrus und Afrika angebetet werden!«, rief sie. »Ich, Dido, habe eine erhabene Stadt gegründet, ich habe den Tyrern einst eine neue Heimat gegeben und hätte das Gleiche auch für die Flüchtlinge aus Troja getan, aber das missgünstige Schicksal verbietet es mir. Nun, da der Mann, den ich liebe, auf immer fort ist, weihe ich mich den Schatten der Nacht. Erde, lebe wohl!«

Äneas hatte das Schwert zurückgelassen, das sie ihm einst geschenkt hatte. Nun zog es Dido aus seiner Scheide und stieß es sich mit aller Kraft ins Herz. Blutend brach sie über den Gewändern ihres treulosen Liebsten zusammen.

Das Wehgeschrei der erschrockenen Dienerinnen rief ihre Schwester auf den Plan.

Jammernd erklomm Anna den Scheiterhaufen und hielt die Sterbende im Arm. »Schwester, liebe Schwester, warum hast du mich nicht mitgenommen in den Tod? Warum lässt du mich allein zurück?«, rief sie.

Dido versuchte zu antworten, aber sie brachte kein Wort mehr hervor. Dreimal richtete sie sich qualvoll stöhnend auf, bevor die Götter der Unterwelt endlich bereit waren, ihr Opfer anzunehmen. Schließlich hauchte sie unter dem Weinen und Klagen der herbeigelaufenen Karthager ihre Seele aus.

Als die Nacht dämmerte, sah Äneas vom Schiff aus an der Küste Afrikas einen riesigen Feuerschein, so gewaltig, dass er zunächst glaubte, ganz Karthago sei in Flammen aufgegangen. Aber dann traf ihn eine furchtbare Erkenntnis: Dido lebte nicht mehr. Die verzweifelte Königin musste ihrem Leben ein Ende gesetzt haben und der Feuerschein kam vom Scheiterhaufen ihrer Bestattung.

Der Tod der geliebten Frau legte sich Äneas schwer auf die Seele. Ja, er war göttlichem Gebot gefolgt. Aber trotzdem hatte er Schuld auf sich geladen. Und er wusste, dass keine Schuld ungesühnt blieb.

Wieder unterwegs

Äneas sollte sich nicht geirrt haben.

Wie wir wissen, war für Venus, seiner göttlichen Mutter, seine Beziehung zu Dido nur eine Episode gewesen, eine Liebelei, mit der sie ihren Sohn glücklich machen wollte. Die Göttermutter Juno hingegen sah in seiner Abreise den schlimmsten Verrat und Ehebruch, denn schließlich hatten sich die beiden Treue geschworen. Sie sah sich in ihrem alten Hass bestätigt und beschloss, den Troern auch weiterhin keine Ruhe zu lassen.

Die Reisenden waren zur falschen Jahreszeit aufgebrochen und schnell zwangen sie winterliche Stürme, beizudrehen und zum zweiten Mal den Strand Siziliens anzulaufen. Wieder fanden sie dort gastfreundliche Menschen. Gern hätte der Herrscher der Insel die Flüchtlinge für immer aufgenommen. Davon konnte für Äneas keine Rede sein, aber er nutzte die Gelegenheit, an dem Strand, wo im Jahr zuvor Anchises von ihm gegangen war, noch einmal prächtige Spiele zu Ehren seines Vaters zu veranstalten.

Juno freilich, unversöhnlich und voller Missgunst, hatte wieder einmal einen Einfall, wie sie die Troer davon abhalten könne, nach Italien zu kommen. Sie schickte eine göttliche Botin vom Olymp herab und ließ sie sich in Gestalt einer Troerin unter die Frauen mischen, die betrübt am Ufer saßen und auf die stürmische See hinaussahen. Bald sollten sie sich wieder dem trügerischen Element anvertrauen! Sie waren es müde umherzuziehen.

Diese Stimmung nutzte die Götterbotin aus. Sie stachelte die Troerinnen mit Reden auf. »Wäre es nicht besser für uns gewesen, vor den Mauern unserer Stadt zu sterben, als nun Jahr für Jahr über das Meer zu irren, überall nur geduldet? Warum treibt uns der Wahn des Äneas, Italien zu erreichen, weiter durch zahllose Abenteuer? Warum wird nicht hier eine Ansiedlung errichtet, hier, wo man uns gerne siedeln lassen will?!«

So sprach sie und begierig sogen die Frauen diese Worte auf. Viele von ihnen hatten schon ähnliche Gedanken gehabt, aber nicht gewagt, sie auszusprechen.

Als Junos Botin merkte, dass ihre Rede auf fruchtbaren Boden fiel, ging sie noch einen Schritt weiter. »Es gibt nur eine Möglichkeit, zu verhindern, dass wir wieder hinausmüssen aufs Meer: Wir müssen die Schiffe verbrennen!«

Ihr waghalsiger Plan gelang! Die Botin selbst machte den Anfang und bald flogen von allen Seiten Fackeln auf die Schiffe. Schon fraß sich der Brand gierig hin über Ruder und hölzerne Decks. Die Frauen waren wie von Sinnen – und Juno rieb sich die Hände da oben.

Äneas hielt sich gerade in der Nähe auf. Er sah den Rauch, der vom Ankerplatz aufstieg, und eilte hin.

Als die Frauen die Ehrfurcht gebietende Gestalt ihres Anführers herankommen sahen, fiel ihre Raserei von ihnen ab. Voller Scham über ihre Tat liefen sie davon und versteckten sich in den umliegenden Klippen.

Äneas sah, wie sich die Glut durch die Schiffskörper fraß. Zum Löschen war es zu spät. Alles schien verloren. Verzweifelt sank er in die Knie und hob die Hände zum Himmel.

»Vater Jupiter!«, rief er. »Wenn dein Blick weiterhin gnädig auf den Söhnen und Töchtern Trojas ruht, wenn du willst, dass wir jemals Italiens Strand erreichen, dann rette unsere Schiffe! Hast du aber vor, uns zu vernichten, so tu es schnell! Sende unverzüglich deinen Blitzstrahl auf mein Haupt herab und töte mich und verschone dann auch die Meinen nicht!«

Das Gebet war zum Thron des höchsten Gottes vorgedrungen. Zornig rief er nach Juno, denn ihm war klar, dass nur seine unversöhnliche Gemahlin hinter dem Vorfall stecken konnte. Aber die Göttin ließ sich wohlweislich nicht sehen, sie verbarg sich mit ihrer Botin zusammen in einer Höhle.

So beschloss Jupiter, schnell einzugreifen.

Am vorher heiteren Himmel stiegen in furchterregender Schnelligkeit die schwarzen Wolken eines Unwetters auf und alsbald ergoss sich eine solche Regenflut auf die brennenden Schiffe herab, dass die Flammen unter Zischen erloschen. Gewaltige Dampfwolken stiegen auf, alles schien in heißen Nebel gehüllt. Aber als sich der Qualm schließlich verzog, sah Äneas, dass die meisten ihrer Schiffe gerettet waren durch das Eingreifen des Gottes. Nur vier waren unwiederbringlich dahin.

Äneas dankte Jupiter mit reichlichem Opfer.

Aber der gefährliche Vorfall hatte ihm gezeigt, in welchem Maße ein Teil der Flüchtlinge nach den langen Jahren des Umherirrens müde und verzweifelt war. Er sah, dass sie es satthatten, weiter von Ort zu Ort zu ziehen. Als der kluge Anführer, der er war, zog er seinen Schluss daraus. Der lautete: Besser mit einer kleinen, entschlossenen Truppe, mit dem Kern der troischen Mannschaft, weiterreisen, als all diejenigen, die der Fahrt überdrüssig oder zu schwach und erschöpft waren, weiter mitzuschleppen.

Außerdem hatte er vier Schiffe weniger. Neue zu bauen hätte viel Zeit verschlungen. So erlaubte er Frauen und Kindern, Greisen und jenen Kriegern, die der langen Reise überdrüssig waren, auf Sizilien zurückzubleiben und unter den wohlwollenden Blicken des dortigen Herrschers eine Stadt zu gründen.

Bei ruhiger See und günstigem Wind stach die Flotte erneut in See. Venus selbst, wachgerüttelt durch die Intrige der Göttermutter, hatte sich beim Meeresgott Neptunus für eine glückliche Fahrt ihres Sohns eingesetzt. So war den Machenschaften der Juno zunächst einmal ein Riegel vorgeschoben. Aber ganz aufgeben wollte sie nicht!

Sie schickte einen anderen Verbündeten, den Gott des Schlafes, zu den Seefahrern. Er bemächtigte sich des kundigen Steuermanns Palinurus. Und statt die Sterne zu beobachten und den Kurs zu bestimmen, versank Palinurus in einen tiefen Schlummer – so tief, dass er das Steuerruder des Flaggschiffs fahren ließ und kopfüber ins Meer fiel.

Äneas bemerkte noch rechtzeitig, dass das Schiff aus dem Ruder lief. Er eilte herzu und brachte das Fahrzeug wieder auf Kurs. Aber Palinurus konnte nicht mehr gerettet werden. Er war in den Tiefen der Salzflut versunken.

So hatte Juno wenigstens eine kleine Genugtuung.

Das Land der Verheißung

Äneas selbst stand nun am Steuer seines Schiffes und bald sichteten sie in der Ferne ein bewaldetes Land. Das musste Italien sein!

Er gab Befehl, an der Küste entlangzusegeln und nach einer Bucht Ausschau zu halten, die als Ankerplatz geeignet schien. Schließlich entdeckten sie einen natürlichen Hafen: Aus dem Waldesdickicht brach sich ein mächtiger Strom Bahn, gelb vom mitgeführten Sand, und ergoss sich in reißenden Wirbeln ins Meer. Im seitlichen stillen Wasser ruderten die Troer ein Stück ins Land hinein und brachten ihre Schiffe am Flussufer aufs Trockene. Die Gegend erschien ihnen lieblich und freundlich; bunte Vögel zwitscherten im Geäst der dichten Lorbeerwälder und ließen sich zutraulich auf den Masten und am Heck der Schiffe nieder.

Die Mannschaft ging an Land.

Unter einem schattigen Baum rasteten die erschöpften Männer, und weil sie sehr hungrig waren, buken sie in aller Eile auf heißen Steinen riesige Brotfladen, die sie dann mit dem belegten, was sie aus dem Schiff mitgebracht hatten: Salzfleisch, Oliven, Käse. Sie aßen es von den Fladen herunter. Am Ende, als sie noch immer Hunger hatten, begannen sie, von den großen Fladen Stücke abzubrechen und zu verzehren.

Da brach Julus in Lachen aus. »Vater, wir essen ja unsere eigenen Tische!«, sagte er.

Es war nichts als ein Scherz. Aber Äneas fühlte sich wie vom Blitz gerührt. Ihm fiel die Prophezeiung der Harpyie ein, die ihnen mit krächzender Stimme nachgerufen hatte: »Nicht eher werdet ihr eure neue Stadt gründen, bis ihr nicht vor Hunger an euren eigenen Tischen genagt habt!«

»Wie gnädig hat Jupiter alles gewendet!«, rief er aus. »Die entsetzliche Prophezeiung hat sich ins Heitere verkehrt!

Freunde, wir sind am Ziel! Das Ende all unserer Mühen ist gekommen! Wir haben den Boden erreicht, der uns zugesprochen wurde! Hier werden wir bleiben! Hier ist unsere neue Heimat!«

Freudig umringten ihn die Gefährten. Ihre Müdigkeit war wie weggeblasen und sie wünschten nun zweierlei: Erstens, den Göttern dafür zu danken, dass ihre Irrfahrten ein Ende hatten, und zweitens, so schnell wie möglich ins Landesinnere zu gelangen, um zu erkunden, was für ein Volk hier wohnte und ob es ihnen freundlich gesonnen war.

Die Auswanderer konnten nicht ahnen, welchen neuen Gefahren sie demnächst ausgesetzt sein würden.

Friedliches Latium

Der Teil Italiens, an dem die Troer an Land gegangen waren, hieß Latium, ein Landstrich, der im Westen vom Meer und im Osten von den Albanerbergen begrenzt wurde. Der Volksstamm, auf den sie in dieser Gegend trafen, nannte sich Laurenter. Nicht nur am Flussufer, sondern überall, wo nicht Ackerbau betrieben oder das Vieh geweidet wurde, bedeckten dichte Lorbeerwälder (Lorbeer heißt auf Lateinisch laurus) die Erde.

Die Flüchtlinge hatten Glück. Sie waren auf ein friedfertiges Volk gestoßen. Italien war dicht besiedelt, und die Stämme, die es bewohnten, waren sehr unterschiedlich. Nördlich von der Flussmündung, wo sie gelandet waren, befand sich Etrurien. Die Etrusker waren, wie wir bereits wissen, ein stolzes Volk und besaßen eine alte Kultur. Fremden gegenüber hielten sie sich zurück und hätten die Ankömmlinge wohl kaum so freundlich aufgenommen, wie es nun hier geschehen sollte. Außer den Laurentern lebten in Latium noch andere Stämme, wie die Sabiner und die Rutuler, die das Land in den südlichen Gebieten einnahmen. Kriegerische und unbezähmbare Bergvölker (Samnier und Volsker) bewohnten den Kamm des Apennin-Gebirges, dessen Ausläufer die Albanerberge darstellten, und noch weiter im Süden des Landes existierte eine Reihe blühender Städte, die von fruchtbarem Umland umgeben waren. Mit ihnen allen sollten die Einwanderer oder ihre Nachfahren zu tun bekommen.

Bei den Laurentern nun hatte es über viele Jahrzehnte keinen Krieg gegeben. Man strebte nicht nach Kampfesehren, denn der König der Laurenter mit Namen Latinus war ein Sohn des Faunus, und Faunus ist ein Naturgott, der Hüter der friedlichen Hirten und des geruhsamen Landlebens – und er ist ein Urenkel des Gottes Saturnus, der über Saat und Ernte wacht und unter dessen Regentschaft das Goldene Zeitalter herrschte, in dem alle Menschen in Eintracht miteinander lebten.

Latinus war inzwischen alt, aber die Götter hatten ihm einen männlichen Nachkommen verwehrt. Eine einzige Tochter namens Lavinia lebte in seinem Haus. Viele junge Fürsten aus den unterschiedlichsten italischen Stämmen warben um das Mädchen und ihre Mutter Amata hatte auch bereits einen Bräutigam für sie bestimmt. Das war der kraftvolle und heldenhafte junge Rutulerprinz Turnus. Die Rutuler waren bei Weitem kriegerischer gesonnen als die Laurenter und Amata sah in ihnen starke Bündnispartner.

Zur Zeit aber, als – von den Laurentern noch unbemerkt – die troischen Flüchtlinge gelandet waren, bemerkte der König Latinus beunruhigende Vorzeichen.

Im Innenhof seiner Burg stand ein besonders alter und üppiger Lorbeerbaum. In jenen Tagen setzte sich ein Bienenschwarm im Geäst des Baums fest. Sein lautes Summen war bis in die inneren Räume zu hören.

Latinus ließ einen Priester holen und bat um eine Deutung des Ereignisses, und der Seher deutete das Zeichen so: »Ein ausländischer König mit seinem Volk ist auf dem Weg hierher und er wird an dieser Stelle herrschen!«

Das beunruhigte den König.

Und es blieb nicht bei dem einen Vorzeichen.

Als Latinus mit seiner Tochter bald darauf am Altar stand, um den Göttern zu opfern und mit einer Fackel das heilige Herdfeuer zu entzünden, schien es plötzlich, als ginge Lavinias Haar in Flammen auf. Der ganze Tempel war davon hell erleuchtet. Entsetzt liefen die Tempeldiener herzu, um zu löschen, aber Lavinia lachte nur: Sie spürte nicht den geringsten Schmerz!

Auch hier gaben die Seher eine Deutung. Sie sagten: »Ein herrliches Los und großer Ruhm erwartet deine Tochter, o König. Aber zugleich wird die Zeit des Friedens für dein Volk vorbei sein. Große Unruhe steht uns bevor.«

Aufs Äußerste irritiert durch diese zwei Omen, beschloss Latinus, seinen göttlichen Vater Faunus zu befragen. Er brachte dem Unsterblichen hundert Schafe zum Opfer dar und schlief in der Nacht, wie es Brauch war, im Tempel direkt auf den Fellen der getöteten Tiere. Und wirklich hörte er inmitten der Nacht die göttliche väterliche Stimme, die

Folgendes verkündete: »Gib deine Tochter keinem italischen Mann zur Frau. Ein fremder Freier naht aus weiter Ferne. Dessen Blut wird unseren Namen bis zu den Sternen erhöhen und seine Nachkommen werden den Erdkreis beherrschen.«

Inzwischen hatte König Latinus bereits von den fremden Neuankömmlingen gehört, und auch Äneas und seine Männer, die Kontakt zu Einheimischen aufgenommen hatten, waren über König Latinus unterrichtet worden. Dieser machte sich nun bereit, sie freundlich zu empfangen, denn er hatte keinen Zweifel, dass sich unter ihnen der angekündigte Freier befinden würde, den die Götter für seine Tochter bestimmt hatten.

Äneas rüstete eine Gesandtschaft nach der Hauptstadt Laurentum aus, um das Wohlwollen des Landesherrschers zu erringen und um Erlaubnis zu bitten, eine Siedlung errichten zu dürfen. Er schickte Hundert seiner besten Männer aus, darunter einen seiner engsten Freunde, Iloneus, als Sprecher. Die Troer trugen Ölzweige in den Händen zum Zeichen ihrer friedlichen Absicht und brachten Ehrengeschenke – Dinge, die sie in Karthago erworben hatten und die ihnen nun nützlich sein sollten, die Gunst des Königs zu erringen.

Latinus empfing die würdevollen Abgesandten freundlich.

»Ob euch nun die Elemente hierher verschlagen haben oder ob ihr mit Absicht gelandet seid, Fremdlinge: Seid gewiss, dass ihr die Gastfreundschaft meines Volkes genießen werdet. Wir sind die Kinder des Saturnus und bedürfen keines Zwangs und keiner Gesetzgebung, um zu wissen, was gerecht ist und was sich Gastfreunden gegenüber ziemt«, begrüßte er die Männer.

Iloneus näherte sich ihm, beugte das Knie und begann feierlich: »Großer Herrscher aus Faunus' Geschlecht! Nein, nicht der Zufall oder widrige Winde haben uns hierher verschlagen. Jupiters Gebot selbst hat uns diese Küste verheißen als letzte Zufluchtsstätte. Wir kommen von weit her, sind die letzten Überlebenden der Stadt Troja. Sicher hast du von der Zerstörung unserer Stadt gehört, die Kunde von den Kämpfen, die Griechenland und Asien gegeneinander ausfochten, ist in alle Welt gedrungen.

Unser Anführer ist Äneas, selbst ein Göttersproß. Er hat uns hierhergebracht durch viele Gefahren und Wirrnisse.

Und so bitten wir dich jetzt, König: Gewähre uns Asyl, lass uns hier Ruhe finden, gib uns einen Platz, wo wir unsere Penaten, unsere heimischen Götter, wieder aufstellen können, gewähre uns ein Ufer, Luft und Wasser, das gemeinsame Gut aller Menschen.

Es wird dein Schaden nicht sein, wenn du uns aufnimmst. Wir werden sicher keine Schande über Latium bringen, sondern seinen Ruhm mehren!«

Nach diesen klugen Worten legte er dem Latinus die Gastgeschenke zu Füßen: goldene Pokale, kostbare Mäntel und reichen Schmuck.

Latinus hatte mit nachdenklicher Miene zugehört. Ihm war klar: Äneas musste jener Mann sein, den sein göttlicher Vater der Tochter Lavinia bestimmt hatte! Aufgeregt und erfreut darüber, dass die Prophezeiung so schnell eintreffen sollte, vergaß er völlig, dass seine Frau Amata bereits andere Pläne mit Lavinia hatte. Nun sagte er: »Troer, ich gewähre euch eure Bitte. Aber Äneas möge doch selbst zu mir kommen, damit wir unser Bündnis mit Handschlag besiegeln können. Und richtet ihm aus: Ich habe eine einzige Tochter und das Orakel hat verkündet, für sie würde der Gemahl aus weiter Ferne kommen. Wenn mich meine Ahnung nicht trügt, ist euer Anführer dieser Mann, und falls er einverstanden ist, können wir Verwandte werden.«

Iloneus und die Troer hörten diese Worte mit großer Freude.

Zu Fuß war die Gesandtschaft ausgezogen, hoch zu Ross kehrten die Männer zurück, denn Latinus hatte jedem ein wunderbares Reitpferd geschenkt, und für Äneas führten sie einen goldbeschlagenen Wagen mit, bespannt mit vier Hengsten aus edelster Zucht.

Voller Erstaunen und Freude vernahm der Weitgereiste die Nachricht, die ihm Latinus zukommen ließ. Alles schien sich nun auf einmal wie von allein zu fügen.

Frieden, Ruhe und Wohlergehen in der neuen Heimat – all das war in greifbare Nähe gerückt. Er schien am Ziel angekommen zu sein.

Wäre da nicht die unstillbare Rachsucht der Göttin Juno gewesen, die diese Entwicklung arglistig betrachtete.

Alles auf Krieg!

Die Göttermutter griff gleich auf mehreren Fronten an, um Unfrieden zwischen Troern und Italern zu stiften.

Als Erstes schickte sie eine der Rachegöttinnen zu Königin Amata, der Gattin des Latinus und Lavinias Mutter. Natürlich war Amata zornig gewesen, als sie erfuhr, dass ihr Mann sie übergangen hatte. Aber noch hatte sie sich zurückgehalten und nichts gesagt. Doch nun … Die furchtbare Gottheit legte sich nachts in der Gestalt einer Schlange um den Hals der Königin und flößte ihr schwarze Galle, das Gift der Wut, ein. Amata fuhr aus dem Schlaf und wusste: Sie musste ihren Gemahl sofort zur Rede stellen. Ohne dass ihre Sklavinnen sie frisieren und ankleiden durften, raste sie im bloßen Unterkleid zu Latinus und fuhr auf ihn los.

»Wie kannst du mich so hintergehen und meine Bitten so missachten!«, schrie sie. »Du weißt, dass ich unsere Tochter mit dem Rutulerprinzen Turnus vermählen will. Er ist ein stattlicher Jüngling, mutig und kühn, und zudem unser nächster Nachbar! Aber was tust du? Du versprichst sie auf einmal einem Fremden, einem hergelaufenen Flüchtling, den du noch nicht einmal gesehen hast, nur weil er angeblich aus diesem Troja kommt, das die Götter schon vor langer Zeit zerstört haben! Mach diese Verlobung sofort rückgängig!«

Aber der alte König war nicht bereit, auf die Forderungen seiner Frau einzugehen und wies sie ab.

Inzwischen war die grimmige Abgesandte der Juno zu Turnus, dem jungen Königssohn des Nachbarstammes, weitergeflogen. Auch ihn traf sie schlafend an und raunte ihm im Traum die Nachricht zu, dass Latinus nun nicht mehr gewillt war, ihm seine Tochter zur Frau zu geben.

Und auch seine Wut stachelte sie an. »Willst du eine solche Schmach auf dir sitzen lassen?«, zischte sie ihm ins Ohr. »Willst du mitansehen, wie die schöne Lavinia dem heimatlosen Vagabunden zufällt und das Zepter, auf das du nach

Latinus' Tod Anspruch haben würdest, in die Hand dieses Troers fällt? Auf! Rüste dich! Rufe das Heer zusammen und ziehe gegen die Fremden in den Krieg, verbrenne ihre Schiffe, jage sie ins Meer! Und danach diktiere dem wankelmütigen Latinus deinen Frieden, das Schwert an der Seite, und nimm dir die Braut!«

Die aufwieglerischen Worte der bösen Botin verfehlten ihre Wirkung nicht. Turnus fuhr aus dem Schlaf empor und begann noch in derselben Nacht seine Mannschaft zusammenzurufen.

Aber noch war es nicht genug. Noch eine dritte Intrige hatte Junos Botin vor, um einen Streit zwischen Troern und Latinern zu entfachen.

Am Strand des Tiber (das war der Fluss, an dessen Mündung die Troer gelandet waren) hatten sich die Ankömmlinge, glücklich über die guten Neuigkeiten, zu einer Jagd versammelt. Julus, der inzwischen zum Jüngling herangewachsen war, war besonders eifrig dabei und wollte unter Beweis stellen, dass er bereits mit den Älteren mithalten konnte.

Aus dem Dickicht brach ein wundervoller Hirsch mit stolzem Geweih hervor und merkwürdigerweise blieb er ohne Scheu stehen und sah den Jägern entgegen.

Jauchzend rief Julus: »Diese Beute haben mir die Götter der Jagd geschenkt!«, und schleuderte seinen Speer gegen den Hirsch.

Was er aber nicht wissen konnte: Dieser Hirsch war kein gewöhnliches Wildtier! Die Tochter eines latinischen Hirten, Silvia mit Namen, hatte ihn als verwaistes Hirschkalb aufgezogen. Er war so zutraulich wie ein Hund, und Silvia fütterte ihn täglich und nahm ihn abends mit nach Haus, damit er in einem Stall schlafen konnte wie ein zahmes Rind.

Blutüberströmt schleppte sich das Tier zum Heim seiner Herrin und brach tot auf dem Stroh zusammen. So fand Silvia den Hirsch und auf ihre Klagen kamen von überall her die Hirten und Bauern der Umgebung herbei, bereit, die Fremden für ihre Freveltat zu bestrafen.

Und so geschah es, dass sich nun Latiner und Troer im Kampf gegenüberstanden. Alle Schlichtungsversuche brachten nichts. Bald jedoch mussten die unerfahrenen Bauern und Hirten den kampferprobten Kriegern weichen und sie retteten sich in die Mauern Laurentums. Sie erreichten Latinus' Thron zeitgleich mit dem wutentbrannten Turnus, der zu seinem erhofften Schwiegervater geeilt war, um ihm Vorwürfe zu machen. Das Zusammentreffen mit den Leuten aus dem Volk, die jammernd ihre Verwundeten vorführten, kam diesem gerade recht.

»Da siehst du, König, was geschieht, wenn du den Fremden Zutritt zu unserem Land und Gastfreundschaft gewährst! Die dreisten Flüchtlinge werden hier hausen wie die Räuber! Kaum hast du ihnen gestattet zu bleiben, schon beginnt Mord und Totschlag! Willst du wirklich das Reich und die Herrschaft Latiums an diese Ausländer übergeben?« Damit meinte er die beabsichtigte Hochzeit Lavinias mit dem Troer.

Turnus war rasend vor Wut und forderte Krieg.

Der greise König aber weigerte sich, dem Kampfruf zu folgen. »Ich habe ein Versprechen abgegeben und das werde ich halten. Nie und nimmer will ich einen Krieg! Mein

Wunsch war es stets, mein Leben in Frieden zu beschließen. Wenn ihr denn darauf besteht zu kämpfen – dann ohne mich. Eher lege ich die Herrschaft nieder.«

Und er begab sich ins Innere seines Palastes und verschloss die Tür.

Turnus und die Laurenter forderten aber laut: »Öffne das Tempeltor des Janus!«

Damit hatte es folgende Bewandtnis: In Laurentum stand der Tempel des doppelgesichtigen Gottes Janus, der sowohl in die Vergangenheit als auch in die Zukunft sieht, und sein Doppeltor war mit hundert eisernen Riegeln verschlossen. Sollte es zu einem Krieg kommen, so musste der König, der zugleich oberster Priester dieses Gottes war, gerüstet und bewaffnet in feierlicher Prozession zum Tempel ziehen und das Tor entriegeln.

Latinus weigerte sich, dieses Zeremoniell vorzunehmen.

Juno oben auf dem Olymp raste vor Zorn und Ungeduld. Sie hatte alles so gründlich vorbereitet, hatte Hass und Zwietracht geschürt, wo sie nur konnte – und jetzt sollte das alles scheitern an der Friedensliebe eines alten Königs?

Sie fuhr vom Himmel herab wie ein Raubvogel und ihre Götterhand stieß die Riegel beiseite. Knarrend drehten sich die ehernen Doppeltore in den Angeln und öffneten sich weit.

Es war Krieg.

Äneas findet Verbündete

Plötzlich war ganz Italien in Aufruhr. Alle Stämme und Völkerschaften wollten auf der einen oder der anderen Seite am Kampf teilnehmen. Einige sahen ihre Chance gekommen, gegen die reichen Laurenter vorzugehen, wenn sie sich auf die Seite der Troer stellten.

Überall wurden Schwerter geschliffen und Speere geschärft, der Rost von alten Rüstungen geklopft, Helme poliert und wallende Helmbüsche erneuert. Das friedliche und ruhige Land war wie aufgescheucht und mit großer Sorge sah Äneas, was sich seit ihrer Ankunft an diesem Strand in aller Stille an Feindschaft gegen ihn und die Seinen zusammengebraut hatte.

Aber wieder einmal bekam er im Schlaf eine prophetische Botschaft. Aus den Pappeln am Wasser, dort, wo die troischen Schiffe lagen, erhob sich nämlich eines Nachts ein Greis in meerblauem Gewand, die Stirn mit Schilf umwunden, und trat an Äneas' Lager. Es war Tiberinus, der Flussgott, eine Verkörperung des Tiberstroms.

»Du Heros aus göttlichem Stamm«, sprach die Erscheinung, »fürchte dich nicht vor den bevorstehenden Kämpfen. Siegreich wirst du daraus hervorgehen und fest gegründet werden dein Haus und deine Penaten stehen!«

»Nur zu gern will ich dir Glauben schenken«, erwiderte der sorgenvolle Äneas. »Aber wie begegne ich dem Zorn der Juno? Seit ich auf Befehl des Göttervaters meine geliebte Königin Dido verlassen habe, ist Junos Hass auf mich noch gewachsen!«

»Morgen früh wirst du unter den Eichen am Ufer ein

Mutterschwein mit vielen Frischlingen finden. Opfere diese Tiere der Juno. Das wird ihren Groll vorerst dämpfen. Und später wird dort dein Sohn Julus eine Stadt gründen, die zur Mutter des späteren Reiches erwachsen wird.

Jetzt aber tue dieses: Nicht weit von hier, in Tuscien, lebt ein Volksstamm, der ebenfalls eingewandert ist. Es sind Griechen und sie nennen sich Pelasger. Seit sie hier siedeln, sind die meisten Völker Latiums ihre Feinde und wollen sie vertreiben. Störe dich nicht daran, dass sie Griechen sind! Der Kampf um Troja liegt lange genug zurück. Rüste zwei Schiffe und begib dich auf meinem Rücken flussaufwärts zu ihnen. Du wirst sie bereit finden, mit dir ein Waffenbündnis zu schließen. Mit ihrer Hilfe wirst du die Gegner überwinden.«

Dann verschwand die Erscheinung, und als Äneas erwachte, opferte er voller Dankbarkeit zunächst dem Tiberinus. Dann fand er das Mutterschwein mit den Frischlingen an der vorausgesagten Stelle und brachte sie Juno dar und schließlich rüstete er mit frischem Mut zwei Schiffe und fuhr mit ihnen landeinwärts. Tiberinus selbst schob sie auf spiegelglatter Flut voran.

Einen Tag und eine Nacht waren die Troer unterwegs, dann erreichten sie die Ansiedlungen der Pelasger.

Dort war man gerade mit einem morgendlichen Opfer am Flussufer beschäftigt, als plötzlich die fremden Schiffe auftauchten. Die Pelasger, die unbewaffnet zu der Opferhandlung gekommen waren, wollten sich vorsichtig zurückziehen, aber Äneas, den Ölzweig als Zeichen seiner friedlichen Absicht in der Hand, rief ihnen vom Vorderdeck seines Schiffes zu: »Wir sind Überlebende aus Troja, ihr

Männer, und unser Kampfwille ist nur gegen die Latiner gerichtet, die uns, genau wie euch, wieder aus dem Land jagen wollen. Führt uns zu eurem Fürsten. Wir bieten ihm Waffenhilfe an!«

Der junge Mann, der die Opferhandlungen leitete, war zufällig Pallas, der Sohn des herrschenden Königs Euander, ein Jüngling von anmutigem Aussehen und edler Haltung. Er vernahm die Botschaft des Äneas mit großer Freude, denn die Pelasger hatten die kriegerischen Vorkehrungen in Latium wohl bemerkt und waren sehr in Sorge, ob sie bestehen konnten, wenn eine Übermacht gegen sie antreten sollte. Sie zweifelten keinen Augenblick, dass die Bedrohung auch gegen sie gerichtet war.

»Seid willkommen, ihr Fremden! Mein Vater wird euch mit Freuden begrüßen!«, rief er aus und bot den Männern, die von Bord der Schiffe gingen, freundlich die Hand zum Gruß. Ein Bote wurde zu Euander geschickt und bald erschien der König ebenfalls am Flussufer und Äneas konnte sein Angebot der Waffenbruderschaft vor ihm wiederholen.

Man setzte gemeinsam das unterbrochene Opfer fort. Dann lud Euander die neu gewonnenen Verbündeten in seinen Palast ein. Dieser glich freilich eher einer Schäferhütte: Man saß auf Rasenbänken, der Thron des Königs war aus Holz geschnitzt und mit Fell bedeckt, und man trank seinen Wein aus schlichten Zinnbechern.

Noch einmal bestätigten die beiden Partner feierlich ihr Bündnis. Sie kamen überein, dass sie gemeinsam losschlagen wollten, noch bevor sie von den Latinern angegriffen würden.

Äneas hatte bisher seinen Namen nicht genannt und König Euander hatte ihn von Zeit zu Zeit prüfend betrachtet. Nun hob er den Weinbecher gegen ihn und sprach: »Wenn du mir bisher auch nicht verraten hast, wer du bist – ich kenne dich trotzdem. Denn von Stimme, Rede und Gestalt erinnerst du mich an einen alten Freund, den ich vorzeiten, bevor der unselige Krieg um Troja ausbrach, oft und gern in meiner Heimat bewirtet habe. Sein Name war Anchises. Und du bist gewiss sein Sohn Äneas. Empfange brüderlichen Kuss und Umarmung! Ich werde dich achten und ehren, als wärest du dein Vater.«

Gerührt ließ sich Äneas von Euander in die Arme schließen. Jetzt war er beruhigt; er wusste, dass seine Männer nicht allein gegen eine Übermacht antreten mussten. Und er hatte einen Freund gefunden.

Rüstung und Schild des Äneas

Venus hatte beobachtet, wie sich die Verhältnisse in Italien zuspitzten. Direkt konnte sie nichts gegen die Göttermutter und ihre Ränke unternehmen. Aber wenigstens wollte sie ihren Sohn so gut wie möglich schützen. Sie begab sich zu ihrem Gemahl, dem Schmiedegott Vulcanus. Schmeichelnd und voller Zärtlichkeit näherte sie sich dem ungehobelten rußigen Gesellen und sagte: »Lieber Gatte, mit Sorge sehe ich, wie alle Welt sich gegen meinen Sohn rüstet. Ich bitte dich, fertige für ihn Schutz- und Kampfwaffen an, die ihm Sicherheit im künftigen Krieg geben!«

Vulcanus war gern bereit, den Bitten seiner Gattin nachzukommen. Er freute sich über jede Stunde, die sie mit ihm verbrachte; dass die Waffen für den Sohn eines Sterblichen bestimmt waren, kümmerte ihn wenig; schließlich kann man kaum erwarten, dass man eine treue Frau hat, wenn diese die Liebesgöttin ist.

Er stieg in die Klüfte des Vulkans Ätna auf Sizilien hinab und machte sich dort mit seinen Helfern an die Arbeit. Seine Hammerschläge dröhnten durch das Felsengewölbe, aus dem Schmelzofen sprühte die Glut des flüssigen Metalls. Bald nahmen Erz und Gold ihre Form an: Helm und Brustpanzer, Beinschienen, Schwert und Speer entstanden.

Das größte Wunderwerk aber war der Schild.

Scheibe für Scheibe war er siebenfach geschmiedet; immer aufs Neue wurde das Metall erhitzt, zum Abkühlen in die großen Tröge gelegt, dann auf dem Amboss in Form gebracht und als neue Schicht auf die anderen gehämmert. Die Oberfläche des Schilds versah der Schmiedegott, der natürlich auch in die Zukunft sehen konnte, mit Bildern voll göttlicher Weissagung. (Doch würde sein Träger sie jetzt noch nicht deuten können, denn es waren viele Taten aus Roms kommender Geschichte abgebildet.)

Am nächsten Morgen brach Äneas auf, begleitet von vierhundert pelagischen Reitern, die vom Königssohn Pallas angeführt wurden. Der greise Euander fühlte sich nicht mehr in der Lage, einen Kampf zu bestehen, und nahm schweren Herzens Abschied von der Streitmacht, seinem Sohn und dem neu gewonnenen Freund Äneas.

Seufzend sagte er zu Äneas: »Ich vertraue dir meinen Sohn an. Er ist zwar noch jung an Jahren, aber er hat ein tapferes Herz in der Brust und versteht es, Männer in die Schlacht zu führen. Bring ihn mir heil zurück, Gastfreund!«

Äneas schwor ihm, auf Pallas ein Auge zu haben, so weit das im Kampf möglich sein würde.

Ein Teil der Kämpfer nutzte die Schiffe, Äneas selbst führte eine gemischte Truppe von Troern und Pelasgern auf dem Landweg dem Lager an der Tibermündung entgegen.

Als es Abend wurde und die Männer Rast machten, lagerte sich Äneas allein etwas abseits von den anderen unter einer Eiche. Da war plötzlich ein Duft wie von Rosen und Veilchen in der Luft, und in gleißendem Licht erschien ihm die Liebesgöttin Venus, in den Händen die neu geschmiedeten Waffen. Sie legte sie ihrem Sohn zu Füßen und sagte: »Sieh nur, lieber Sohn, welch herrliche Geschenke dir die Gunst meines Gemahls bereitet hat. Zieh unverdrossen in den Kampf! Mit diesen Waffen wirst du die Laurenter besiegen und das Latinerreich erobern.«

Kaum fand Äneas Gelegenheit, sich bei seiner Mutter zu bedanken, da entschwebte sie auch schon wieder in Richtung Olymp.

Voller Staunen betrachtete der troische Heros den Brustpanzer, der rötlich wie die Morgensonne leuchtete, den buschigen Helm, das breite Schwert und vor allem den reich verzierten Schild, dessen Bilder er bewunderte.

Man sah eine Wölfin, die zwei Knaben säugte, eine Frau, die durch das Wasser schwamm, während zornige Krieger am Ufer standen, sah silberne Gänse in goldenen Hallen. Und im Mittelpunkt des Schildes stand ein junger Mann auf einem Schiff, Apollo neben ihm, der über einen hundsköpfigen fremden Gott triumphiert – Begebenheiten, die in der Zukunft stattfinden sollten, glorreich und triumphal.

Äneas besah sich ahnungsvoll diese rätselhaften Bilder und las den eingravierten Spruch, der ihm ebenfalls unverständlich sein musste:

»Du, Römer, denke daran, die Völker durch deinen Befehl zu lenken. Denn dies sind deine besonderen Fähigkeiten: dem Frieden eine Gestalt zu verleihen, die Unterworfenen zu schonen und die Hochmütigen zu bekämpfen.«

Am nächsten Morgen legte Äneas die neuen Waffen an und begab sich zu seinen Kriegern, die ihn mit heiligem Schauer ansahen, als wäre ihnen einer der Götter erschienen.

Eilig und voller Zuversicht setzten sie ihre Fahrt fort.

Turnus schlägt los

Es bedurfte für den Rutulerprinzen Turnus keiner göttlichen Eingebung, um die Troer anzugreifen, nachdem ihm Späher gemeldet hatten, dass Äneas mit zwei Schiffen landeinwärts gezogen war und die Fremden also ohne ihren Anführer zurückgeblieben waren. Mit all seiner Heeresmacht zog er zum Tiberstrand und griff das befestigte Lager an. Die Angegriffenen verschanzten sich und beschränkten sich auf die Verteidigung, denn es war klar, dass sie der Übermacht der Latiner im direkten Kampf nicht standhalten konnten.

Der athletische, wilde Turnus machte sich ein Vergnügen daraus, die Troer als Feiglinge zu beschimpfen, weil sie sich nicht aus ihren Verschanzungen herauswagten und den Kampf in offener Feldschlacht vermieden.

Einen Goldhelm mit rotem Federbusch auf dem Kopf, stattlich anzusehen, machte er auf seinem gescheckten Hengst die Runde um das Lager, um nach einer Schwachstelle Ausschau zu halten. Bei dieser Patrouille entdeckte er die hinter Dämmen versteckte Flotte der Einwanderer, die am Flussufer vor Anker lag.

Turnus jubelte vor Freude. Sofort gab er den Befehl, die Schiffe zu verbrennen, und schleuderte selbst die erste Fackel.

Da aber begab sich ein seltsames Wunder, das die Rutuler in schauderndes Staunen versetzte. Damals, als die Flotte aus den Stämmen des Idagebirges gebaut worden war, hatte Jupiter versprochen, den Bäumen, nachdem sie ihre Bestimmung erfüllt haben würden, eine neue Gestalt zu geben und sie zu Wassernymphen zu machen. Nun löste er dies Versprechen ein.

Als die Brandfackeln auf die Schiffe flogen, erscholl vom Himmel eine gewaltige Stimme: »Troer, fürchtet nicht um eure Schiffe! Eher wird Turnus das Meer verbrennen als sie!« Und an die Schiffe selbst: »Ihr aber, schwimmt erlöst davon! Meergöttinnen seid ihr nun.«

Da wurden die Schiffe lebendig. Sie zerrissen die Haltetaue, tauchten mit den Schnäbeln in die Wellen, als wären sie Delfine, und als sie wieder an die Wasseroberfläche kamen, waren sie schöne Jungfrauen, die im Strom davonschwammen.

Die Rutuler hatte Entsetzen gepackt. Sie wollten sich schon zurückziehen, aber der tollkühne Turnus stachelte sie weiter zum Kampf an. »Merkt ihr nicht«, rief er, »dass dies Wunder in Wahrheit gegen die Troer gerichtet ist? Nun haben sie keine Schiffe mehr und können nicht entkommen! Das Land aber ist unser. Auf denn, und mit dem Schwert in der Faust voran gegen die verfluchten Eindringlinge! Macht sie nieder!«

Und erneut schloss sich der Ring der Angreifer um das Lager.

Es war den Troern bewusst, dass sie nicht auf Dauer gegen die Belagerer standhalten konnten, so erfahren sie in der Verteidigung einer Festung auch waren. Ihre einzige Hoffnung war Äneas. Sie beteten, dass er rechtzeitig mit einem größeren Aufgebot an Kriegern zurückkommen und die Angreifer zerstreuen würde. Um ihn zur Eile anzutreiben, musste man ihn aber wissen lassen, in welche Not das troische Lager geraten war.

Zwei kühne junge Männer erboten sich, durch die Reihen der Rutuler zu schleichen und die Nachricht von der Belagerung zu Äneas zu bringen.

Sie traten vor den Rat der Ältesten: »Wir kennen die Gegend hinlänglich gut!«, sagten sie. »Wenn wir uns nachts an den Wachfeuern der Feinde vorbeischleichen, dürfte es nicht schwer sein, in den umliegenden Wald zu gelangen und von dort aus, immer am Ufer des Flusses entlang, Äneas aufzuspüren.«

Nach einigem Zögern stimmten die Ältesten zu.

Julus, der selbst schon fast im Alter der beiden wagemutigen Jünglinge war, verabschiedete sie mit Umarmungen und Tränen in den Augen. »Wenn es euch gelingt, meinen Vater zu finden und ihn auf dem schnellsten Wege hierher zurückzubringen, will ich euch reichlich belohnen. Mein schönstes Pferd will ich euch schenken und mein Vater wird euch gewiss zum Dank Land und Gefangene geben. Nicht lange mehr, und ich werde ebenfalls im Kampf stehen und es wird mir eine Ehre sein, an eurer Seite zu streiten!«

Die beiden jungen Männer machten sich auf den Weg, sobald die Nacht hereingebrochen war.

Es gelang ihnen auch, das Lager der Rutuler unentdeckt zu passieren. Aber als sie die dichten Lorbeerwälder, die bis an die Kampfzone heranwuchsen, fast erreicht hatten und sich schon in Sicherheit wähnten, fielen sie einer Patrouille in die Hände, und nach kurzem, heftigem Kampf hauchten sie ihr Leben aus.

Als der Morgen dämmerte, erwartete die Troer ein entsetzlicher Anblick: Von den Wachtürmen aus sahen sie, wie im fahlen Morgenlicht, nur eine Pfeilschussweite von ihrem Tor entfernt, zwei Speere in die Erde gerammt wurden. Auf ihnen die Köpfe der beiden jungen Krieger. Die Rufe der Rutuler bestätigten die Drohung: »So wird es jedem ergehen, der es wagt, uns Latiner zu stören!«

Dann bliesen die Trompeten zum Sturm, Turnus ließ die Feldzeichen der Rutuler erheben und griff aufs Neue die Befestigungen an.

Mit letzter Anstrengung gelang es den Troern, ihr Lager zu halten. Aber alle wussten: Lange waren sie nicht mehr imstande zu widerstehen.

Sollte so das ruhmlose Ende ihrer langen Irrfahrt aussehen – niedergemetzelt in dem Land, das ihnen doch von Jupiter selbst als Heimat bestimmt worden war?

Äneas kehrt zurück

Auf dem Rückweg zur Tibermündung hatten sich den Troern und ihren Bundesgenossen mehr und mehr Stämme angeschlossen. Viele Völker des Landes rundum waren weder Laurentern noch Rutulern wohlgesonnen und nutzten nun die Gelegenheit, in einer starken Liga gegen sie zu ziehen. Bald wimmelte der Tiber von Kriegsschiffen und die Scharen der Reiterei wirbelten den Staub der Wege auf.

Äneas hatte die Leitung der Landstreitkräfte dem jungen Königssohn Pallas übertragen und sich nun wieder auf den Wasserweg begeben; sein Schiff fuhr der Flotte voraus und er selbst stand am Steuer.

Es war Nacht, als sich plötzlich rings um den Bug seines Schiffs etwas regte. Mit Staunen sah er, dass Wassergöttinnen mit triefendem Haar und silbrig glänzendem Oberkörper aus den Fluten auftauchten. Dann vernahm er auch ihre Stimmen.

»Tapferer Held, wir waren dereinst deine Schiffe. Der Rutulerprinz Turnus hat uns mit frevelnder Hand zerstört, aber Jupiter hat uns in eine andere Gestalt verwandelt. Nun sind wir gekommen, dich vorzubereiten. Die Deinen sind in großer Bedrängnis. Aber fürchte dich nicht. Lege die Rüstung an, die dir die Mutter gegeben hat, und strecke deinem Volk den goldfunkelnden Schild entgegen. Vertraue uns! Du wirst morgen einen strahlenden Sieg erringen!«

Damit verschwanden die Wasserfrauen, aber zuvor beschleunigten sie noch den Lauf der Flotte, die nun pfeilschnell auf den glatten Fluten des Tibers stromabwärts dem Ziel entgegenschoss.

Im Licht des frühen Morgens sah Äneas schließlich das troische Lager vor sich liegen. Eingedenk der Worte der Nymphen stellte er sich aufs Vorderdeck, hob seinen goldflammenden Schild hoch über den Kopf und streckte ihn den Freunden entgegen. Wie eine Sonne leuchtete er den Männern entgegen, die vom Wall herab besorgt Ausschau nach Verstärkung hielten, und mit lautem Jubelschrei begrüßten sie die Ankunft der rettenden Flotte.

Erst als die Schiffe gelandet waren und der Strand von Kämpfern nur so wimmelte, erkannten die Rutuler, dass die Verteidiger Verstärkung bekommen hatten. Sie hatten ihr Augenmerk nur auf den Landweg gerichtet. Für ihre Augen war der goldene Schild des Äneas einem unheilvollen, Funken sprühenden Stern vergleichbar und sein Helm strahlte wie Feuer.

Furcht packte die Angreifer, nur der tollkühne Turnus ließ sich nicht abschrecken. Er unterbrach die Belagerung, ließ die Feldzeichen wenden und warf seine Streitmacht gegen die gelandeten Truppen. »Auf, Freunde!«, rief er mit dröhnender Stimme. »Die Stunde ist gekommen! Werft die dreisten Eindringlinge in den Tiber! Der Strom wird ihre Leichen ins Meer treiben!«

Auch Äneas hatte seine Männer Kampfaufstellung nehmen lassen. Mit ihm an der Spitze warfen sie sich dem Feind entgegen.

Der junge Pallas, der die Reiterei befehligte, hatte mit einigen Widrigkeiten zu kämpfen. Auf dem felsigen Gelände, das sie durchqueren mussten, waren Pferde nutzlos. Die Pelasger mussten absitzen und die Tiere führen. Trotzdem erreichten sie nach einiger Zeit das Schlachtfeld und trafen auf die Nachhut der Latiner. Sie griffen an, aber da sie als Reiter im Bodenkampf ungeübt waren, wichen sie bald den Feinden. Es bedurfte der ganzen Überredungskraft ihres jungen Anführers, sie zum Standhalten zu bringen.

Da brauste auf seinem Zweigespann Turnus selbst heran – er inspizierte auf diese Weise die Abschnitte der Front – und als er Pallas sah, der so tapfer focht, erkannte er ihn. Er sprang vom Wagen und rief ihm zu: »Du Sohn des Euander, suche in mir deinen Gegner! Dann wollen wir sehen, wem das schöne Latium gehört, euch Fremden oder uns!«

Mutig stellte sich der Königssohn dem gewaltigen Gegner und sein erster Speerwurf durchbohrte denn auch den Schild des Angreifers Turnus, allerdings ohne ihn zu verletzen.

Der Rutuler wiegte seine eigene Lanze in der Hand. »Nicht schlecht«, sagte er höhnisch. »Nun wollen wir doch einmal sehen, ob ich nicht besser treffen kann.«

Mit diesen Worten schleuderte er sein Geschoss mit all seiner gewaltigen Kraft und durchbohrte Schild und Panzer des anderen. Die Speerspitze drang Pallas direkt ins Herz. Er sank tot zu Boden wie hingemäht.

Turnus lief zu ihm, setzte ihm in überlegener Pose den Fuß auf den Leib und raubte dem Toten schließlich das Wehrgehenk, einen schönen Gürtel, auf dem in erhabener Arbeit die Taten des Herkules abgebildet waren – des griechischen Halbgottes, der unsterblichen Ruhm durch seine Stärke und sein Heldentum erlangt hatte. »Dies sei meine Beute!«, sagte Turnus. »Die Bestattung verweigere ich dem Knaben nicht; bringt ihn zu seinem Vater.«

Als die Kunde vom Tod des Pallas zu Äneas drang, war er voll Schmerz und Zorn. Er war ihm von seinem Vater anvertraut worden, von dem Mann, dessen Gastfreundschaft er genossen und der sich so bereitwillig als Bundesgenosse angeboten hatte! Und nun musste er ihm einen Leichnam zurückschicken!

Mit dem Schwert in der Faust bahnte er sich den Weg zu Turnus, um ihn zum Kampf zu fordern und den Tod des Pelasgerprinzen zu rächen. Aber Juno, die mit wachen Augen vom Olymp herab das Geschehen verfolgte, fürchtete für ihren »Liebling« Turnus (denn er war der Feind des Äneas!) und entführte ihn aus dem Schlachtgewühl. Sie trug ihn fort in seine Heimatstadt im Rutulerland und Äneas suchte im Schlachtgewühl vergeblich nach ihm.

Schließlich, nach langem erbittertem Kampf, siegten die Troer und ihre Verbündeten. Die Streiter aus dem Lager verbanden sich mit der Verstärkung, und als sich die Sonne zum Untergang neigte, leuchteten die Siegeszeichen der Troer überall dort, wo gekämpft worden war.

Der Waffenstillstand

Am Stamm einer riesigen Eiche ließ Äneas am nächsten Tag die erbeuteten Feldzeichen und die Rüstungen und Waffen der besiegten Gegner aufhängen und er und die Seinen widmeten dies Denkmal dem Gott Mars.

Dann nahm er Abschied von der Leiche des jungen Pallas. Mit bitterem Schmerz sah er das edle Aussehen und die Würde des Toten, der einer gebrochenen Blume glich, von der Duft und Farbe noch nicht gewichen waren. Er ließ ihn auf ein Geflecht von Eichenzweigen betten und bekleidete ihn mit köstlichen Gewändern, die er aus Karthago mitgebracht hatte. Außerdem gab er den Pelasgern Geschenke mit: erbeutete Rosse und Gefangene, Schwerter, Rüstungen und Schmuck der Besiegten. Ein Ehrengeleit troischer Krieger mit gesenkten Waffen, zum Zeichen der Trauer, führte den Zug heim zu König Euander.

Äneas selbst begleitete den Zug ein Stück, dann kehrte er zum Lager zurück.

Dort erwartete ihn bereits eine Gesandtschaft der Latiner. Mit Ölzweigen als Zeichen des Friedens in der Hand waren die Männer gekommen und baten demütig darum, ihre Gefallenen bestatten zu dürfen. Drances war ihr Führer.

Freundlich gewährte Äneas ihnen sogleich diese Bitte. »Welche Verblendung«, sagte er betrübt, »hat euch nur in diesen Kampf getrieben? Den Frieden, den ihr nun für die Toten erbittet – wie gern hätte ich ihn den Lebenden gewährt! Warum nur habt ihr unsere Freundschaft verschmäht? Wir sind nicht hierhergekommen, um euch etwas zu rauben! Göttliches Gebot hat uns an diesen Strand gebracht und friedlich hätten wir hier siedeln können, wenn euer König, der zuerst so mild und wohlgesinnt war, uns nicht mit Krieg überzogen hätte. Ich habe keineswegs vor, mit euch Laurentern zu streiten! Und lieb wäre mir, wenn Turnus seine Rüstung anlegen und sich im Zweikampf mit mir messen würde. Und die Götter wären mit dem, der siegt und am Leben bleibt. Nun aber geht und übergebt die Leiber eurer armen toten Mitbürger den Flammen.«

Die Gesandten hatten nicht erwartet, dass Äneas sich so versöhnlich zeigen würde. »Held von Troja, was sollen wir mehr an dir bewundern, deinen Mut im Kampf oder deine Gerechtigkeit im Frieden? Wir werden unserer Vaterstadt davon berichten und versuchen, König Latinus wieder mit dir zu versöhnen – schließlich hat er zu keiner Zeit Groll gegen dich gehegt.«

Äneas gewährte einen zwölftägigen Waffenstillstand. Während dieser Zeit konnten Latiner und Troer auf dem Schlachtfeld umherstreifen, um ihre Gefallenen aufzuspüren, sie zu bergen und zu bestatten.

In Laurentum herrschte große Niedergeschlagenheit und gegen Turnus, der inzwischen aus seiner Heimat wieder in die Stadt zurückgekehrt war, gab es viel Unmut; schließlich hatte er sie in diesen Krieg getrieben.

Dazu kam noch eine weitere schlechte Kunde.

Zu Beginn des Kampfes hatten die Latiner nämlich ein Hilfeersuchen nach Daunien gesandt – eine Landschaft, die dem heutigen Apulien in Süditalien gleichzusetzen ist. Dort hatte sich einer der großen Helden des troischen Krieges niedergelassen, der Grieche Diomedes. Der tapfere Kämpfer, den man oft an der Seite des listenreichen Odysseus auf dem Schlachtfeld gesehen hatte, war rasch und glücklich von Troja nach Hause zurückgekehrt. Doch seine Frau hatte sich inzwischen einem anderen zugewandt und mit diesem Mann und dessen Truppen gemeinsam vertrieb sie Diomedes wieder aus seiner Heimat.

Turnus hatte gehofft, von der alten Feindschaft zwischen Griechen und Troern profitieren zu können und Diomedes auf seiner Seite in den Kampf zu ziehen.

Aber der Bote hatte anderes zu berichten.

»Diomedes nahm mich freundlich auf und bewunderte die herrlichen Gastgeschenke, die ich ihm zu Füßen legte«, sagte er. »Als er aber hörte, was mein Anliegen war, schüttelte er den Kopf.

›Welcher Dämon treibt euch zum Kampf mit diesen Männern?‹, sprach er. ›Ihr Abkömmlinge des Saturnus seid die glücklichsten aller Sterblichen und euer Land ist ein Reich beständigen Friedens! Wir Sieger über Troja indessen sind die allerelendesten, glaube mir! Nur wenige von den einfachen Kriegern sind heil nach Haus gekommen und nahezu keinen von den edlen griechischen Fürsten hat das Schicksal verschont. Agamemnon, unser Anführer, wurde von seiner Gattin erschlagen, Odysseus zitterte vor den Zyklopen und ist wohl immer noch auf dem Meer unterwegs, Menelaus, um dessen Frau Helena der Krieg entbrannte, irrt in Ägypten umher und ich selbst bin ein Flüchtling. Seit ich gegen die Stadt gekämpft habe, die unter dem Schutz der unsterblichen Venus gestanden hat, habe ich keinen glücklichen Augenblick mehr gehabt. Glaubt also nicht, dass ich gegen einen Troer zu Feld ziehen werde! Zum einen hege ich keinen Groll mehr gegen die Besiegten und denke eher mit Scham an das Leid zurück, das ich ihnen mit den anderen Griechen zugefügt habe. Zum anderen aber hast du mir gesagt, dass der Feind, den ich bekämpfen soll, Äneas ist! Wisst ihr überhaupt, auf was für einen Gegner ihr euch eingelassen habt?

Ich habe mich seinerzeit vor Troja im Kampf mit ihm gemessen und glaubt mir, er war der gewaltigste Kämpfer, der mir jemals vors Schwert gekommen ist. Hätte Troja nach dem Tod des großen Hektor noch zwei solcher Kämpfer wie ihn gehabt, so hätte die Welt nichts von unserem Sieg gehört.

Nehmt eure Geschenke wieder mit und gebt sie dem Äneas, bietet ihm die Hand zum Frieden, solange es noch Zeit ist, denn ihm ist keiner gewachsen.‹

So sprach der Held Diomedes zu mir und das ist seine Botschaft.«

Der Bote hatte seine Rede vollendet und betretene Stille herrschte im Saal.

Drances aber, der dem Äneas ja bei den Verhandlungen um die Waffenruhe gegenübergestanden hatte, erhob sich nun und rief: »Turnus ist an allem schuld! Nur auf seine Veranlassung haben wir diesen Kampf begonnen! Warum müssen die Laurenter für ihn ihr Blut und Leben geben?« Und er wiederholte, was Äneas geäußert hatte: »Soll er sich doch im Zweikampf mit dem Troer messen, damit unser Volk nicht seinetwegen bluten muss!«

Beifälliges Gemurmel erhob sich und König Latinus nickte zustimmend.

»Wir alle haben unser Äußerstes in diesem Streit gegeben«, sagte er, »und niemand kann uns nachsagen, wir hätten uns feige gedrückt. So hört den Vorschlag, den ich euch mache: Wir haben Land genug, um den Troern einen Teil davon zur Siedlung zu überlassen. Dort mögen sie ihre Stadt gründen, wie die Götter es ihnen geboten haben. Wenn ihnen aber nach all dem Zwist ein anderer Ort lieber ist, so sollten wir ihnen Schiffe und die nötige Ausstattung geben, damit sie wieder aufbrechen können. Seid ihr damit einverstanden?«

Drances nahm wieder das Wort. »Es gibt eine Möglichkeit, die Troer ganz und gar mit uns zu versöhnen und dauerhaften Frieden zu stiften. Erinnere dich an dein früheres Versprechen. Gib Äneas deine Tochter Lavinia zur Frau und der Pakt ist besiegelt.«

Wütend fuhr Turnus auf. »Wenn es um einen Zweikampf mit Äneas um Lavinia geht – gut, dazu bin ich gern bereit! Aber von einem solchen Kampf kann es nicht abhängen, ob die fremden Eindringlinge sich in unserem schönen Latium ansiedeln! Das werden wir Rutuler niemals zulassen!«

Noch während der Streit hin und her wogte, stürzte plötzlich ein Späher schreckensbleich in die Versammlungshalle und fiel dem König zu Füßen. »Befestigt die Stadt!«, rief er atemlos. »Die Troer und Etrusker nahen mit großer Heeresmacht, sie sind direkt im Anmarsch auf Laurentum!«

Die zwölftägige Waffenruhe war vorbei und niemand hier hatte an deren Ende gedacht; wohl aber der Gegner, der die Zeit genutzt hatte, sich neu zu formieren.

Camilla

In aller Eile wurden die Stadttore geschlossen. Die Männer wappneten sich, einige bestiegen die Zinnen und andere stellten sich zum Kampf an den Stadttoren auf. Turnus kleidete sich frohlockend in seine Rüstung und setzte sich den goldenen Helm mit wallendem Busch auf; nichts war ihm lieber, als aufs Neue in den Krieg zu ziehen.

Während das Heer des Äneas immer näher rückte, sahen die Wächter auf der Stadtmauer eine zweite Staubwolke, die sich rasch von Südwesten her näherte. Besorgt, dass sich vielleicht noch andere Völker mit den Truppen des Äneas verbündet hatten, wollte Turnus schon befehlen, eine zweite Front gegen die Anrückenden aufzubauen, als sich endlich der Staub lichtete. Die Reiterschar, die da nahte, wurde von einer bewaffneten Jungfrau angeführt, die die Laurenter mit freudigem Kampfschrei begrüßte und sich so als Verbündete zu erkennen gab.

Das heldenhafte Mädchen, das eine Schar aus dem Stamm der Volsker in die Schlacht führte, hieß Camilla.

Camilla war die Tochter des Volskerkönigs Metabus.

Metabus hatte als übler Tyrann geherrscht und eines Tages erhoben sich die Volsker gegen ihn und vertrieben ihn. Der fliehende König nahm seine kleine Tochter mit sich. Auf der Flucht kam er an einen reißenden Strom. Ohne das Kind auf dem Arm wäre er hindurchgeschwommen, um den nahenden Verfolgern zu entgehen. Das ging nun nicht, ohne das Mädchen zu gefährden. Er überlegte, was zu tun sei – die Jäger saßen ihm im Nacken, schon hörte er ihre Rufe und Schreie. In seiner Verzweiflung nahm er das Kind, wickelte dessen Windeln fest um seinen Speer, und während er mit der Rechten zum Wurf ausholte, rief er: »Herrin der Wälder, jungfräuliche Göttin Diana, rette dies Mädchen und ihr Leben soll dir geweiht sein!«

Der Speer mit dem Säugling landete unversehrt am anderen Ufer und Metabus selbst warf sich nun in den Fluss und entkam so seinen Verfolgern.

Metabus hatte sich so unbeliebt gemacht, dass ihm kein anderer Stamm ringsum Asyl bot, und seine starre und herrische Art ließ es nicht zu, dass er für sich und das kleine

Mädchen um irgendetwas bat. Er lebte das Leben eines Hirten mitten im öden Gebirge, zog seine Tochter mit Stutenmilch auf und gab ihr, kaum dass sie die ersten Schritte tun konnte, einen kleinen Speer als Stütze in die Hand.

Und so wuchs Camilla auf: Den Bogen über der Schulter, gekleidet in Tierfelle, ohne Schmuck oder Tand, rannte sie durch die Wälder und konnte mit Speer und Schleuder besser umgehen als mancher Knabe.

Und die Göttin Diana liebte sie und wachte über ihre Schritte.

Nach dem Tod des Metabus kehrte Camilla zu ihrem Stamm zurück und wurde freundlich aufgenommen, denn sie war fröhlichen Sinnes und hatte nichts von der schroffen Art ihres Vaters an sich. Ihre Waffenkünste machten sie bald überall berühmt. Eine Schar ebenfalls kriegerischer Jungfrauen schloss sich ihr an und folgte ihr; aber auch die Männer des Stammes erkannten neidlos ihre Überlegenheit an und machten sie zur Oberkommandierenden ihrer Streitmacht – eine wahrlich ungewöhnliche Situation, denn Camilla war ja nicht Königin ihres Stammes.

Als die Volsker vom Kampf der Latiner und Rutuler gegen die Troer hörten, beschlossen sie, sich auf die Seite der Alteingesessenen zu stellen, und schickten eine Reitertruppe unter der Leitung Camillas nach Laurentum – und so standen nun neue Verbündete vor dem Tor der Stadt, freudig begrüßt auch von Turnus, der schon viel vom Waffenruhm der jungen Frau gehört hatte.

Seite an Seite mit dem Rutulerprinzen stürzte sich Camilla in die Schlacht. Auf ihrem schnellen Ross schien sie überall zu sein, sie wirbelte durch das Heer, ihre unfehlbare

Lanze traf die Besten der Troer, und wo sie auftauchte, verbreitete sie Angst und Schrecken.

Aber die Göttin Diana, die in die Zukunft sah, erkannte voll Trauer, dass Camilla in diesem Kampf fallen würde. Sie sprach zu einer ihrer Gefährtinnen: »Ich kann das liebe Mädchen zwar nicht vor dem Schicksal bewahren, das ihm bestimmt ist, aber wenigstens will ich es rächen. Wer auch immer es tötet, soll hinterher durch einen Pfeil von mir, den ich dir, teure Freundin, gebe, mit seinem Leben büßen. Du aber entführe den Körper Camillas in einer Wolke nach Haus ins Volskerland, auf dass ihr in der Heimat ein Grabmal errichtet werde.«

So geschah es.

Als Camilla einem Streiter hinterherjagte, dessen goldene Rüstung ihr besonders ins Auge stach, ereilte sie rücklings der Wurfspeer eines Troers. Sterbend lag sie in den Armen ihrer Freundinnen und sprach: »Liebe Schwestern, ich sterbe, Dunkel hüllt mich ein. Reitet zu Turnus und fleht ihn an: Mein Tod soll ihn und die Seinen nicht mutlos machen, sondern zu noch wilderem Kampf anstacheln. Dann bin ich nicht umsonst gestorben.«

Noch während sie so mit verlöschender Stimme redete, erfüllte Dianas Botin ihren Auftrag: Das Todesgeschoss traf den Mörder ihrer geliebten Verehrerin in den Rücken.

Camillas Körper wurde in ihre Heimat entrückt. Die Schlacht aber ging weiter.

Der verhinderte Zweikampf

Camillas Tod und der Rückzug der nun führungslosen Volsker steigerte den Zorn des Turnus noch. Er war wild entschlossen, sich am nächsten Tag Äneas zum Zweikampf zu stellen und Lavinia als Belohnung seines Sieges zu fordern.

König Latinus beschwor ihn, von seinem Vorhaben abzusehen. »Ich sage dir in aller Offenheit, dass ich nicht bereit bin, dir meine Tochter zur Frau zu geben, gleichgültig, ob du gewinnst oder nicht. Das Verlöbnis war ohnehin nur auf Drängen meiner Gattin Amata zustande gekommen! Also schone dein junges Leben und lass uns diesen unseligen Krieg ohne weiteres Blutvergießen beenden!«

Aber er redete umsonst. Der ungestüme Turnus sandte einen seiner Vertrauten mit seiner Herausforderung ins Lager der Troer.

Äneas vernahm die Nachricht mit Freude. Ihm war es viel lieber, wenn der Streit von Mann zu Mann zwischen den Anführern ausgefochten wurde, als dass weiterhin die jungen Männer der Völker ihr Leben lassen sollten. Er ließ Turnus mitteilen, dass er am nächsten Morgen zum Kampf bereit sei. Und sofort begannen Troer und Rutuler den Kampfplatz abzustecken und einen Altar aus Rasenbänken zu errichten und die Götterbilder herbeizuholen, um dem Vorgang die nötige Weihe zu geben.

Als die Morgensonne ihre ersten Strahlen über das Land geschickt hatte, öffneten sich die Tore Laurentums. König Latinus kam auf einem vierspännigen Wagen heraus, ein leuchtendes Diadem auf dem weißen Haupt. Gleich hinter ihm lenkte Turnus sein Schimmelgespann, zwei Wurfspeere in der starken Rechten.

Vom Lager der Troer kam Äneas, bekleidet mit seiner wunderbaren Götterrüstung, die überirdischen Glanz auszustrahlen schien. Sein junger Sohn Julus ging an seiner Seite und ein Priester in hellem Leinengewand folgte den beiden.

Die tapfersten Krieger der gegnerischen Seiten umstanden gewappnet die Arena.

Unter den Augen der Bewohner Laurentums, die dicht gedrängt auf den Türmen und Zinnen der Stadt standen, und der Troer auf den Wällen ihres Lagers wurden ein Schaf und ein Schwein geopfert und nach altem Brauch Salz und Mehl ins Opferfeuer gestreut.

Dann erhob Äneas sein Schwert und streckte es der Sonne entgegen. »Du, Sonnengott, sei mein Zeuge!«, rief er aus. »Wird in diesem Kampf Turnus nach dem Willen der Götter siegen, so soll mein Sohn Julus die Troer fortführen ins Land des Königs Euander. Er ist inzwischen in dem Alter, Männern zu gebieten, und er soll in Zukunft die Stadt gründen, die Jupiter uns verheißen hat. Werde ich aber gewinnen – und daran glaube ich fest! –, so verlange ich nichts Unbilliges für uns. Italer und Troer sollen unter der Herrschaft des Königs Latinus vereint sein und uns wird endlich erlaubt werden, eine Stadt zu gründen!«

Latinus trat ebenfalls vor den Altar und bekräftigte mit heiligen Eiden, was Äneas verkündet hatte. So wurde das Bündnis geschlossen.

Währenddessen sahen die Rutuler das, was sich da anbahnte, nicht ohne Sorge. Wenn sie Turnus und Äneas nebeneinander sahen, so fiel trotz der hünenhaften Gestalt des Turnus und seines wilden Kampfesmutes der Vergleich stark zugunsten des Troers aus. Sie waren beunruhigt und viele von ihnen hätten den Zweikampf gern verhindert.

Beunruhigt war auch Juno, die vom Albanergebirge herab die Vorgänge beobachtete. Ihr war angst und bange um ihren Günstling Turnus.

Nun hatte der Rutulerprinz eine Schwester mit Namen Juturna, die einst eine Geliebte Jupiters gewesen war und zum Dank vom Göttervater mit Unsterblichkeit beschenkt worden war. Entgegen ihren sonstigen eifersüchtigen Gepflogenheiten war Juno mit dieser Schönen gut befreundet; vielleicht, weil sie beide dem Turnus zugetan waren.

Juturna saß neben der Göttermutter und blickte ebenfalls auf das Feld vor der Stadt Laurentum herab und Juno wandte sich voller Besorgnis an sie: »Lange habe ich meine schützende Hand über deinen Bruder gehalten«, sagte sie. »Ich weiß nicht, ob ich ihn noch länger bewahren kann, zumal da mein Gatte ja leider den Troer zu seinem Liebling erklärt hat. Liebe Juturna, vielleicht kannst du noch etwas für Turnus tun! Eile, ich bitte dich! Sieh zu, ob du ihn vor dem Tod retten kannst!«

Juturna also fuhr vom Gebirge herab. Sie mischte sich in Gestalt eines Kriegers unter die Rutuler und schürte weiter ihre Unzufriedenheit an diesem Duell. Gleichzeitig ließ sie durch ihre Zauberkraft ein trügerisches Vorzeichen am Himmel erscheinen: Ein Adler stieß in eine Gruppe von Schwänen herab und fing sich einen Vogel, aber die anderen versammelten sich und vertrieben mit lautem Geschrei den räuberischen Adler.

Der Priester der Rutuler deutete das Zeichen auf seine Art. »Ich erkenne den Wink der Götter!«, schrie er. »Der Adler ist der Fremdling! Er, Äneas, wird die Flucht ergreifen, wenn wir alle uns entschlossen gegen ihn und seine Krieger wenden!«

Sein Wort war wie eine Fackel, die in trockenes Stroh geworfen wird. Keiner wusste, woher, aber auf einmal flog ein Speer aus den Reihen der Rutuler und durchbohrte einen der jungen Troerkrieger. Im Nu glich die Szene einem Hexenkessel. Nichts mehr von feierlich beschlossenem Zweikampf! Wütend stürzten sich die Troer nun auf die Rutuler, um diesen Vertragsbruch zu rächen, und schon bahnte sich ein wildes Handgemenge an.

Waffenlos versuchte sich Äneas der Raserei entgegenzustellen. Mit erhobenen Händen trat er zwischen die Parteien. »Der Bund ist beschworen!«, rief er. »Der Zweikampf wurde festgelegt! Ich allein trete gegen Turnus an! Lasst ab vom Blutvergießen!«

Niemand hörte auf ihn. Der Altar, an dem die Führer beider Seiten das Bündnis beschworen hatten, wurde zertrampelt, die Luft war plötzlich schwarz von sausenden Speeren. Ein fürchterliches Morden begann.

Der alte Latinus, verwirrt und außer sich, trachtete nur danach, die Götterbilder der Laurenter in die Stadt zurückzutragen, denn die Schmach des Vertragsbruchs schändete sie.

Ein Pfeil schwirrte durch die Luft und verwundete Äneas so stark am Knie, dass er hinkend das Kampffeld verlassen musste.

Kaum sah Turnus das, als er nach seinem Streitwagen verlangte. »Der feige Troer flieht!«, brüllte er. »Auf, in den Kampf! Der Tag ist unser!« Und voller Wut stürzte er sich ins Schlachtgewühl.

Unterdessen versuchte Äneas vergeblich, den Pfeil aus der stark blutenden Wunde zu ziehen; der Schaft des Geschosses war direkt unter der Spitze abgebrochen. Ungeduldig forderte er den Arzt auf, mit dem Schwert sein Fleisch aufzuschneiden und die tückische Spitze herauszuholen, damit er zurück in die Schlacht konnte. Mit zusammengebissenen Zähnen erduldete er die Bemühungen des Arztes, den Pfeil mit einer Zange herauszuziehen, doch er war vor Schmerzen halb ohnmächtig.

In diesem Moment konnte sich seine Mutter Venus nicht mehr zurückhalten. »Wenn Juno solch ein Morden auslöst durch ihr Eingreifen, will ich auch nicht mehr untätig sein!«, sagte sie sich. In aller Eile flog sie zum Idagebirge nahe den Trümmern Trojas und pflückte dort Heilkräuter, die nur ihr allein bekannt waren. Dann schwebte sie zum Kampffeld zurück, ließ sich ungesehen bei ihrem Sohn nieder und träufelte den Saft der Wunderkräuter auf die Einschussstelle. Augenblicklich fiel die Pfeilspitze heraus, die Wunde schloss sich und alle Schmerzen waren verflogen!

Äneas wollte dem Arzt danken, aber der rief: »Danke nicht mir! Nicht meine Kunst hat diese Heilung vollbracht, da waren die Götter am Werk. Großes wirst du vollbringen unter so starkem Schutz!«

Unterm Jubel der Troer wappnete sich ihr Anführer aufs Neue und stürzte sich in den Kampf. Sein Ziel war Turnus.

Der Sturm auf Laurentum

Juturna, die unsterbliche Schwester des Turnus, beobachtete nun, wie sich Äneas wieder in den Streit mischte und dass er auf der Suche nach ihrem Bruder war. Sie gedachte des Auftrags, den ihr Juno gegeben hatte, nämlich Turnus auf alle Fälle zu retten. So nahm sie die Gestalt seines Wagenlenkers an und führte das Gespann in rasender Geschwindigkeit durch das Getümmel, immer so, dass es dem Äneas aus dem Weg fuhr. Im Zickzackkurs, bald nach rechts und bald nach links, raste sie auf dem Schlachtfeld hin und her, und schließlich entführte sie ihren Bruder, ungeachtet seines Protestes, ganz von der Walstatt.

Äneas war außer sich vor Entrüstung. Die Eide waren gebrochen und der Duellpartner entzog sich zudem durch feige Flucht!

»Wenn sich Turnus nicht zum Kampf stellt, wende ich unsere Streitmacht gegen Laurentum und stecke die Stadt in Brand! Schafft Fackeln herbei! Ich verlange die Einhaltung des Bündnisses!«

Und so griffen die Troer und ihre Verbündeten nun die Tore der Stadt an, stellten Sturmleitern auf und warfen Brände in die nahe gelegenen Gebäude.

Panik brach innerhalb der Mauern aus. König und Königin wussten sich nicht zu helfen. Latinus war klar, dass Widerstand zwecklos sein würde. Er zerriss seine Gewänder, streute sich Asche aufs Haupt und klagte über das Geschick, das er der Stadt durch seine Nachgiebigkeit bereitet hatte. Hätte er sich doch nie zu diesem unseligen Krieg überreden lassen!

Das Wehklagen schallte weithin über die Ebene und auch Turnus vernahm es. Er befahl seinem Wagenlenker anzuhalten und maß ihn mit einem langen Blick.

»Schwester«, sagte er, »ich habe vermutet, dass du es bist, seitdem du den Wagen so unüberwindlich geschickt durch das Getümmel gelenkt hast. Ich weiß, du willst mein Leben retten, und ich danke dir. Aber offenbar hat Fortuna, die Göttin des Glücks, mir ein anderes Los beschieden. Lebe wohl, ich kehre zum Schlachtfeld zurück. Laurentum soll nicht meinetwegen in Flammen aufgehen. Ich stelle mich dem Zweikampf.«

Mit diesen Worten sprang er vom Streitwagen und bahnte sich einen Weg durch die Kämpfenden. Wie ein Felsblock, der sich vom Berggipfel loslöst und ins Tal stürzt, alles unter sich begrabend, was ihm in den Weg kommt, so raste Turnus durch die Haufen der Krieger bis vor die Stadtmauern.

»Hört auf zu kämpfen!«, rief er mit mächtiger Stimme. »Hier bin ich, um den Vertrag zu erfüllen und mich Äneas zu stellen!«

Die Streitenden ließen vom Kampf ab und öffneten dem Rutulerprinzen eine Gasse, und von der anderen Seite kam auch Äneas dazu. Die Kämpfer waren bereit.

Inmitten der Krieger, die sie umringten und dem Schauspiel zusahen, traten die beiden Gewaltigen gegeneinander an.

Zuerst schleuderten sie die Speere, dann zogen sie ihre Schwerter und rannten mit erhobenen Schilden gegeneinander und von der Wucht ihrer Hiebe erzitterte der Boden. Aber dann setzte Turnus alles auf eine Karte. Er holte zu einem mächtigen Schlag aus, ohne auf seine Deckung zu achten. Doch an der Wunderwaffe des Vulcanus zerbrach sein von Menschenhand geschmiedetes Schwert.

Waffenlos, wie er nun war, blieb Turnus nur die Flucht. Er irrte auf dem Kampffeld umher, von dem es keinen Ausweg gab: auf der einen Seite Laurentum, auf der anderen ein Sumpf, die weiteren Fluchtmöglichkeiten versperrt von den Troern und Pelasgern. Wäre Äneas nicht durch die nur mäßig verheilte Wunde am Knie behindert worden, hätte er den Gegner leicht zur Strecke gebracht.

Der Speer des Äneas war zuvor, zu Beginn des Kampfes, beim ersten Wurf im Stumpf eines alten Ölbaums stecken geblieben, der dem Gott Faunus, dem Vater des Latinus, geweiht gewesen war. Das heißt, ein solcher Baum ist unverletzlich, nicht einmal ein Zweig darf gebrochen werden. Die Troer hatten den Baum, unbekümmert um seine Heiligkeit, gefällt, damit das Kampffeld frei werde. Sie meinten wohl, die Notwendigkeit würde als Entschuldigung für eine solche Freveltat genügen.

Nun versuchte Äneas, seinen Speer herauszuziehen, um durch einen gezielten Wurf den Gegner an weiterer Flucht zu hindern.

Da betete Turnus in seinen Ängsten zu den heimischen Göttern: »O Faunus und du, gütige Mutter Erde! Stets habe ich euch die schuldigen Ehren erwiesen, während die Fremdlinge frech eure heilige Stätte entweiht haben! Erbarmt euch jetzt des Sohnes von Latium und haltet den Speer des Äneas fest!«

Und die Landesgötter erhörten sein Flehen. Der Speer saß unverrückbar in dem Baumstumpf fest.

Während Äneas sich, den Fuß gegen das Holz gestemmt, vergebens abmühte, griff noch ein letztes Mal Juturna in den Kampf ein. Es gelang ihr, dem Bruder ein neues Schwert zukommen zu lassen.

Als Venus das sah, fuhr sie wie ein Raubvogel auf das Schlachtfeld herab und riss mit ihrer Götterkraft den Speer ihres Sohns aus dem Holz.

Und nun standen sich beide Gegner wieder gleichberechtigt gegenüber.

Götterentscheidung

Juno war vom Schlachtfeld auf den Olymp zurückgekehrt. Nun saß sie neben Jupiter und beide beobachteten die Geschehnisse vor Laurentum.

Kopfschüttelnd sagte der Göttervater zu seiner Frau: »Das Spiel ist aus! Du hast die Troer durch Länder und Meere gejagt und sie in unsägliche Kämpfe verwickelt, aber mehr zu tun verbiete ich dir. Es ist genug.«

Juno begriff, dass Jupiter ernsthaft mit ihr zürnte. Sie senkte den schön geschmückten Kopf und erwiderte: »Nun gut, mein Gebieter, ich gebe den Kampf auf. Ich werde Äneas nicht weiter die Stirn bieten. Aber wenn ich mich nun nicht mehr einmische, dann bitte ich dich um eines: Falls Lavinia die Frau des Mannes aus Troja wird und die beiden Völker ihr Bündnis schließen, so sollen die Latiner doch ihren alten vertrauten Namen behalten und ihre Sprache weitersprechen. Troja ist untergegangen für immer. Etwas anderes möge erstehen.«

Mit sanftem Lächeln sagte Jupiter: »Ereifere dich nicht, meine Liebe! So war es von Anfang an bestimmt und auch Äneas wird nichts anderes wollen. Latium wird Sprache, Sitte und Namen nicht aufgeben. Die Troer werden Latiner, sie nehmen die Bräuche des Landes an, und das neue Geschlecht, das aus der Verbindung der beiden Völker hervorgeht, wird dich, du Göttin des Herdes und der Ehe, hoch verehren.«

Damit war Juno zufrieden.

Der Kampf ging nun rasch zu Ende. Der junge Rutulerfürst, der doch mit so athletischer Kraft begabt und von so wildem Kampfesmut beseelt war, fühlte sich auf einmal kraftlos und schwach, die Knie zitterten ihm und er vermochte kaum, den Arm mit dem Schwert zu heben. Er begriff: Sein Schicksal war besiegelt. Die Götter hatten gegen ihn entschieden.

Noch während er versuchte, sich zu sammeln und seinen Mut zusammenzunehmen, schleuderte sein Gegner mit voller Wucht seine Lanze. Sie fuhr durch den Schildrand und den Panzer und traf ihn an der Hüfte.

Turnus sank auf die Knie.

Laut schrien die Rutuler auf, als sie ihren Kämpfer verwundet sahen.

Äneas stand über ihm, das Schwert in der Hand, bereit zum Todesstreich. Flehend hob der einst so stolze Gegner die Hand und sagte: »Ich bin besiegt. Lavinia gehört dir und den Deinen wird dies Land zur Heimat. Aber alle haben gesehen, dass ich dir die Hand zur Versöhnung ausgestreckt habe. Gehe nicht weiter in deinem Hass.«

Äneas bekam Mitleid. Schon war er zur Milde gestimmt, da entdeckte er an der Schulter des Besiegten das Wehrgehenk, das dieser dem jungen Pallas abgenommen hatte, nachdem er ihn erschlug. Sein Grimm erwachte aufs Neue. »So wagst du zu sprechen und trägst das, was du dem unglücklichen Jüngling geraubt hast, an deinem Leib? Nicht ich bin es, der dir den Todesstoß versetzt! Pallas durchbohrt dich und nimmt Rache!«

Und wild tauchte er sein Schwert in die Kehle des Besiegten.

Wieder Frieden in Latium

Die Entscheidung war gefallen. Tief betrübt zogen die Rutuler mit der Leiche ihres Fürstensohns in ihre Heimat. Äneas nahm Lavinia zur Frau und nannte die neue Stadt, die er erbaute, ihr zu Ehren Lavinium. Im Tempel, den er seiner Mutter Venus errichtete, fanden endlich die Penaten, die Hausgötter der Troer, ihre neue Heimstatt, so, wie die umgetriebenen Söhne der versunkenen Stadt hier zur Ruhe kamen. Friedlich lebten Troer und Laurenter miteinander und schnell vermischten sich beide Völker, verschmolzen zu einem einzigen.

Der junge Julus, aufgewachsen während der Irrfahrten und Abenteuer der Troer, war früh zu einem zielbewussten und tatkräftigen jungen Mann geworden. Bald erkannte sein Vater, dass es gut sein würde, ihn mit eigenen Aufgaben zu betrauen. Er ermunterte ihn, ebenfalls eine Stadt zu gründen, denn die Bevölkerung Laviniums wuchs rasch und sprengte bald fast die Stadtmauern. Am Fuß der Alba-nerberge entstand so eine neue Kolonie, die Julus Alba Longa, »die lange Weiße«, nannte – die Mutter des späteren Roms.

So herrschte der gottesfürchtige Äneas mit Weisheit und Gerechtigkeit. Aber dann musste er noch einmal zum Kampf ausziehen. Die Rutuler, die ihre Niederlage nie ganz verwunden hatten, rüsteten sich erneut gegen die Bewohner Latiums.

Es gab eine erbitterte Schlacht, in der schließlich nach vielen Verlusten Äneas und die Seinen siegten.

Der alternde Held hatte noch einmal bewiesen, dass er im Feld unbezwinglich war – aber in seinem Herzen sehnte er sich nach Ruhe. Hatte er vielleicht seine unsterbliche Mutter gebeten, ihn aus den Mühen und Pflichten des Erdendaseins zu erlösen? Wir wissen es nicht.

Jedenfalls: Nach jenem Sieg ereignete sich ein seltsames Wunder. Der Fluss, an dessen Ufer die erschöpften Krieger lagerten, schwoll urplötzlich an und trat über seine Ufer, der Himmel verdunkelte sich, ein wildes Rauschen erfüllte die Luft. Angstvoll verbargen die Männer ihre Häupter unter ihren Schilden.

Als aber wieder Tageshelle einkehrte und die Wasser, so schnell, wie sie gekommen waren, in das Flussbett zurückkehrten, war Äneas nirgends mehr zu finden.

Hatte der Fluss ihn verschlungen? Hatte Jupiter ihn auf den Olymp entrückt? Keiner wusste es zu sagen.

Julus übernahm in der neuen Stadt die Nachfolge seines großen Vaters und gedachte seiner mit vielen Opfern und neuen Tempelgründungen.

Lavinia aber war außer sich vor Schmerz und Trauer. Erst jetzt, nach so vielen Jahren der Ehe mit Äneas, war die Königin schwanger.

Eine merkwürdige Furcht vor dem jungen Herrscher Julus ergriff sie – eine Furcht, die keinem recht erklärlich war, denn an Gottesfurcht und Redlichkeit trat Julus in die Fußstapfen seines Vaters. Aber vielleicht erwartete sie, der Erstgeborene des Äneas könnte sich gegen einen anderen Erben wenden, ihn als Konkurrenten um die Macht empfinden.

Jedenfalls hatte sie sich in die Wälder zurückgezogen und gebar dort im Geheimen dem Äneas einen Sohn, den sie Silvius nannte.

Nach dem Tod des Julus aber traten nicht dessen Söhne die Nachfolge des großen Troers an, sondern das Volk wählte den Silvius, den Enkel des geliebten Königs Latinus und Sohn des Äneas, zu seinem Herrscher.

Er wurde zum Stammvater des Königshauses, das bald ganz Latium unter seine Herrschaft brachte.

Alba Longa aber war das Zentrum des Landes.

DIE GRÜNDUNG ROMS

Eine Priesterin wird schwanger

Lange Jahrhunderte friedvoller Herrschaft gingen dahin. Die Nachkommen des Äneas regierten das latinische Land mit der gleichen Weisheit und Umsicht wie ihr großer Vorfahr – jedenfalls dürfen wir das annehmen, denn wenn die Seiten der Geschichtsbücher leer sind, so bedeutet das: Weder Unheil noch Krieg, weder Streitigkeiten noch Not haben die Zufriedenheit der Bürger beeinträchtigt.

Dann aber ging der Thron von Alba Longa an zwei Brüder, die Numitor und Amulius hießen. Eigentlich hätten sie gemeinsam regieren sollen, aber da sie von sehr unterschiedlicher Gemütsart waren – der eine wild und herrschsüchtig, der andere friedfertig und stets zum Einlenken bereit – und sich deshalb oft stritten, machte Amulius seinem Bruder einen Vorschlag.

»Wir wollen eine Teilung vornehmen«, sagte er. »Einer von uns erhält die Würde des Königtums. Der andere dagegen alles, was die Nachkommen des Äneas in den Jahrhunderten an Reichtümern angesammelt haben. Ich lasse dir den Vortritt bei der Wahl, Numitor.«

Amulius wusste, dass sein Bruder sich nicht viel aus Gold und Besitz machte, aber begierig darauf war zu regieren. Er hatte sich nicht getäuscht: Numitor wählte die Herrschaft.

Damit hatte der listige Amulius gerechnet, denn er wusste, dass man mit Gut und Geld sehr schnell auch Macht erlangen konnte und er also die Regentschaft seines Bruders bald an sich bringen und ihm alles gehören würde. Und so geschah es. Amulius warb Anhänger, denen er reiche Belohnung versprach, und stürzte Numitor, verjagte ihn aus Alba Longa und ließ dessen einzigen Sohn heimtückisch auf der Jagd ermorden.

Nun gab es keinen männlichen Nachkommen des Numitor mehr, von dem er etwas hätte fürchten müssen, aber es blieb noch eine Tochter zurück, Rhea Silvia mit Namen. Die machte Amulius zur Vestalin, zur Priesterin der Vesta, also zu einer der Jungfrauen, die das heilige Herdfeuer der Göttin in ihrem Tempel zu hüten hatten. Er tat so, als erwiese er dem Mädchen damit eine Ehre, aber in Wirklichkeit ging es ihm nur darum, dass diese Priesterinnen durch ein strenges Gelübde zur Ehelosigkeit verpflichtet waren. So konnte er sichergehen, dass Rhea Silvia niemals Söhne gebären würde, die den Thronraub rächen würden.

Eines Tages begab sich das Mädchen in den heiligen Hain des Kriegsgottes Mars, um Wasser aus der dortigen Quelle zu schöpfen. Plötzlich hörte sie ein bedrohliches Knurren und aus dem Dickicht trat ein gewaltiger Wolf auf sie zu, der sie mit gefletschten Zähnen und gesträubtem Nackenfell zu bedrohen schien. Erschrocken ließ Rhea Silvia ihren Wasserkrug fallen und floh vor dem Untier, und wie durch Fügung tat sich plötzlich eine Höhle vor ihr auf, in die sie vor Angst zitternd hineinlief. Aber kaum hatte sie sich etwas beruhigt und fühlte sich in Sicherheit, da stieß ihr das Nächste zu: Die Sonne verdunkelte sich und zwei starke

Arme umfassten ihren Leib. Alle Kraft verließ sie und willenlos gab sie sich dem hin, was sie nun als Anwesenheit eines Gottes erkannte.

Schon Wolf und Höhle waren nicht wirklich gewesen, sondern Trugbilder, hervorgegaukelt vom Gott Mars, der das Mädchen beim Wasserholen beobachtet hatte und in heftigem Verlangen nach ihm entbrannt war. Nachdem er die Liebe mit der jungen Vestalin genossen hatte, verschwand er, ohne sich weiter große Sorgen um ihr Schicksal zu machen – wie das so Götterart ist.

Es zeigte sich aber, das Rhea Silvia schwanger war.

Schrecklich war der Zorn der obersten Vestalin und noch mehr wütete Amulius gegen die Schamlose, die ihr Gelübde gebrochen hatte. Man warf sie in den Kerker und dort gebar sie zwei Knaben, als deren Vater sie den Gott Mars bezeichnete.

Niemand glaubte ihr. Man hielt das für eine Lüge und für einen unerhörten Frevel noch dazu.

Amulius ordnete an, die Verbrecherin gefesselt in den Tiber zu werfen. Die Schergen aber konnten ihr Werk nicht so ausführen, wie ihnen befohlen worden war, denn eine riesige Welle bäumte sich aus der Mitte des Flusses her auf, entriss die Unglückliche ihren Händen und führte sie mit sich.

Die Männer waren überzeugt davon, dass Tiberinus, der Flussgott selbst, geblendet von der Schönheit der jungen Frau, sich ihrer erbarmt und sie zu sich in sein feuchtes Reich genommen hatte, um dort mit ihr zu leben.

Die ausgesetzten Zwillingsbrüder

Rhea Silvia also hatte sich Amulius vom Hals geschafft. Aber viel mehr als seine Nichte ihn beunruhigt hatte, verunsicherte ihn die Existenz der beiden Säuglinge. Was, wenn sie ihm als Erwachsene tatsächlich die Herrschaft rauben würden? Schließlich waren sie die rechtmäßigen Erben seines Bruders Numitor, wer auch immer ihr Vater sein mochte. So gab er kurzerhand den Befehl, die Kinder ebenfalls am Strom auszusetzen.

Ungern folgten die Diener dem Befehl. Sie trugen die beiden Knaben in einem Weidenkorb zum Fluss, aber es hatte stark geregnet und der Tiber war über die Ufer getreten. Alles war sumpfig, und so war es unmöglich, bis zum Strom vorzudringen. So setzten sie den Korb mit den Kindern in einem der Tümpel ab, die sich bei Überschwemmungen in den Flussauen bilden, und meinten, das würde genügen. Bestimmt würden die Knaben hier verhungern.

In der Nacht sank das Wasser und ging zurück ins Flussbett. Der Korb mit den nackten schreienden Säuglingen, die ganz durchnässt waren vom Sumpfwasser, blieb am Gestrüpp unter einem Feigenbaum hängen.

Da kam eine Wölfin vom Hang herab, um zu trinken, und sie hörte das Wimmern und Weinen aus dem Korb. Da sie selbst Junge führte, waren ihre mütterlichen Instinkte geweckt, und so schleppte sie die beiden Kleinen eins nach dem anderen in ihre Höhle im Gebirge, leckte sie trocken und säugte sie zusammen mit ihrem eigenen Wurf.

Von der kräftigen Wolfsmilch gediehen die Knaben prächtig und auch für Fleisch sorgte die Tiermutter, als die

Brut größer wurde, wie es ihre Art war – wenn auch die Römer später behaupteten, ein Specht, das heilige Tier des Mars, hätte die beiden mit Fleisch genährt.

Eines Tages war der oberste Hirte des Königs Amulius, Faustulus mit Namen, im Gebirge unterwegs. Da sah er voller Erstaunen zwei Kleinkinder, die mit Wölfen zusammen in einer Höhle hausten und sich mit ihnen um Nahrung rauften. Er wartete ab, bis die Wölfin auf einen Beutezug ging, dann nahm er die beiden Menschenkinder an sich und brachte sie zu seiner Frau. Die wusste sich vor Verwunderung und Mitleid gar nicht zu fassen, und da ihr gerade ein Kind gestorben war, nahm sie die beiden Jungen auf, als wären es ihre eigenen Söhne. Sie gab ihnen die Namen Romulus und Remus.

Die Kinder, die von einer Wölfin genährt worden waren, erwiesen sich als besonders robust, widerstandsfähig und kraftvoll. Nie kam sie eine Krankheit an. Sie waren ein Stück größer als ihre Altersgenossen und weder im Umgang untereinander noch mit den anderen Hirtenkindern erwiesen sie sich als besonders zimperlich. Sie rauften gern. Wenn es Meinungsverschiedenheiten gab, wurden diese mit den Fäusten ausgetragen, schließlich waren sie die Söhne des Gottes Mars! So kam es, dass sie schon als Knaben zu Anführern der anderen Kinder wurden.

Wie ihr Pflegevater wurden sie Hirten. Aber noch bevor sie achtzehn waren, hatten sie in den Wäldern der Umgebung bereits ihren ersten Bären erlegt und waren bekannt dafür, dass sie Stiere mit den bloßen Händen zähmten.

Es kam in der Gegend häufig zu Auseinandersetzungen zwischen den Hirten. Es waren raubeinige Gesellen und oft ähnelte ihr Verhalten eher dem von Straßenräubern als von friedlichen Hütern der Herden. Besonders gern stahl man den anderen das Vieh, und dabei taten sich die Hirten hervor, die um den Hügel Aventin weideten, ein paar Wegstunden nordwestlich von Alba Longa. Ihr Herr war der von Amulius vertriebene Numitor, der nun ein beschauliches Leben auf dem Land führte.

Dass er der Großvater der Zwillinge war, wusste natürlich niemand.

Romulus und Remus wurden zu so etwas wie Bandenführern. Ihrer herrischen Art, ihrem Selbstbewusstsein und ihrer Kühnheit im Kampf ordneten sich die anderen unter. Sie holten das geraubte Vieh zurück, bestraften die Übeltäter, übten Vergeltung – und griffen für sich selbst, was immer sie wollten. Um noch größere Schlagkraft zu haben, nahmen sie auch entlaufene Sklaven oder hauslose Freie in ihre Bande auf, die bald zu einer Kämpfertruppe wurde, militärisch gedrillt. Bald waren die »Hirten« des Königs Amulius weit und breit gefürchtet.

Faustulus, ihr Pflegevater, betrachtete das Tun und Treiben der Zwillinge mit nachdenklichen Augen. Im Laufe der Zeit wurde ihm klar, dass diese beiden aus anderem Holz geschnitzt waren als die jungen Männer ihrer Umgebung. Natürlich kannte Faustulus die Geschichte der unglücklichen Rhea Silvia und wusste, dass sie damals zwei Söhne geboren hatte. Immer stärker wurde es ihm zur Gewissheit, von wem diese beiden abstammen mussten. Und die Geschichte, dass Gott Mars der Vater war – damals ja als eine schamlose Lüge der unglücklichen Königstochter abgetan –, erschien ihm jetzt immer wahrscheinlicher.

Die Enthüllung

Noch aus der Zeit, in der die Könige Euander und Latinus über das Land regierten, stammte das Fest der Luperkalien. Es war ein rauschendes Frühlingsfest, eine Huldigung an die wiedererwachende Natur, an die Fruchtbarkeit und die Lebensfreude. Man bringt Tieropfer dar und die jungen Männer, nur mit einem Lendenschurz aus Ziegenfell bekleidet, springen umher und treiben grobe Scherze; zum Beispiel schneiden sie Riemen aus der Haut der geopferten Tiere und peitschen damit alle jungen Frauen, die ihnen über den Weg laufen.

Dieses Fest der Ausgelassenheit und mangelnden Wachsamkeit hatten sich die Hirten des Numitor ausgesucht, um einen Gegenschlag gegen die Amulius-Bande zu führen. Ihr Plan war, die Anführer zu fangen; sie gingen von der richtigen Annahme aus, dass die Truppe nur durch die Befehlsgewalt der Zwillinge das war, was sie war.

Als das Fest auf dem Höhepunkt war, gelang es ihnen, die beiden von ihren Leuten abzusondern und einzukreisen.

Romulus und Remus wehrten sich wie die Löwen, aber wie es der Brauch verlangte, waren sie waffenlos zum Fest gekommen und nun sahen sie sich den Knüppeln und Dolchen der Gegner gegenüber. Romulus gelang es zu entkommen, aber Remus wurde gefangen genommen und im Triumph zu Numitor geschleppt. »Wir bringen dir den einen der Friedensbrecher, die unser Vieh geraubt haben und gegen uns zu Felde gezogen sind!«, riefen seine Hirten fröhlich. »Nun kannst du ihn nach deinem Gutdünken bestrafen!«

Der entthronte und verjagte König betrachtete den Gefangenen mit Verwunderung. Er hatte einen struppigen Straßenräuber erwartet. Stattdessen stand vor ihm ein schöner junger Mann ohne die mindeste Spur von Furcht, mit klarem Blick, aufrecht und stolz. Und irgendetwas in dessen Zügen kam ihm bekannt vor.

Vor langer Zeit war seine unglückliche Tochter hingerichtet worden, eine junge Frau mit ebensolchem Blick, solch aufrechter Haltung! Und ihre Kinder? Es hieß, man habe sie irgendwo am Tiber ausgesetzt.

»Wer bist du?«, fragte er nachdenklich. »Von wem stammst du ab?«

»Mein Zwillingsbruder und ich, wir sind Findelkinder, von einer Wölfin gesäugt, von einem Hirten aufgezogen«, entgegnete Remus. »Unsere Abstammung ist uns nicht bekannt, denn es heißt, wir seien als Säuglinge in einem Korb am Rande des Tiber ausgesetzt worden.«

Remus maß den Numitor mit den Augen, sagte dann: »Es ehrt dich, Herr, dass du, bevor du dein Urteil sprichst, den Übeltäter verhörst und nachprüfst, ob er zu Recht oder Unrecht beschuldigt wurde. So etwas ist bei unserem Herrn, dem König Amulius, leider nicht Brauch.«

Die freimütige Rede gab dem alten Mann noch mehr zu denken. »Ein Urteil will ich zunächst nicht sprechen«, antwortete er. »Aber du bleibst weiter in meinem Gewahrsam.«

Romulus seinerseits war nicht gewillt, seinen Bruder im Stich zu lassen. Er wollte seine Kampftruppe gegen Numitor rüsten. Als sein Pflegevater Faustulus davon hörte, rief er ihn zu sich.

»Ich beschwöre dich, ziehe nicht gegen Numitor zu Felde!«, rief er. Und dann platzte er mit seiner Vermutung heraus: »Ich glaube, dieser Mann … ich glaube, du bist mit ihm verwandt.« Er holte tief Luft: »Numitor ist dein Großvater!«

Romulus sah ihn verblüfft und ungläubig an.

Aber Faustulus berichtete dem jungen Mann nun in aller Ausführlichkeit von den Vorgängen in Alba Longa vor all den Jahren und seinen Gedanken über die Aussetzung der Kinder.

Ausgerüstet mit diesem Wissen, zog Romulus nun ganz allein, ohne seine Leute, auf den aventinischen Hügel zu Numitor. Irgendwie überraschte ihn das Ganze nicht allzu sehr. Er hatte schließlich immer gedacht, dass er zu Höherem berufen war, als sich mit Bauern und Hirten herumzuschlagen.

Numitor war schnell überzeugt von dem, was ihm der andere Zwilling, der nun vor ihm stand, ergänzend zu berichten wusste. Für ihn stand es fest: Die beiden jungen Männer waren seine Enkelsöhne! Und je länger er sie ansah, umso mehr Ähnlichkeiten mit seiner Tochter Rhea Silvia entdeckte er an ihnen. Feierlich erklärte er sie zu seinen offiziellen Enkeln und Erben.

Romulus war ein Mensch der schnellen Tat. »Nachdem nun geklärt ist, wessen Kinder wir sind«, sagte er, »müssen wir dafür sorgen, dass unser Großvater wieder auf seinen Thron gesetzt wird und Amulius verschwindet!«

Remus stimmte ihm zu.

»Wie wollt ihr das schaffen?«, fragte der alte Numitor, etwas bestürzt über den Tatendrang der beiden jungen Männer. »Amulius sitzt im gut befestigten Alba Longa und er hat ein starkes Heer!«

»Lass uns nur machen!«, sagten die Zwillinge wie aus einem Munde.

Aber noch zögerte Numitor zuzustimmen.

Doch dann drang die Kunde zu ihnen, dass Amulius, beunruhigt durch Gerüchte über die Vorkommnisse bei den Luperkalien, Faustulus, den Ziehvater der beiden jungen Männer, ergriffen und einem strengen Verhör unterzogen hatte. Der gestand schließlich, dass er zwei Findelkinder aufgezogen hatte – aber er schwor: Die Jungen seien einfache Hirten und hätten keine Ahnung von ihrer möglichen Herkunft.

Amulius jedoch war höchst beunruhigt und hatte begonnen, nach den beiden zu fahnden.

Das gab den Ausschlag für Numitor.

Er begriff nun, dass Angriff die beste Verteidigung war, und stimmte dem Unternehmen der Zwillinge zu. Ihr Plan sah so aus: Während Romulus mit der gut geschulten Bande von Hirten, Sklaven und Hauslosen Richtung Alba Longa zog, wollte sich Remus heimlich in die Stadt begeben und beginnen, die Bevölkerung gegen Amulius aufzuwiegeln.

Seine Bemühungen fielen auf fruchtbaren Boden, denn der tyrannische König – der, wie Remus zu Recht angemerkt hatte, nicht erst eine Gerichtsverhandlung ansetzte, wenn es jemanden zu bestrafen galt, sondern ihn einfach verurteilte, ohne seine Schuld zu prüfen – war außerordentlich unbeliebt. Als dann Romulus zum Sturm auf die Stadt ansetzte, brach gleichzeitig drinnen eine Rebellion los. Man öffnete die Tore und ließ Romulus und die Bande ein.

Schließlich traf dieser, das Schwert in der Faust, auf den Mann, der seiner Mutter und seinem Großvater so viel Leid zugefügte hatte, und streckte ihn erbarmungslos nieder.

Dann holten die Zwillinge im Triumph Numitor zurück nach Alba Longa und setzten ihn auf den Thron, der ihm ja von Rechts wegen gehörte. Sie huldigten ihm und mit ihm das Volk der Stadt, das sich – und sicher mit gutem Grund – von dem weißhaarigen gütigen Herrscher bessere Zeiten erhoffte.

Stadtgründung

Der Tatendrang der Zwillinge jedoch war ungebrochen. Sie hatten keine Lust, als Enkel und Nachfolger eines Königs ihr Leben in Müßiggang zu verbringen.

»Alba Longa und Lavinium in allen Ehren!«, sagten sie. »Aber die Mauern dieser Städte sind zu eng. Was sollen wir hier? Wir wollen herrschen! Ganz Latium ist dicht bevölkert. Sicher werden viele Menschen gern die Gelegenheit ergreifen, eine neue Heimat zu finden. Wir wollen ausziehen und unsere eigene Stadt gründen, und die soll alles in den Schatten stellen, was es bisher gegeben hat! Sie soll größer und schöner sein als Alba Longa und Lavinium zusammen!«

Die Brüder waren sich einig, dass ihre Stadt nahe der Gegend entstehen sollte, wo Faustulus sie einst gefunden hatte. Aber wer sollte herrschen und wer der Neugründung einen Namen geben? Romulus und Remus waren schließlich gleichberechtigt, für keinen hatte das Recht der Erstgeburt

Geltung, da sie ja nicht wussten, wer von ihnen als Erster auf die Welt gekommen war. So beschlossen sie, ein Orakel zu befragen, und zwar den Vogelflug.

Dazu stellten sich beide jungen Männer mit ihrem Anhang jeweils auf einem Hügel auf, um Ausschau zu halten. Der Hügel, auf den Remus stieg, war der Aventinus. Romulus erkletterte den Palatinus und so spähten sie in den Himmel.

Das Glück schien mit Remus zu sein, denn er sah zuerst einen Zug von Geiern. Seine Anhänger jubelten und schrien: »Heil König Remus!«

Aber dann flog die doppelte Anzahl Geier über den Palatin und die Gefährten des Romulus riefen ihn zum Herrscher aus.

Jede Truppe nahm für sich in Anspruch, seinen Anführer zum Herrscher zu erheben, und die Brüder standen sich mit feindlichen Mienen gegenüber. Plötzlich war es vorbei mit der brüderlichen Verbundenheit. Aus den Kampfgenossen und Komplizen waren Gegner geworden.

»Ich werde König, mir haben die Götter den Vorzug gegeben, denn ich habe zuerst die Vögel gesichtet!«, rief Remus.

»Nein, ich werde es!«, schrie Romulus dagegen. »Ich habe die doppelte Menge an Glücksvögeln gesehen!«

Schon zückten die Anhänger die Schwerter, aber noch einmal siegte die Vernunft. Einer der Männer schlug vor, ein zweites Mal ein Orakel zu befragen. Remus stimmte dem zu, aber Romulus zuckte die Achseln. Für ihn war die Angelegenheit klar. Er war der Sieger.

Unbekümmert um das, was sein Bruder tun oder lassen würde, begann er mit dem Bau. Er steckte den Grundriss ab und begann, mit dem Pflug, vor den er einen weißen Stier und eine weiße Kuh gespannt hatte, rundum eine tiefe Furche zu ziehen, wo sich Mauer und Wall erheben sollten. Die Stellen, die für die Stadttore vorgesehen waren, markierte er, indem er die Pflugschar aus der Erde hob und sie hinübertrug, um dann neu anzusetzen.

Remus beobachtete sein Tun mit missgünstigen Blicken und sparte im Kreis seiner Anhänger nicht mit abfälligen Bemerkungen.

Romulus tat so, als kümmere ihn der Hohn seines Bruders nicht, aber innerlich kochte er vor Wut. Die Eintracht der Zwillinge war vorbei. Sie waren Rivalen. Beide Söhne des Mars!

Nachdem er also den Grundriss seiner Stadt abgesteckt hatte, begann Romulus mit dem Bau der Mauer. Steine waren knapp in der Gegend, und so geriet diese erste Stadtmauer zunächst ziemlich niedrig. Und da kam Remus herbeigeschlendert, bedachte das Bauwerk mit einem spöttischen Blick. Dann legte er die Hand auf die Mauerkrone und sprang mit einem lässigen Schwung hinüber. »Du wirst mit dieser Befestigung jeden Feind fernhalten, das ist klar!«, sagte er hämisch.

Da sah Romulus rot. Wie ein Blitz fuhr sein Schwert aus der Scheide und mit einem gewaltigen Schlag streckte er seinen Bruder nieder.

»So soll es jedem ergehen, der es wagt, über die Mauern meiner Stadt zu springen!«, schrie er wutentbrannt.

Schreckensbleich standen die Männer ringsum, aber keiner, weder die Anhänger des Remus noch seine eigenen, wagten dem Sohn des Mars entgegenzutreten.

Die Entscheidung war gefallen. Remus war tot. Romulus war der Herr der neuen Kommune.

Der Brudermord sollte ungesühnt bleiben, und auf dem Blut des Erschlagenen gründete sich die neue Stadt, die ihren Namen nach ihrem Erbauer erhielt: Roma.

Romulus als König

Romulus zeigte keine Reue über die schreckliche Tat. Er opferte den Göttern, um sich von der Schuld zu reinigen – und die Furien verfolgten ihn nicht. Zur Sühne setzte er zudem ein Zeichen, das leicht zu deuten war: Neben seinem eigenen Thron ließ er nämlich einen zweiten aufstellen, der leer blieb: Er räumte also seinem toten Bruder symbolisch den Platz neben sich ein.

Die Mauern wurden schließlich hoch genug und die Lage der schnell wachsenden Stadt war äußerst günstig. Romulus hatte mit scharfem Blick erkannt, dass der Tiber auf der einen Seite einen natürlichen Schutz abgab und andererseits der Berg des Capitols – damals noch außerhalb der Stadtmauern – mit seinem jäh abfallenden Felsen ideal war für ein Vorwerk, eine zusätzliche Befestigung vor den Stadttoren. Rom wirkte vertrauenerweckend sicher, und das Umland, das der neue König für seine Stadt beanspruchte, war fruchtbar und also geeignet, die Versorgung der Bürger in den Mauern zu sichern.

Romulus war nun darauf bedacht, die neue Siedlung mit vielen Menschen zu bevölkern. Er hatte ja bereits als Hirte und Bandenführer seine Erfahrungen mit Männern gemacht, die außerhalb des Gesetzes standen. In ganz Latium schweiften entlaufene Sklaven umher, die ihren harten Herren entflohen waren – einzeln oder in räuberischen Horden. Ebenso solche, die sich einer Verurteilung durch den Richter mit ihrer Flucht entzogen hatten oder wegen eines Frevels gegen die Götter aus einer Gemeinde verbannt worden waren.

Romulus nun ließ über die Grenzen Latiums hinaus verkünden, dass als Neubürger Roms jedermann willkommen sei, gleich ob er frei sei oder Sklave, flüchtig, landfremd oder schuldbeladen. Allen gab die neue Stadt Asyl, und wer hierherkam, der durfte seine Vergangenheit vergessen – er war ein anderer Mensch, der neu anfangen konnte. Die Kunde verbreitete sich weit über die Grenzen Latiums hinaus. Bald strömten aus ganz Italien mehr oder weniger zwielichtige Gestalten herbei; ein wilder Haufen besiedelte die eilig errichteten Häuser. Schnell zählte die Bevölkerung Tausende.

Mit Argwohn und Furcht betrachteten die Bürger der angrenzenden Städte, was sich hier zusammenfand. Aber Romulus war zuversichtlich: Aus solchen Elementen ließ sich ein schlagkräftiges Heer formen!

Der Herrscher Roms wusste natürlich ganz genau, dass so eine zusammengewürfelte Menschenmenge nur mit harter Hand regiert werden konnte. Er achtete streng darauf, dass niemand seine Königswürde anzutasten wagte. Wo immer er sich dem Volk zeigte, ließ er sich von zwölf athletischen Gerichtsdienern begleiten, die ihm Rutenbündel mit eingeschnürten Beilen vorantrugen, als Zeichen, dass er, Romulus, Herr über Leben und Tod war und zu strafen vermochte. Diese zwölf Wächter wurden Liktoren genannt.

Romulus saß über seine Bürger zu Gericht und bestimmte, wie und was ihm in den Sinn kam.

Aber er wählte auch aus dem Volk hundert vertrauenswürdige Männer aus, die ihm als Ratsherren beim Regieren helfen sollten. Das Volk nannte diese Männer Patres, also Väter. Ihre Nachkommen wurden später die Patrizier, der Adel der Weltstadt. Dergleichen gab es in anderen Städten nicht. Die Patres wurden, wenn sie als Gremium zusammentraten, Senatoren genannt. Das Wort Senat bedeutet Rat der Ältesten. Als Ehrenkleid, das sie überall kenntlich machte, trugen sie eine mit einem breiten Purpurstreifen verzierte Toga, das würdevolle Wickelgewand der römischen Bürger (in dem man sich nur gemessen bewegen konnte und infolgedessen auch daran gehindert war, allzu schnell die Waffe zu ziehen, die man darunter trug).

Inzwischen wichen auch die anfangs nur schnell zusammengezimmerten Behausungen stattlichen Bauten, und die ersten Tempel und Märkte, wo man sich treffen und mit anderen Handel treiben konnte, wuchsen empor. Viele wohlhabende Römer hatten sich Landsitze im Umland zugelegt, wo sie ihren eigenen Wein oder ihr eigenes Olivenöl herstellten und sich in Friedenszeiten erholten. In der fruchtbaren Landschaft wechselten sich Villen und Bauerngehöfte ab.

Romulus konnte wahrhaft stolz auf das sein, was er geschaffen hatte.

Auch gegen äußere Feinde (und davon würde es eine Menge geben) wusste er sich bestens zu schützen. Er hatte seine neu gegründete Stadt in Tribus, Stadtdrittel, eingeteilt. Jeder dieser Stadtteile hatte tausend Fußsoldaten und hundert Reiter zur Verteidigung zu stellen. Diese Streitmacht nannte der junge König »Auslese« – auf Lateinisch legio –, Legion. (Später, als die Bevölkerung wuchs, wuchs auch die Stärke der Legion auf das Doppelte an und man konnte schließlich deren zwei ausheben. In der Geschichte Roms würde die Organisation des Heeres noch einige Veränderungen durchlaufen.)

Allerdings: Die Bevölkerung dieser Stadt bestand fast nur aus Männern. Selten gab es eine Ehe und natürlich gab es auch kaum Kinder. Wenn das weiterhin so bliebe, würde es keine nächste Generation geben. Rom würde vergreisen, die Bevölkerung aussterben und über kurz oder lang stünde die Stadt vor dem Aus.

Romulus schickte Gesandtschaften zu den Nachbarstämmen. Sie warben um Freundschaft und sie schlugen Eheverträge zwischen den Römern und den jungen Töchtern der anderen vor, um ein neues Geschlecht zu zeugen.

Aber die Botschafter stießen allgemein auf Ablehnung. Die Nachbarn hatten das Aufblühen dieser Siedlung ausschließlich mit Argwohn, Verachtung und Furcht beobachtet. Das waren doch alles nur Verbrecher und Ausgestoßene da in Rom! Außerdem erhob sich die Stadt mit ihrer mächtigen Kampftruppe, der Legion, gleichsam wie ein Kriegslager unter den friedlichen Ansiedlungen der anderen.

»Will Romulus neuerdings auch davongelaufenen Ehefrauen oder leichten Mädchen Asyl gewähren?«, höhnte man.

Kurzum, an Frauen war nicht zu denken.

Der Raub der Sabinerinnen

Romulus war außer sich vor Zorn nach diesen schmählichen Zurückweisungen. Aber er sah ein, dass man hier nichts mit Gewalt erreichen konnte, sondern nur mit List. So machten die Römer gute Miene zum bösen Spiel und erklärten, sie würden die Nachbarn ja verstehen. Schließlich wüssten sie überhaupt nichts über die neue Ansiedlung. Das Beste würde wohl sein, jeden, der in der Umgebung wohnte, zu einem großen Fest einzuladen. Dann könnten sie sich die Stadt in aller Ruhe anschauen und sich ein Bild machen.

Das Fest, zu dem geladen wurde, war dem Neptun geweiht, und eigentlich hätte schon das die Nachbarn misstrauisch machen müssen. Rom lag ja nicht am Meer, und warum man ausgerechnet den Meeresgott feiern sollte, war nicht ganz einzusehen. Aber wir vermuten: Die neuen Bürger hatten wohl einfach das Nächstbeste genommen, was ihnen gerade einfiel.

Die nächsten Nachbarn, die Sabiner, waren neugierig, wie diese Siedlung wohl innerhalb ihrer Mauern aussehen würde. Außerdem machten Gerüchte die Runde: Großartige und ganz ungewöhnliche Vorkehrungen würden die Römer zu diesem Fest treffen! So etwas wollte sich natürlich keiner entgehen lassen.

Mit Kind und Kegel zog man also nach Rom und es waren außer den Bewohnern dreier nahe gelegener Städte vor allem die Leute aus dem Sabinerland nördlich von Rom, die in Scharen herbeiströmten.

Gastfreundlich luden die Bewohner der Stadt die Ankömmlinge zu sich in ihre Häuser ein und bewirteten sie üppig; vor allem der Wein floss in Strömen. Es fiel den Gästen nicht auf, dass sich die Römer selbst beim Trinken sehr zurückhielten, und wenn, so schoben sie es auf die bevorstehenden Kampfspiele, die ja noch zu bestehen waren.

Schließlich zog man zum eigentlichen Fest hinaus aufs Marsfeld, einem großen freien Areal innerhalb der Stadtmauern, eigens eingerichtet für solche Gelegenheiten. Nachdem man, wie es Brauch war, den Göttern geopfert hatte, begannen die glanzvollen Spiele. Wagenrennen und Ringkämpfe, Diskus- und Speerwerfen, Bogenschießen und Schwertkampf wurden vorgeführt und die Gäste bewunderten die Waffentüchtigkeit der jungen Römer.

Währenddessen gingen die »Patres«, die Ältesten der Stadt, bereits unauffällig umher und musterten die Besucherinnen, gaben auch hin und wieder einem Diener einen verstohlenen Hinweis, wenn ihnen ein Mädchen besonders gefiel.

Und dann gab Romulus das Zeichen!

Plötzlich wandelte sich die Szene. Die »friedlichen« Wettkämpfer verwandelten sich in Krieger! Sie stürzten sich von der Arena her in die Menge der Zuschauer, und ehe sich die erschrockenen Eltern versahen, packten sie die jungen Mädchen und schleppten sie davon.

Der Angriff kam so überraschend, dass niemand ernsthaft Widerstand leistete – zumal da die Gäste ja, wie es sich für einen friedlichen Besuch gehörte, unbewaffnet waren.

Die schreienden, protestierenden, jammernden oder laut um Hilfe brüllenden »Gäste« wurden von den Truppen der Römer rücksichtslos aus der Stadt gedrängt.

»Ihr habt das heilige Gastrecht verletzt! Der Zorn der Götter wird über euch kommen!«, schrien die, deren Töchter und Schwestern geraubt worden waren. Aber die Römer schlugen ihnen kaltblütig die Stadttore vor der Nase zu.

Die Abziehenden schworen Rache.

Und die geraubten Mädchen?

Sie jammerten und weinten, riefen nach ihren Müttern, Vätern und Brüdern, rauften sich das Haar und zerkratzten sich selbst die Wangen, wehrten sich und fuhren wohl auch den Räubern mit den Nägeln ins Gesicht.

Als sich aber herausstellte, dass niemand versuchte, ihnen Gewalt anzutun, sondern die Römer sie mit Sanftmut und freundlichen Worten beschwichtigten, ließ ihr zorniger Widerstand langsam nach.

Und dann ging Romulus selbst in die einzelnen Häuser, um mit den Jungfrauen zu reden. »Fürchtet euch nicht!«, sagte er. »Wir wollen euch nicht wie Kriegsgefangene oder Sklavinnen halten oder gering achten. Im Gegenteil. Hier und heute verkünde ich, was von nun an in Rom Gesetz sein soll und uns von allen anderen Gemeinschaften unterscheidet: Alle Ehren einer Bürgerin sollen euch zuteil werden. In feierlicher Zeremonie werdet ihr Gattinnen der angesehensten Römer werden, eure Rechte als Hausfrauen und Mütter werden euch euren Ehemännern gleichstellen, ihr habt Anteil am Vermögen eures Mannes und gebietet im Haus. So will ich es, und so wollen es mit mir die Patres der Stadt! Dass wir zu dieser List greifen mussten, um euer habhaft zu werden, das ist nur dem Hochmut eurer Oberen geschuldet, die unsere Werber mit Hohn und Spott fortgeschickt haben. Also fügt euch in euer Schicksal und nehmt es an. Ihr werdet ein ehrenvolles und gutes Leben als Mütter und Gattinnen bei uns führen.«

Die klugen Reden des Königs besänftigten den Zorn der Geraubten, und die Zärtlichkeit der jungen Römer tat ein Übriges, den Kummer der Mädchen zu vertreiben. Kurzum, man arrangierte sich.

Ganz anders sah es bei den schwer beleidigten Angehörigen der Mädchen aus, die aus der Stadt vertrieben worden waren und nun an nichts anderes dachten, als ihren Racheschwur in die Tat umzusetzen.

Kampf um Rom

Der König der Sabiner, Titus Tatius, war ein besonnener Mann. Ihm war klar, dass das kriegerische Rom mit seiner Legion ein sehr ernst zu nehmender Gegner war – das hatten ihm auch die Kampfspiele in der Stadt gezeigt. Er rüstete sein Heer mit Sorgfalt auf. Die kleinen Stadtstaaten, die sich den Sabinern als Verbündete angeschlossen hatten (man hoffte, auf diese Weise die beängstigende Macht Roms zu »bändigen«), hatten nicht so viel Einsicht und Geduld. Statt auf die Sabiner zu warten und mit ihnen gemeinsam loszuschlagen, rückten sie einfach in römisches Gebiet vor, plünderten Vieh und Früchte und führten die Landbevölkerung als Sklaven davon, wie es im Krieg so Brauch war. In ihrem blinden Siegesrausch vergaßen sie alle Vorsicht.

Aber plötzlich sahen sie sich der geballten Heeresmacht des Romulus gegenüber!

Die Römer verjagten die Eindringlinge nicht nur, sondern verfolgten sie auch bis in ihre Gebiete. Im Zweikampf besiegte Romulus den Anführer der Gegner und nahm ihm seine Rüstung ab, die er als Trophäe nach Haus brachte und dem jubelnden Volk zeigte.

Danach griff die römische Legion nacheinander die Städte an und ihrer überlegenen Kampfkraft hielten die Mauern nicht lange stand. Alle wurden in Schutt und Asche gelegt.

Aus dem Abwehrkampf war ein glänzender Sieg geworden.

Romulus hatte übrigens nicht vor, die Besiegten zu versklaven. Er bot ihnen im Gegenteil an, Neubürger Roms zu werden, und viele folgten der Einladung, waren doch ihre entführten Töchter und Schwestern bereits heimisch in der ständig wachsenden Stadt.

Der wirklich harte Kampf stand Rom allerdings noch bevor. Romulus täuschte sich keinen Augenblick darüber, dass die Sabiner gefährliche Gegner waren, denn König Titus Tatius bereitete den Angriff ja offenbar mit Besonnenheit und Umsicht vor und ließ sich nicht zu unkluger Eile hinreißen wie die anderen Städte. Stattdessen rückte er nun mit großer Streitmacht gegen die Beleidiger vor.

Romulus erwartete den Feind diesmal in der Rolle des Verteidigers. Auf dem capitolinischen Berg, der Stadt vorgelagert, befand sich, wie wir wissen, eine Wehranlage, eine Burg, erbaut, um eventuelle Angreifer abzufangen, bevor sie die Stadtmauern erreichten. Diese Burg wurde zunächst von den Sabinern belagert.

Der Kommandeur der Burg hieß Spurius Tarpeius und war ein tapferer und entschlossener Mann. Er hatte aber eine Tochter, Tarpeia – hier sei angemerkt, dass die Römer ihren Töchtern keine eigenen Vornamen »gönnten«. Der Einfachheit halber benannten sie sie mit der weiblichen Form des Nachnamens.

Dies Mädchen verließ eines Tages die Burg, um von einer bestimmten geheiligten Quelle Wasser für ein Opfer zu holen. Die Sabinerkrieger griffen es auf und benahmen sich nett und zuvorkommend ihm gegenüber. Schließlich stellten sie ihm die entscheidende Frage: »Was müssten wir dir geben, wenn du uns heimlich das Burgtor öffnen würdest?«

Tarpeia lehnte das Ansinnen zunächst empört ab. Aber dann besann sie sich. Die reichen Sabiner trugen an den Armen goldene Reifen und edelsteinbesetzte Ringe an den Fingern. In Rom gab es keinen so schönen Schmuck. Die Römer waren auf Einfachheit, raue Sitten und Kampf gedrillt und man kleidete sich schlicht.

So sagte Tarpeia: »Wenn mir jeder von euch das gibt, was er am linken Arm trägt, dann lasse ich euch nachts ein.«

Das versprachen die Sabiner.

Also öffnete die Treulose wirklich nachts das Tor.

Die Sabiner stürmten in die Festung und meuchelten die im Schlaf überraschten Römer. Es war ein entsetzliches Blutvergießen. Am Morgen waren sie im Besitz der Burg und hatten damit eine starke Bastion direkt gegenüber Rom inne.

Nun trat Tarpeia an die Sieger heran und forderte den versprochenen Lohn ein.

»Du willst haben, was wir am linken Arm tragen? Gewiss, das sollst du haben!«, riefen die Sabiner. Und sie warfen ihre schweren Schilde, die sie links trugen, auf die Verräterin –

die ihnen zwar zum Sieg verholfen hatte, aber die sie ob ihrer Tat verachteten –, immer mehr und immer mehr, bis sie unter der Last zusammenbrach und erstickte.

Alarmiert rückte Romulus mit seiner Legion am nächsten Tag gegen den capitolinischen Hügel vor. Er hatte zum Feldherrn einen gewissen Hostius Hostilius ernannt, einer der tapfersten Männer der römischen Gemeinschaft. Die Sabiner führte Mettius Curtius an.

Eine Zeit lang beschränkte Curtius sich darauf, die Burg nur zu verteidigen. Dann befahl er einen Ausfall und die Sabiner stürmten so wuchtig von oben auf die Römer los, dass deren Reihen ins Wanken gerieten. Hostilius fiel, gefällt von einer sabinischen Lanze. Die Römer gerieten in Panik und waren schon im vollen Rückzug, da griff Romulus selbst in das Geschehen ein.

Mit beiden Händen streckte er seine Waffen gen Himmel und rief mit durchdringender Stimme: »Jupiter, höre mich! Du hast gewollt, dass diese Stadt gegründet wird, lass sie jetzt nicht untergehen! Hemme den Siegeszug der Feinde und ich will dir einen Tempel bauen, größer und schöner, als du jemals einen gesehen hast. Rette Rom, Vater der Götter!«

Und dann, als habe Jupiter bereits sein Gebet erhört, schrie er seine Krieger an: »Haltet stand, ihr Römer! Jupiter selbst befiehlt euch zu kämpfen!« Und damit trat er in die erste Reihe der Streitenden.

Nun wichen die Römer keinen Fußbreit mehr zurück.

Stundenlang berannten sich die Gegner und beide Seiten erwiesen sich ebenbürtig an Kraft, Mut und Ausdauer. Das Schlachtenglück schwankte; mal schienen die Sabiner im

Vorteil, mal die Römer, und unzählige Männer sanken blutend zu Boden, tot oder schwer verletzt. Es schien, als solle das Morden kein Ende nehmen.

Aber da öffneten sich plötzlich die Tore der Stadt.

Mit aufgelösten Haaren und zerrissenen Kleidern, die Arme weit ausgebreitet, stürzten die jungen sabinischen Frauen, die jetzt Ehegattinnen der Römer waren, zwischen die Schlachtreihen. Die Männer senkten verwirrt Schwert und Schild. Was geschah da? Wollten die Frauen mitkämpfen?

Weit gefehlt.

Eine von ihnen rief laut: »Hört auf damit, euch gegenseitig abzuschlachten! Wisst ihr überhaupt, was ihr tut? Unsere Väter und Brüder wollen unsere Ehemänner umbringen, die Väter unserer Kinder wenden sich gegen deren Großväter und Onkel! Wir wollen nicht als Witwen und Waisen weiterleben! Wenn ihr unbedingt vorhabt, jemanden niederzumetzeln, nun, so ermordet uns und gleichzeitig damit unsere ungeborenen Kinder!«

Die Waffen schwiegen. Tiefe Stille senkte sich auf das Schlachtfeld. Und in dieser Stille gingen, vom gleichen Geist beseelt, die Feldherren aufeinander zu und reichten sich die Hände.

Der Krieg war vorbei.

Romulus und Titus Tatius bekräftigten den Friedensbund mit heiligen Schwüren und beschlossen, Sabiner und Römer zu einem einzigen Volk zu vereinen, wie es ja durch die geraubten Frauen eigentlich bereits geschehen war.

Rom wurde zur Hauptstadt beider Länder gemacht und

den leeren Thron neben dem des Romulus, den Thron, der eigentlich zum Gedenken an Remus aufgestellt war, nahm nun der Sabinerkönig ein. Das Volk, das nun nach und nach zusammenwuchs aus Römern und Sabinern, sollte fortan den Ehrennamen »Quiriten« führen – nach Quirinus, einem alten italischen Kriegsgott. (Im Lauf der Zeit verlor die Bezeichnung jedoch das Erhabene und wurde die alltägliche Benennung für einen römischen Bürger.)

In einträchtiger Doppelherrschaft regierten die beiden Könige nebeneinander, aber es dauerte nicht lange, da kam Titus Tatius ums Leben.

Diesmal war es ein Unfall, ohne jeden Zweifel. Doch Romulus war wieder Alleinherrscher – nun über beide Völker.

Das Ende des Romulus

Auch wenn er am Tod des Mitregenten schuldlos war – dem tatkräftigen und zupackenden Mann kam der Unfall nicht ungelegen. Er war es gewohnt, schnell und eigenmächtig Entscheidungen zu treffen, und auch die Ratschläge der Patres, der künftigen Patrizier, holte er nur sehr selten ein. Er stellte diese Ältesten lieber vor vollendete Tatsachen, die sie nur noch abnicken mussten.

All dies gereichte aber den Quiriten und der Stadt Rom nicht zum Schaden. Das Gemeinwesen blühte und gedieh, und vor allen Dingen beim einfachen Volk und bei seinen Soldaten erfreute sich der Sohn des Mars großer Beliebtheit, denn seine Rechtsprechung war getragen von Vernunft und Weisheit, und was er zur Verschönerung Roms und zur Bequemlichkeit seiner Bewohner tat, trug ihm viel Bewunderung ein. Tempel und Standbilder schmückten Straßen und Plätze, öffentliche, tief gebohrte Brunnen bewahrten die Bürger davor, das im Sommer oft verseuchte Wasser des Tiber zu trinken. Große Foren (Marktplätze) sorgten nicht nur für Handel und Wandel, sondern auch für Geselligkeit, denn die Frauen trafen sich gern zum Plaudern und die Männer, um über das Staatswohl zu sprechen.

Allerdings waren die Patres dem Herrscher nicht durchweg wohlgesonnen. Sie murrten darüber, dass sie vom König mehr oder weniger kaltgestellt worden waren. Unter ihnen herrschte Unzufriedenheit.

Zweimal noch musste sich Rom gegen Angriffe von außen wehren. Romulus zog mit seiner Legion zu Felde und wehrte die Feinde mit überlegener Kampfkraft ab. Im Nachhinein schloss er mit den Unterlegenen Friedensbündnisse.

Siebenunddreißig Jahre regierte der erste König Roms und festigte den Ruhm und die Macht der Stadt.

Eines Tages dann hielt Romulus eine Heerschau auf dem Marsfeld ab. Er hatte sich einen Thronsessel aufstellen lassen und ließ seine Soldaten vor ihm vorbeidefilieren, als urplötzlich ein furchtbares Unwetter aufzog. Der Himmel verdunkelte sich, Blitze zuckten, der Donner rollte unaufhörlich. Vor dem peitschenden Regen duckten sich die Legionäre unter ihre Schilde.

Genauso schnell, wie das Gewitter aufgezogen war, entfernte es sich wieder. Als die Männer unter ihren Schilden hervorkrochen und sich in Reih und Glied aufstellten, sahen sie zu ihrem Erstaunen, dass der Thronsessel leer war.

Romulus war verschwunden.

Unruhe machte sich auf dem Marsfeld breit, die Parade wurde abgebrochen.

Die Bürger der Stadt gerieten in große Sorge um den Verbleib ihres Herrschers. Einige waren bereit anzunehmen, er sei zu den Göttern entrückt. Aber viele argwöhnten, jemand von den Patres habe das Unwetter benutzt, Romulus zu ermorden und beiseitezuschaffen. Es sah nach Unruhen aus.

Aber wenige Tage später betrat ein junger Mann namens Proculus Julius, ein Nachfahre des Julus, Sohn des Äneas, die Stadt. Er kam aus Alba Longa und bat darum, zum Volk sprechen zu dürfen, denn ihm war eine wundersame Vision zuteilgeworden.

Die Patres erteilten ihm die Erlaubnis und Proculus sprach vor den versammelten Römern diese Worte: »Ich war auf dem Weg von Alba Longa hierher, zu nächtlicher Stunde. Es schien der volle Mond. Plötzlich gab es eine Bewegung vor mir auf der Straße und ein helles Licht traf meine Augen.

Ich trat erschrocken zurück und sank dann ins Knie, denn vor mir stand in seiner ganzen Kraft und Schönheit unser König Romulus, umflossen von seiner purpurgesäumten Toga, und sprach zu mir. Er sagte: ›Halte die Quiriten, die Bürger Roms, davon ab, um mich zu trauern. Sie sollen meinen göttlichen Stand nicht durch Tränen entweihen, sondern ihm huldigen. Man soll mir Opfer darbringen und mich fortan mit dem Namen Quirinus anrufen, denn diesen Namen darf ich nun mit einem anderen Gott teilen. Und mein Vater Mars befiehlt euch: Setzt eure Kunst, Kriege zu führen und damit Frieden zu stiften, fort, so wird er diese

Stadt segnen. Tapferkeit und Mäßigung seien eure Tugenden und Rom wird blühen.‹

Dann verschwand die Erscheinung und ich setzte meinen Weg hierher fort.«

Da fiel das Volk auf die Knie und dankte den Göttern und gelobte dem König einen Tempel.

Nicht nur den Tempel, auch ein Fest weihte man dem Quirinus, und ihm zu Ehren wurde der Hügel nahe der Stadt, auf dessen nordwestlicher Seite sein Gotteshaus stand, der Quirinal genannt. (Bald sollte er eingemeindet werden, denn Rom wuchs.)

Mit harter Hand und mit Gewalttaten, mit Skrupellosigkeit, aber wenn es nötig war, auch mit diplomatischem Geschick und List hatte es Romulus verstanden, seiner Stadt einen Platz in Italien zu erobern. Noch immer sahen die latinischen Ureinwohner mit mehr Furcht als Achtung auf das raubeinige Völkchen, das da in so kurzer Zeit emporgewachsen war.

Wie es nach dem Tod der allmächtigen Gestalt des Mars-Abkömmlings weitergehen sollte – das war nicht nur für die Römer selbst von Wichtigkeit.

DIE ZEIT DER KÖNIGE

Numa Pompilius, der fromme Weise

Nach dem rätselumwobenen Tod – oder dem nicht weniger rätselhaften Verschwinden – des Romulus erhob sich ein Streit zwischen den latinischen und sabinischen Bürgern der Stadt: Aus welchem Volksstamm sollte ein neuer Herrscher kommen? Seit Titus Tatius tot war, hatte es ja neben Romulus keinen Vertreter der Sabiner gegeben.

Romulus hatte sich noch selbst zum König ernannt. Aber er hatte keinen Sohn, auf den die Königswürde hätte übergehen können. Die selbstbewussten Bürger Roms wollten sich ihren Herrscher *wählen* – und zwar durch eine Volksversammlung, in der jeder freie Römer, gleich ob arm oder reich, die gleiche Stimme hatte. Die Patres aber (inzwischen wurden sie Patrizier genannt) nutzten ihre Stellung. Sie behielten sich das Recht vor, dass ein vom Volk erwählter König nur mit ihrer Bestätigung regieren dürfe.

Damals lebte in der Stadt Cures im Sabinerland ein Fürst namens Numa Pompilius. Er war weithin im Land bekannt wegen seiner Gottesfurcht, seines tugendhaften Lebenswandels und seiner Weisheit. Als die Sabiner diesen untadeligen Mann als neuen König von Rom vorschlugen, wagten die Patrizier nicht dagegenzustimmen, obwohl sie lieber einen latinischen Mann auf dem Thron gesehen hätten.

Numa Pompilius kam nur widerwillig nach Rom. Noch immer hatte die Stadt einen schlechten Ruf: Der Raub der Sabinerinnen war nicht vergessen und bei den meisten der umgebenden Stämme galten die Bewohner dieser Stadt einzig als wilde Krieger und Raufbolde – was nicht allzu weit von der Realität entfernt war.

Der Mann aus Cures war sich der Verantwortung wohl bewusst, die eine solche Berufung mit sich brachte. Schließlich wollte eine ganze Stadt ihn zum Oberhaupt haben! Er sagte: »Ohne ausdrückliche Zustimmung der Götter werde ich dies schwere Amt nicht übernehmen. So wie es einst Romulus getan hat, will ich den Willen der Unsterblichen durch ein Orakel erkunden, und wie er werde ich den Vogelflug befragen.«

Ein Opferpriester begab sich mit Numa Pompilius in die Burg – mittlerweile war die Burg, das Capitol, von einem Vorwerk zum Zentrum der schnell wachsenden Stadt geworden – und gemeinsam riefen sie in feierlicher Zeremonie Jupiter an.

Der Priester legte seine Hand auf das Haupt des anderen und sprach: »Vater der Götter, wenn es dein Wille ist, dass dieser Mann, dessen Scheitel ich jetzt berühre, König von Rom wird, so gib uns ein Zeichen!«

Und wirklich verdunkelte sich alsbald der Horizont und es zeigten sich die Glück verheißenden Vögel in dichten Scharen. Numa Pompilius war klar: Die Götter hatten gesprochen. Er musste das schwere Amt annehmen.

Demütig senkte er den Kopf und trat aus dem Tempel. Der Priester wies mit großer Geste auf ihn: Hier, euer neuer König!

Numa Pompilius ließ sich in das königliche Purpurgewand kleiden und um seinen Kopf schlang man unter dem Jubel des Volkes das Diadem, die traditionelle weiße Stirnbinde der Herrscher. Der Mann aus Cures wurde König der Stadt Rom.

Es erwies sich, dass die Römer eine gute Wahl getroffen hatten. Numa Pompilius wurde so etwas wie der zweite Gründer Roms. Gewalt und Waffenkunst hatten die Stadt erschaffen. Der neue Herrscher trachtete vor allem danach, dem ungesitteten Völkchen Recht und Gesetze zu geben, denn bisher hatte die Rechtsprechung allein in der Hand des Königs gelegen und das Urteil war von seiner Willkür abhängig gewesen, und oft wurden Streitereien unter den raubeinigen Bürgern mit der Faust ausgetragen.

Numa Pompilius unterwies seine Römer in guten Sitten. Er war der Meinung, dass die religiösen Bräuche genauer Regeln bedurften und nicht in die Hand von Einzelnen gehörten, die vielleicht damit Missbrauch trieben und die Götter um Dinge baten, die ihnen privat nutzten, aber dem Gemeinwesen schadeten. Deswegen stärkte er die Rolle der Priester, die nun alle Gottesdienste zu leiten hatten. An ihrer Spitze stand der Pontifex Maximus, der Oberpriester. Auch die Deuter des Vogelflugs, die Auguren, wurden zu einem Priesterkollegium zusammengeschlossen.

Vor allem aber war ihm eines wichtig: Es musste Frieden herrschen.

Und das war eine seiner ersten Amtshandlungen: Er ließ in Rom einen prächtigen Tempel für Janus erbauen.

Janus, der Doppelgesichtige, Gott allen Anfangs und allen Endes, war eine der ältesten latinischen Gottheiten.

Schon König Latinus hatte ihm in seiner Stadt Laurentum gehuldigt. Wenn die Tore seiner Weihestätte verschlossen und verriegelt waren, bedeutete das: Es ist Frieden im Land. Einst, in Laurentum, hatte die zornige Juno eigenhändig die Riegel vom Tempeltor gerissen, um den Krieg zwischen Troern und Latinern zu entfachen.

Nun verhielten sich die Olympischen jedoch wohlwollend und abwartend, die Tore blieben verschlossen. Numa Pompilius konnte handeln, konnte seinen Römern gute Sitten beibringen.

Es gelang ihm, mit den Stämmen im Umland Verträge und Nichtangriffspakte zu schließen. Wenn es Konflikte gab, verstand er es, sie klug zu erörtern und geschickt mit Worten aus der Welt zu schaffen.

Der Janustempel blieb dreiundvierzig Jahre lang geschlossen. So lange, wie die Herrschaft dieses Friedensfürsten dauerte.

Mit Verwunderung bemerkten die Römer, dass ihr König oft in die schattigen Haine und Wälder der Umgebung ging. Er war nicht unterwegs um zu jagen, sondern um nachzudenken und zu philosophieren. So sagte er jedenfalls selbst.

Aber bald verbreitete sich ein Gerücht in Rom: Hinter vorgehaltener Hand raunte man, dass sich Numa Pompilius dort mit einer wunderschönen Unsterblichen traf, mit der Quellnymphe Egeria.

Und das war tatsächlich nicht nur ein Gerücht: Numa genoss die Umarmungen der Nymphe, aber darüber hinaus gab sie ihm Ratschläge und lehrte ihn Weisheit und gottesfürchtiges Handeln.

Sie brachte ihm bei, das Jahr nach dem Lauf des Mondes in zwölf Monate einzuteilen und den Tag nach dem Stand der Sonne in Stunden zu gliedern, und all das vermittelte er dann dem römischen Volk, das dankbar und voller Staunen das Neue aufnahm und seinen Weisungen folgte.

Egeria wusste, dass die ungehobelten Römer ihre Schwierigkeit damit haben würden, moralische Werte um ihrer selbst willen anzuerkennen und ihre Normen zu befolgen. Bisher war für die Bürger mehr oder weniger das gut gewesen, was ihnen nützte. Sie riet ihrem Geliebten deshalb, aus diesen Werten lebende Wesen, also göttliche Gestalten, zu machen, und Numa folgte ihren Ratschlägen.

So war ihm zum Beispiel klar: Ohne Treue konnte es kein vertrauensvolles Zusammenleben der Menschen geben. Darum machte er aus der Treue, lateinisch »fides«, eine Göttin des gleichen Namens. Er weihte der Fides einen Tempel und feierte ihr zu Ehren jedes Jahr ein Fest.

Auch der Grenzstein erhielt einen Gott, Terminus. Damit brachte der König zum Ausdruck, dass fremdes Eigentum unverletzlich sein musste und es zu keinen räuberischen Übergriffen unter Nachbarn kommen durfte. An einem besonderen Fest, den Terminalien, trafen sich die Familien mit ihren Nachbarn am gemeinsamen Grenzstein, um ihn zu bekränzen und ihm Wein und Früchte zu opfern. So begriffen die Römer, dass es ein Verbrechen war, Grenzsteine heimlich zu versetzen, denn jeder dieser Flurmarken war nun zu einem Altar geworden.

Egeria hatte Numa Pompilius auch darauf hingewiesen, dass feste Rituale für die Menschen wichtig waren – sie stärkten das Gemeinschaftsgefühl und gaben ihnen die Sicherheit, im Umgang mit den Unsterblichen alles richtig zu machen. Deshalb richtete der König viele Feiern ein, an denen jeweils einem bestimmten Gott gehuldigt wurde.

Wenn jemand mit den Gottheiten sprechen wollte oder die Zukunft aus dem Vogelflug oder den Eingeweiden der Tiere erfahren, hatte er sich nun an die dafür zuständigen priesterlichen »Beamten« zu wenden.

Die Römer nahmen all diese Neuerungen bereitwillig an, denn sie wussten ja, dass ihr König von einer Unsterblichen inspiriert wurde, und deshalb schien er ihnen unfehlbar.

Außerdem tat der umsichtige Herrscher alles, seinen Untertanen das Gefühl zu vermitteln, dass sie in ihrer Stadt mitzubestimmen hatten. Für den Senat, die Gemeinschaft der Patres, ließ er in der Nähe eines großen Versammlungsplatzes, des Forums, ein prachtvolles Gebäude erbauen: die Curia. In der Curia befand sich auch die Verwaltung der Stadt, die immer mehr zu einem großen, fast unübersichtlichen Gebilde anwuchs. Es gab Beamte, die für Ordnung zu sorgen hatten, andere, die Steuern eintrieben, und natürlich so etwas wie eine Kanzlei, die Akten verwaltete und wo man Klagen vortragen konnte.

Die Wahl der Beamten war übrigens der Volksversammlung vorbehalten – auch wenn niemand aus den Reihen der Plebejer so ein Amt erlangen konnte. Es fiel allein den Patriziern zu, die in diesem Fall keinerlei Entgelt erhielten, sondern nur aus Gründen der Verantwortung und des Ansehens wegen arbeiteten.

So fügte sich alles zum Besten in Rom, der Stadt, die dabei war, ein richtiges Staatswesen zu werden.

Durch den Umgang mit der Nymphe Egeria war der König übrigens auch in der Lage, sich gleichsam auf Augenhöhe mit den Unsterblichen zu unterhalten. Er verstand es, dabei Ehrfurcht und List geschickt zu mischen.

Davon zeugt folgende Geschichte über Numa Pompilius:

Der König, stets eifrig dabei, für die Menschen das Beste zu bewirken, versuchte eines Tages – ob mit Egerias Hilfe oder nicht, weiß keiner –, ein Zaubermittel gegen Blitzeinschlag von den Göttern zu erhalten. Deswegen musste er mit Jupiter persönlich, dem »Inhaber« von Blitz und Donner, verhandeln. Er griff zu einer List und fing einen der Waldgötter mit Namen Picus mittels einer Mischung von Wein und Honig, die er für ihn in das Wasser einer Quelle mischte. Der Gott war sehr naschhaft – und ziemlich bald betrunken. Numa Pompilius fesselte ihn und schwor, ihn nicht eher loszulassen, bis er Jupiter zu einem Gespräch mit ihm herbeizitiert hatte.

Tatsächlich! Der oberste Gott ließ sich auf einen Dialog mit dem Sterblichen ein. Allerdings – sehr gnädig war er nicht über diese Nötigung. Verärgert erklärte er: »So ein Zaubermittel verlangt einen Kopf!«

»Einen Kohlkopf?«, fragte Numa Pompilius unschuldig.

»Von Menschen!«, donnerte Jupiter.

»Von Menschenhaar?«, hakte der König nach und verdrehte Jupiter geschickt das Wort im Munde.

»Nein, von lebenden …«

» … Fischen vielleicht?«

Jetzt konnte der Oberste der Götter sein Lachen nicht zurückhalten. Die Winkelzüge des Königs, an etwas zu gelangen, ohne auch nur das Leben eines einzigen seiner Untertanen zu riskieren, amüsierten ihn und forderten ihm Hochachtung ab.

»Nimm dies Zaubermittel, es sei dir umsonst gegeben!«, sagte der große Himmelskönig und verschwand.

Es heißt, noch jahrhundertelang sei dies Mittel gegen Blitzschlag in Gebrauch gewesen. Aber woraus es bestand und wie es aussah, ist nicht überliefert.

Tullus Hostilius

Keine Ruhe

Was mag die Römer wohl bewogen haben, nach dem klugen und friedvollen Fürsten einen unbeherrschten und machtgierigen König auf den Thron zu heben? Waren sie des langen Friedens überdrüssig oder gab den Ausschlag, dass jener ein Enkel des heldenhaften Hostius Hostilius war, der seinerzeit die Burg, das Capitol, gegen die anstürmenden Sabiner verteidigt und dabei den Tod gefunden hatte?

Jedenfalls war diese Einsetzung ein Zeichen, dass die Zeiten sich ändern würden. Und: Nach dem sabinischen König war nun wieder ein Mann troisch-latinischer Herkunft Herrscher in Rom – und zudem einer, dessen Vorfahr gegen die Sabiner gekämpft hatte!

Gleich zu Beginn verkündete er den Patres seine Regierungsmaxime: »Träge Ruhe tut einem Volk niemals gut, sie führt zu Kraftlosigkeit und Verweichlichung. In Kampf und Krieg bewährt sich ein Staat!«

Freilich war ringsum alles ruhig. Die Nachbarstämme respektierten Rom inzwischen als eine in sich gefestigte und von außen zu fürchtende Macht; selbst die Etrusker im Norden, die mit Argwohn auf die Abkömmlinge der Troer schauten, wagten keinen Angriff.

So ermunterte der neue König die römischen Bauern und Siedler, die Grenzen zu verletzen und im Gebiet von Alba Longa zu plündern und zu rauben. Es konnte nicht ausbleiben, dass die Bewohner der Region, die Albaner, zurückschlugen, und darauf hatte Tullus Hostilius nur gewartet.

Sofort schickte er Gesandte nach Alba Longa und schärfte ihnen ein: »Verlangt vom dortigen Herrscher Genugtuung für die Übergriffe der Albaner auf römisches Eigentum und beeilt euch, euren Auftrag durchzuführen! Lasst euch von nichts aufhalten, sondern verlangt, unverzüglich vorgelassen zu werden!«

Das sagte er nicht ohne Grund, denn natürlich sah er kommen, dass seine Leute in Alba Longa auf Granit beißen und sich eine Abfuhr holen würden. Dann war der Anlass zum Krieg endlich gegeben! Zu verhindern war nur, dass die Albaner, die gewiss ebenfalls eine Gesandtschaft nach Rom schicken würden, als Erste ihre Forderung nach Genugtuung vorbringen konnten.

Sein Plan sollte aufgehen. König Gaius Cluilius von Alba Longa wies mit aller Schärfe die Forderung nach einer Entschuldigung zurück. »Nicht die Albaner haben diesen Zwist begonnen!«, sagte er. »Die römischen Bauern sind als Erste in unser Gebiet eingedrungen. Unsere Siedler haben nur Gleiches mit Gleichem vergolten und sich zurückgeholt, was man ihnen gestohlen hat!«

Mit diesem abschlägigen Bescheid machten sich die Gesandten aus Rom schnell wieder auf den Heimweg.

Wie erwartet waren inzwischen die Boten aus Alba Longa bei Tullus Hostilius eingetroffen. Der König hielt sie mit List hin und hinderte sie daran, ihr Anliegen vorzutragen, bis seine eigenen Leute mit der Zurückweisung des Gaius Cluilius ankamen. Da erst hörte er die Männer aus Alba Longa an, die in eher bittendem Ton hersagten, was ihnen aufgetragen war. Dann tat er, als gerate er in Zorn, und fuhr die Albaner an: »Eben erfahre ich, dass euer König unsere Forderung nach Genugtuung schroff zurückgewiesen hat – und ihr verlangt zu allem Überdruss auch noch, dass wir euch Genugtuung leisten für etwas, was wir gar nicht getan haben? So eine Beleidigung können nur die Waffen sühnen! Geht zu Gaius Cluilius und richtet ihm aus: Von heute ab in dreißig Tagen ist Krieg zwischen uns! Und ich bitte die Götter, dass alles Elend, das daraus erwächst, über jenes Volk komme, dass zuerst die Unterhändler abgewiesen hat! Wir Römer sind unschuldig.«

Nachdem Tullus Hostilius auf so abgefeimte Weise die Schuld am Krieg auf die andere Partei geschoben hatte, begann er mit den Vorbereitungen zum Kampf.

Gaius Cluilius musste wohl oder übel ebenfalls aufrüsten, und obwohl sein Alter es ihm eigentlich verbot, ins Feld zu ziehen, setzte er sich an die Spitze seiner Truppen. Der bevorstehende Kampf bedrückte sein Herz, denn war es nicht fast ein Bruderkrieg, den sie da führen würden?

Die Wurzeln Roms lagen in Alba Longa, beide Städte waren Gründungen der Männer aus troischem Stamm. Waren Römer und Albaner nicht vom gleichen Blut?

Trotz dieser Überlegungen bemühte sich Gaius Cluilius, möglicht schnell ins Feld zu ziehen; er wusste, noch vor einem Menschenalter war Rom wenig mehr als ein bis an die Zähne bewaffnetes Fort gewesen. Dieser Gegner war nicht zu unterschätzen. Getreu dem Motto: Angriff ist die beste Verteidigung, rückte er als Erster ins Feindesgebiet vor und schlug nur eine Meile von der Stadt entfernt sein Kriegslager auf, sehr zur Überraschung der Römer, die nicht erwartet hatten, dass sich die Leute aus Alba Longa so beeilen würden.

Aber dann setzte für die Albaner das Missgeschick ein. Der alte König Gaius Cluilius, den Anstrengungen des Feldzugs nicht gewachsen, starb bereits am ersten Abend der geplanten Belagerung.

Die Albaner ernannten nun den Mettius Fufetius zum Oberkommandierenden, einen wendigen Mann, der sowohl für sein militärisches Können als auch für seine Beredsamkeit bekannt war.

Als Tullus Hostilius vom Tod des gegnerischen Königs erfuhr, nutzte er diese Gelegenheit zu einer flammenden Rede an seine Legionen. »Den Fluch der Götter habe ich herabbeschworen auf das Haupt dessen, der diesen Krieg vom Zaune gebrochen hat, und siehe da, schon hat er Gaius Cluilius ereilt! Das ist ein sicheres Zeichen, dass der Sieg unser sein wird!«, rief er aus.

Die so motivierten Römer folgten ihrem König und Feldherrn. Tullus hatte sich eine ganz besondere Strategie ausgedacht. Er ließ seine Truppen zwar zuerst auf das albanische Feldlager losmarschieren – aber dann schwenkte er ab und fiel in Eilmärschen in das Gebiet von Alba Longa ein. Mettius Fufetius blieb nichts anderes übrig, als die Belagerung abzubrechen und dem Heer der Römer zu folgen. So bestimmten die Römer die Wahl des Schlachtfeldes und wandten gleichzeitig die Gefahr von der Stadt ab.

Bald standen sich die beiden Armeen in Schlachtordnung gegenüber.

Der Römer hatte bereits die Adler, die Feldzeichen der Legionen, aufgepflanzt – das Zeichen zum Kampf –, als sich aus den Reihen der Albaner zwei Männer lösten, die mit ausgebreiteten Armen zum Zeichen ihrer Waffenlosigkeit auf Tullus Hostilius zukamen. »Haltet ein!«, riefen sie. »Unser Feldherr wünscht mit dem gegnerischen König zu sprechen. Er möchte einen Vorschlag machen, der sowohl Römern als auch Albanern willkommen sein wird!«

Ungeduldig entgegnete Tullus Hostilius: »Mich kümmern die Vorschläge von Mettius nicht und es gibt nichts, worüber wir verhandeln sollten. Lasst endlich die Waffen sprechen!«

Aber die Boten bestanden hartnäckig auf dem Treffen.

Schließlich fand sich der römische König, wenn auch unwillig, bereit, sich mit dem Oberkommandierenden der anderen Seite zwischen den beiden Heeren zu treffen.

Mettius begann mit lauter Stimme: »Höre mich an, König, und ihr Krieger, hört mir zu. Was wir im Begriff sind zu tun, das ist nicht nur frevelhaft, nein, es ist auch töricht!«

Tullus fuhr mit der Hand ans Schwert, aber der andere fuhr unerschrocken fort: »Wir wollen einen Bruderkrieg beginnen – und weswegen? Wegen ein paar Beleidigungen und Grenzverletzungen, von denen wir alle wissen, dass sie in der Absicht herbeigeführt wurden, die Kampfesgier einiger weniger – wenn nicht gar eines Einzelnen – zu befriedigen. Aber was geschieht, wenn wir einander zerfleischen, wenn wir uns gegenseitig zerstören? Im Norden lauert der gemeinsame Feind, die Etrusker, und sobald er merkt, dass unsere Kampfkraft geschwächt ist, wird er über uns herfallen!«

Die Krieger horchten auf und zustimmendes Gemurmel lief durch die Reihen. Auch Tullus Hostilius wurde nachdenklich. »Was also hast du im Sinn?«, fragte er einlenkend.

»Lasst uns einen Ausweg finden, auf dass wir, ohne ein großes Blutbad anzurichten, festlegen, wer die Oberherrschaft über unsere Ländereien haben soll, Alba Longa oder Rom! Ich schlage vor, dass Einzelkämpfer gegeneinander antreten, drei von jeder Seite!«

Da die Männer begeistert mit ihren Schwertern auf die Schilde schlugen, zum Zeichen der Zustimmung, konnte der kriegssüchtige Tullus nicht Nein sagen.

Horatier und Curiatier

Es traf sich, dass in jedem der beiden Heere drei Brüder dienten, die an Kraft, Heldenmut und Ausdauer gleich waren. Nach ihrem Vater Horatius wurden die römischen Brüder die Horatier genannt. Die drei jungen Männer aus Alba Longa hießen nach Curiatus, ihrem Vater, die Curiatier. Die Familien waren einander in Friedenszeiten freundschaftlich verbunden, ja, die Schwester der römischen Brüder war sogar mit einem der Curiatier verlobt. Dessen ungeachtet waren die sechs Jünglinge ohne Zögern bereit, für ihre Vaterstadt gegeneinander anzutreten, ohne Rücksicht auf Gefühle oder Familienbande. Stolz traten sie in Rüstung und Waffen auf den Plan, den Kampf auszufechten.

Mit einem feierlichen Opfer gelobten beide Parteien: Wer aus diesem Kampf als Sieger hervorgehen würde, dessen Volk sollte in Zukunft die Oberherrschaft haben.

Voll gespannter Erwartung standen die Heere sich gegenüber und feuerten ihre jeweiligen Streiter mit wildem Zuruf an.

Ein Herold gab mit gesenkter Lanze das Zeichen, und dann stürmten die drei Kämpferpaare aufeinander los.

Es wurde still, totenstill auf dem Kampffeld. Nur das Klirren der Schwerter war zu vernehmen. Die sechs jungen Männer drangen mit aller Kampfeswut aufeinander ein; sie waren nicht bereit, sich oder den Gegner zu schonen. Schon floss das erste Blut: Ein Curiatier war verwundet! Der zweite, der dritte! Bei den Römern brach Jubel aus. Verfrühter Jubel, wie sich zeigen sollte. Denn trotz ihrer Wunden kämpften die Albaner heldenhaft weiter, es schien, als hätten die Verletzungen ihre Raserei noch gesteigert.

Der erste Römer taumelte. Ein furchtbarer Schlag hatte ihm Helm und Haupt gespalten, er sank tot zu Boden. Wenig später fiel auch der Zweite und die Albaner warfen jubelnd die Arme in die Höhe, denn jetzt stand nur noch ein einziger Horatier den drei Curiatiern gegenüber.

Atemlos vor Entsetzen standen die Römer und aller Augen hingen an ihrem letzten Kämpfer. Was würde er tun?

Aber Publius Horatius, der Überlebende, behielt einen kühlen Kopf. Er konnte nicht gegen alle drei zugleich kämpfen, aber er war unverwundet und seine drei Gegner bluteten stark. Mit jedem Einzelnen würde er wohl fertig werden, so hoffte er. Also – wandte er sich zur Flucht! Die drei würden ihm folgen, damit rechnete er. Aber ihre Verletzungen waren unterschiedlich stark. Sie würden ihn nicht alle drei gleichzeitig erreichen.

Nach einer Weile blickte er hinter sich und sah, dass er richtig vermutet hatte. Die drei Curiatier folgten ihm in größeren Abständen.

Publius Horatius stoppte, wandte sich um und rannte mit voller Wucht gegen den ersten Albaner an. Nach kurzem heftigem Gefecht fiel der Curiatier.

Der zweite Bruder kam näher und Publius stürzte sich auf ihn und machte ihn ebenfalls nieder.

Nun war nur noch ein Kämpfer übrig – ein schwer verwundeter Mann, der sich mit letzter Kraft heranschleppte, bereit, sich für die Vaterstadt zu opfern. Er wusste, dass er sterben würde.

Publius Horatius, weiterhin unverwundet und berauscht von dem doppelten Sieg, schrie triumphierend: »An zwei Gegnern habe ich Rache genommen für meine Brüder! Diesen Mann weihe ich der Stadt Rom, die auf immer und ewig die Vorherrschaft über Alba erhalten soll!« Und mit einem wuchtigen Schwertstreich streckte er ihn nieder – es war der Mann, mit dem seine Schwester verlobt war.

Das Blutvergießen hatte ein Ende.

Brausender Jubel bei den Römern, tiefe Niedergeschlagenheit bei den Albanern. Mettius Fufetius trat mit gesenktem Kopf vor den Gegner. »Die Götter waren mit Rom«, sagte er. »Wir erwarten eure Befehle.«

Tullus Hostilius war klug genug, den Besiegten nicht zu demütigen. »Halte dein Heer weiter unter Waffen«, sagte er. »Wir werden euch brauchen, wenn es demnächst gegen die Etrusker geht. Und nun lasst uns die heldenhaften Toten beerdigen.«

Publius Horatius hatte sich inzwischen, wie es sein Recht als Sieger war, der Rüstungen und Kriegsmäntel seiner toten Gegner bemächtigt und mit dieser Beute zog er an der Spitze der römischen Truppen im Triumph nach Haus.

Mit Lorbeerzweigen in den Händen empfingen ihn die Bürger Roms – er war der Held, der ihnen den Sieg über die Albaner errungen hatte! Man pries ihn als den Retter des Vaterlandes.

Unter den Männern und Frauen, die ihn am Tor erwarteten, war auch seine Schwester Horatia. Und das Mädchen sah: Ihr Bruder schleppte den Mantel ihres Verlobten, den er erschlagen hatte, als Siegesbeute herbei! Der Mantel, den sie eigenhändig gewebt, genäht und verziert hatte. Blutbesudelt hing er neben der Rüstung des Curiatiers und schleifte im Staub. Horatia konnte sich nicht beherrschen. Sie brach in gellendes Wehgeschrei aus. »Mein geliebter Curiatius, mein Ein und Alles, mein Bräutigam!«, jammerte sie und raufte sich die Haare und die Tränen stürzten ihr über die Wangen.

Publius Horatius, im Siegestaumel und außer sich vor patriotischem Stolz, sah das verzweifelte Mädchen und der Zorn fuhr ihm ins Herz wie eine wilde Viper.

»Wagst du, um unseren Feind zu klagen, und hast doch selbst zwei Brüder verloren?«, schrie er. »Gilt dir deine Vaterstadt so wenig?« Er zog sein Schwert, und ehe die Menge es sich versah, stieß er ihr die Klinge ins Herz. »So soll es jeder Römerin ergehen, die um einen Feind weint!«, rief er.

Stille war plötzlich um ihn. Der Jubel verebbte jäh. Der Bruder hatte seine Schwester ermordet.

Gesetz und Recht

Ein entsetzliches Verbrechen war geschehen und das schrie nach Sühne.

Publius Horatius wurde vor das Gericht des Königs geführt. Aber Tullus Hostilius wusste, dass das Volk den »Retter des Vaterlandes« liebte und verehrte, ganz gleich, was er getan hatte. Er wollte sich nicht das Wohlwollen der Römer verscherzen und beschloss, in dieser Angelegenheit auf sein Recht als oberster Richter zu verzichten. Stattdessen übergab er seine Vollmachten einem sogenannten Zweimännerrat, zwei ausgewählten Patriziern von hohem Ansehen.

Der Prozess fand in der Öffentlichkeit statt und er verlief, wie es kommen musste. Horatius leugnete die Tat nicht – sie war ja auch vor aller Augen geschehen – und sie musste gesühnt werden. Schließlich sprach einer der beiden Richter: »Publius Horatius, ich verurteile dich wegen Totschlags zum Tode am Galgen. Zuvor aber sollst du mit verhülltem Haupt an einen Pfahl gebunden und ausgepeitscht werden. Liktoren, tretet vor und bindet den Mann.«

Ein Aufschrei der Empörung erhob sich bei den Zuschauern. Horatius war ihr Held, er hatte für sie den Sieg errungen! Und nun sollte er auf schändliche Weise hingerichtet werden!

Publius Horatius erkannte seine Chance. Das Volk war für ihn, und nach den römischen Gesetzen, die Numa Pompilius erlassen hatte, besaß er das Recht, Berufung bei der Volksversammlung einzulegen – was bedeutete, dass der Prozess noch einmal aufgerollt werden musste. Und das geschah denn auch.

Er wusste außerdem: Er hatte einen starken und ans Herz rührenden Fürsprecher in seinem Vater, der ein von allen geachteter, wortgewaltiger Mann war. Der trat vor das Volk hin und erhob dramatisch die Hände: »Ihr Bürger, ihr Quiriten!«, rief er. »Ich erkläre feierlich: Meine Tochter hat den Tod verdient, denn sie hat nicht wie eine Römerin gehandelt. Wäre ich anderer Meinung, ich würde kraft meiner väterlichen Gewalt, die über Leben und Tod der Kinder entscheiden kann, meinen Sohn eigenhändig hinrichten, das schwöre ich bei den Göttern! Aber ich billige das, was Publius getan hat, obwohl er mich um ein Kind beraubte.«

Ein Raunen der Bewunderung ging durch die Menge. Publius' Vater fuhr fort: »Noch gestern war ich ein glücklicher Mann, gesegnet mit vier herrlichen Kindern. Nun habe ich zwei Söhne und eine Tochter dahingeben müssen. Wollt ihr mir jetzt den letzten auch noch rauben, die Stütze meines Alters – ihn, der unserer Stadt zum Triumph verholfen hat? Soll euer Held schmählich am Galgen enden? Vor einem solchen Anblick würden sich sogar die Albaner schaudernd abwenden!«

Mit großer Geste zeigte Horatius auf seinen Sohn, der mit unbewegter Miene das Urteil des Volkes erwartete.

»Seht diesen jungen Helden, seht ihn an! Wenn ihr ihn denn wirklich in Tod und Schande bringen wollt, so schlage ich vor, lasst ihn auspeitschen unter den drei Rüstungen unserer Feinde, die er durch seine Kühnheit erbeutet hat, und baut den Galgen auf an der Stelle vor den Toren, wo er den Letzten seiner Gegner erschlagen hat!«

Die Beredsamkeit des alten Mannes verfehlte ihre Wirkung auf die Gemüter nicht, zumal das Volk ohnehin hinter dem jungen Mann stand. Erst zögernd, dann immer drängender forderte die Menge: »Freispruch! Freispruch für Publius Horatius!«

Die beiden Richter waren in der Klemme. Dem Recht musste Genüge getan werden, aber gegen das Volk konnte man schwer ankommen.

Sie fanden jedoch einen Ausweg. Man vollzog die Strafe sinnbildlich. Der Täter musste mit verhülltem Haupt unter einem Querbalken hindurchschreiten, als sei das der Galgen. Mit dieser Verurteilung machte man deutlich, dass auch ein großer Held und Patriot dem Gesetz untersteht.

Alba und Rom

In Alba Longa mehrte sich unterdessen die Unzufriedenheit am Ausgang der Auseinandersetzung mit Rom. Der Unmut galt vor allem Mettius Fufetius, dessen Vorschlag zum Einzelkampf man die Schuld an der Niederlage der Albaner gab.

»Wie kann jemand so töricht sein und das Schicksal eines ganzen Volkes von den Schwertern dreier Männer abhängig machen? Nun sind wir die Sklaven der stolzen Römer!«, murrten die Bürger.

Mettius sah sich gescheitert – aber der ehrgeizige Feldherr war nicht bereit, seine Vorherrschaft wieder abzugeben. So wandelte er seinen Sinn und wurde vom Vertreter des Friedens nun zu einem heimlichen Verfechter des Krieges – des Krieges gegen die Römer, denen er eigentlich durch feierliches Bündnis verpflichtet war.

Öffentlich bekannte er sich weiter zur Bündnistreue, aber heimlich begann er mit den Etruskern zu verhandeln. Er versprach ihnen: Falls es zu einer Schlacht käme, würden die Albaner, die ja an der Seite der Römer antreten müssten, die Waffen gegen die Verbündeten kehren und den Etruskern zu Hilfe eilen.

Unter diesen Voraussetzungen machten sich die Etrusker große Hoffnungen, die Römer endlich zu besiegen. Für sie waren diese immer noch die Eindringlinge im Land, die Fremden. Nun sahen sie ihre Chance. Sie fielen in römisches Gebiet ein und sofort forderte König Tullus Hostilius die Krieger von Alba Longa als Bundesgenossen an.

Gemeinsam zogen Römer und Albaner in die Schlacht und erwarteten den Feind. Den Männern des Mettius hatte König Tullus Hostilius einen Platz an der Flanke zugewiesen.

Als die Etrusker bereits auf Speerwurfnähe herangerückt waren, kam ein Meldereiter herangejagt und überbrachte dem römischen Feldherrn die Schreckensbotschaft: »Die Kämpfer aus Alba Longa verlassen uns, sie rücken ab!«

Tullus Hostilius erschrak bis ins Mark. Verrat!

Geistesgegenwärtig versuchte er zu retten, was zu retten war, und rief mit donnernder Stimme, die auch in den Reihen der Etrusker zu hören war: »Zurück auf deinen Platz im Glied, Bote! Die Albaner sind auf meinen Befehl hin abgezogen, um dem Feind in den Rücken zu fallen!«

Zugleich befahl er den Lanzenreitern, ihre Waffen aufzurichten, um dem römischen Fußvolk den Blick auf die Lücke in der Schlachtordnung zu versperren. Die eigenen Leute sollten nicht verunsichert werden.

Freund und Feind glaubten seinen Worten und im Vertrauen auf die Strategie ihres Feldherrn griffen die Legionen Roms nun mit großer Wucht an und erlangten über die Etrusker einen überwältigenden Sieg – auch ohne Beihilfe der Albaner, die sich aus allem heraushielten und weder für Rom noch für Etrurien das Schwert zogen.

Die Männer des Mettius Fufetius schauten sich das Morden untätig von einer Hügelkette her an. Als die Römer nun gesiegt hatten, befahl der Oberkommandierende den Seinen, in die Ebene vorzurücken. Mit ausgebreiteten Armen ging Mettius auf den römischen König zu und beglückwünschte ihn heuchlerisch zum Sieg. Das Eingreifen der Albaner, so meinte er, sei ja unnötig gewesen.

Tullus Hostilius erwiderte Heuchelei mit Heuchelei und schlug dem Bundesgenossen vor, gemeinsam das Lager aufzuschlagen, um am nächsten Morgen vereint den Göttern zu danken. Mettius nahm an, nicht ahnend, dass der Römer finstere Rache brütete.

Man vollzog das Opfer – und dann ereilte nicht nur den verräterischen Feldherrn, sondern ganz Alba Longa sein Schicksal.

Die Heerführer und ihre Männer waren unbewaffnet zum Altar gekommen. Aber nachdem die heilige Handlung vorüber war, rückte plötzlich eine Abteilung bewaffneter

Römer vor, umzingelte die Albaner und riss Mettius aus ihrer Mitte.

»Ich verurteile dich wegen Verrats an deinen Verbündeten zum Tode!«, rief der römische König. »Und so wie du hin- und hergerissen warst zwischen unserer Sache und dem Pakt mit dem Feind, so soll jetzt dein Leib zerrissen werden!«

Und er ließ vier mit je zwei Pferden bespannte Streitwagen vorfahren und den Mettius dazwischenbinden. Dann jagten die Wagen unter Peitschenknall und Zurufen in die vier Himmelsrichtungen davon. Grauenvoll zerrissen hingen die Fetzen des Leibs des verurteilten Verräters hinten an den Wagen.

Die Soldaten beider Heere wandten sich schaudernd ab. Noch nie war ein Todesurteil auf eine so unmenschliche Weise vollstreckt worden!

Aber damit nicht genug. Tullus Hostilius hatte bereits am Abend zuvor in aller Stille eine Abteilung seiner Reiterei nach Alba Longa abkommandiert. Während Mettius umgebracht wurde, fielen römische Reiter in die ungeschützte Stadt ein und forderten die Bewohner auf, unverzüglich ihre Häuser zu räumen. Die entsetzten Albaner wussten nicht, wie ihnen geschah. Sollten sie dem Befehl Folge leisten? Aber während sie am einen Ende der Stadt noch zögerten, hörten sie schon vom anderen Ende das Krachen einstürzender Mauern, sahen dichte Rauchschwaden über die Dächer ziehen. Roms Fußsoldaten waren den Reitern gefolgt und leisteten ganze Arbeit. Haus für Haus wurde eingerissen, Flammen wüteten überall. Nur die Tempel blieben auf Befehl des Tullus Hostilius verschont. Und wie einst ihre Vorfahren aus dem brennenden Troja flüchteten, mit kaum mehr als ihren Penaten beladen, so mussten nun die Bürger dieser altehrwürdigen Stadt fliehen.

Alba Longa, die Stolze, die vierhundert Jahre lang Bestand gehabt hatte, wurde in Schutt und Asche gelegt und dem Erdboden gleichgemacht. Die Rache der Römer war gründlich.

Den Heimatlosen gegenüber zeigte sich Tullus Hostilius jedoch gnädig. Er erlaubte ihnen, in Rom zu siedeln und dort die volle Bürgerschaft mit allen Rechten zu erlangen – in der Volksversammlung mitzustimmen, den König um Richterspruch zu bitten und als Freie Besitz zu erwerben. Zum wiederholten Mal mussten die Grenzen der Stadt erweitert und der Mauerring vergrößert werden. Ein weiterer Hügel, der Mons Caelius, wurde dem Weichbild Roms hinzugefügt. Hier siedelten vor allem die Flüchtlinge aus Alba Longa.

Im Kampf gegen die Etrusker hatten die Römer dem Gegner auch Landstriche abgewonnen. Sowohl Siedler als auch vornehme Römer nahmen Besitz davon und bewirtschafteten als Bauern die Erde oder gründeten Landgüter.

Die Stadt beherrschte nun eindeutig ganz Latium und die vielen Neubürger verstärkten die Schlagkraft der römischen Legionen. Tullus Hostilius war klug genug, die vornehmsten Albanergeschlechter mit ins Patriziat aufzunehmen. So gewann er sich Verbündete.

Dreißig Jahre herrschte Tullus Hostilius mit starker Hand und unterwarf in vielen anderen Kriegzügen die Nachbarstämme.

Aber dann brach eine furchtbare Seuche über Stadt und Land herein, die auch den König befiel. Das Volk, müde der ewigen verlustreichen Kämpfe und der Opfer an Geld und Gut, die es für die Legionen bringen musste, sah darin eine Strafe der Götter und begann, gegen die Herrschaft des rücksichtslosen Königs zu murren.

Durch die Krankheit erschreckt, versuchte Tullus Hostilius im Alter nun, es dem einstigen König Numa Pompilius an Gottesfurcht gleichzutun; er befolgte mit sklavischer Genauigkeit alle Opferrituale und achtete darauf, dass die Priester ihr Amt mit größter Gewissenhaftigkeit ausübten.

Aber wie es schien, fand Jupiter keinen Gefallen an der verspäteten Umkehr des grausamen und herrschsüchtigen Mannes. Bei dem Versuch, die Blitzbeschwörung des Numa Pompilius nachzuahmen, unterlief ihm ein Fehler. Wahrscheinlich verwechselte er bei dem Zauberritual die Reihenfolge oder vertat sich anderweitig. Und der erzürnte Gott schleuderte daraufhin seinen Feuerstrahl auf ihn. Der alte König verbrannte.

Ancus Marcius

Ein Sabiner auf dem Thron

Müde der kriegerischen Anspannung der letzten dreißig Jahre, wählte das Volk diesmal einen Enkel des großen Numa Pompilius zum Herrscher. Mit Ancus Marcius war also wieder ein Mann auf dem Thron, der von Sabinern abstammte.

Die Friedensgesinnung des neuen Königs wurde auf eine harte Probe gestellt, denn natürlich konnte es nicht ausbleiben, dass die besiegten Volksstämme rundum Morgenluft witterten. Die Fidenaten und die Leute aus Veii, die Tullus bekriegt hatte, meinten wie die Etrusker, nun sei ein schwacher Mann Herrscher in Rom, und zettelten sofort einen Krieg an. Aber es zeigte sich, dass der milde Ancus Marcius durchaus auch in der Lage war, das Schwert zu führen.

Besonnene Kriegsführung und Schlachtenglück machten den neuen König der Römer in jedem Kampf zum Sieger. Nach dem Vorbild seiner Ahnen ließ er Milde gegenüber den Besiegten walten. Allerdings forderte auch er sie auf, sich in Rom anzusiedeln und Römer zu werden. Ein neues Stadtviertel entstand auf dem Aventinischen Hügel – das fünfte, das in Roms mächtige Ringmauer miteinbezogen wurde.

Auf der anderen Seite des Tiberflusses lag der Hügel Janiculus. Er war ein strategischer Schwachpunkt. Ancus Marcius war klar, dass Feinde von dort aus einen idealen Angriffspunkt hatten, wenn sie die Stadt beschießen wollten. »Wir müssen diesen Hügel in unser Verteidigungssystem einbeziehen!«, bestimmte der König. »Er muss zu einem Teil Roms werden.«

Auch dieser Hügel wurde nun von der Mauer umschlossen und außerdem ließ Ancus Marcius ihn mit einer festgefügten Holzbrücke über den Tiber mit der eigentlichen Stadt verbinden.

Die ständig wachsende Bevölkerung der großen Stadt schaffte zunehmend Probleme. Das römische Umland – obwohl durch Eroberungen erweitert – reichte nicht mehr aus, alle zu ernähren. Vor allem Brotgetreide war knapp, denn die fruchtbaren Hügel ringsum wurden eher zum Wein- und Olivenanbau und für Obst und Gemüse genutzt.

Der weitblickende Herrscher sah ein, dass die Zukunft Roms auf dem Meer lag. Sizilien und Nordafrika waren die Kornkammern der antiken Welt, und von dort musste Rom sich bedienen können, ohne irgendwelche Zwischenhändler einzuschalten. Es brauchte eigene Schiffe und einen eigenen Hafen.

An der Tibermündung, wo einst die Schiffe des Äneas nach langer Irrfahrt angelegt hatten, ließ er einen Hafen ausheben und eine Stadt erbauen. Er nannte sie Ostia, nach dem lateinischen Wort »ostium«: die Mündung.

So wurde unter diesem König der Grundstein gelegt zu dem, was Rom einmal werden sollte: Das Tor zur Welt.

Lucumo kommt nach Rom

In der Stadt Tarquinii, ungefähr dreißig römische Meilen (das sind etwa vierzig Kilometer) von Rom entfernt, im Land der Etrusker, lebte zu dieser Zeit ein vermögender junger Mann namens Lucumo. Er war verheiratet mit Tanaquil, einer schönen Frau aus edlem Hause, von der es hieß, dass sie die Gabe der Weissagung besaß, wie viele etruskische Frauen. Gesegnet mit dieser Gattin und zudem mit reichem Besitz, war Lucumo trotzdem nicht glücklich.

Sein Vater war nämlich ein eingewanderter Grieche gewesen, und obwohl er eine Etruskerin von hohem Rang zur

Frau genommen hatte, wurde er von den hochmütigen Etruskern als Einwanderer, als Mensch zweiter Klasse behandelt – und seinem Sohn ging es nicht anders.

Lucumo hatte große Pläne; er hatte gehofft, aufgrund seiner Klugheit und Gewandtheit, zusammen mit dem gewaltigen Vermögen, das von seinem Vater stammte (der als Kaufmann sehr glücklich mit kostbaren Steinen gehandelt hatte), einen wichtigen Platz innerhalb der Stadtgemeinde einzunehmen. Aber seine Stellung war und blieb niedrig. Fast noch mehr als ihn selbst quälte seine ehrgeizige Frau dieser Zustand.

»Niemals wirst du hier eine Stellung erhalten, wie sie dir und deiner Tüchtigkeit angemessen ist!«, sagte sie zu ihm. »Lass uns den Staub dieser Stadt von unseren Füßen schütteln und nicht nur Tarquinii, sondern das ganze Etruskerland verlassen. Auf nach Rom! Dort wird ein Mann nach dem bewertet, was er zu leisten imstande ist, und nicht nach seinen Ahnen. Dort leben unzählige Neubürger, die sich binnen Kurzem Rang und Ehren erworben haben, dort regiert nicht der verstaubte Hochmut alter Adelsgeschlechter. Der König selbst stammt von Sabinern ab! Warum sollte nicht auch uns dort das Glück blühen?«

Lucumo war das aus dem Herzen gesprochen.

Und so fuhr bald ein kleiner Konvoi von Wagen durch die damals dicht bewaldete Landschaft Italiens südwärts nach Rom. Im ersten Wagen saßen Lucumo und Tanaquil. Die anderen waren mit den Schätzen des Paars beladen, Gold und kostbare Münzen, und sie wurden von gemieteten Söldnern streng bewacht.

Schon tauchte das römische Vorwerk, der Hügel Janiculus, vor ihren Augen auf, schon konnten sie die Mauern der ersehnten Stadt sehen. Da stürzte sich plötzlich ein gewaltiger Adler auf den Reisezug herunter. Mit ausgebreiteten Schwingen blieb er schwebend über dem ersten Wagen in der Luft. Und plötzlich griff er mit den Klauen die breitkrempige Kopfbedeckung des Lucumo, erhob sich in die Lüfte, kreiste majestätisch und mit gellenden Schreien über dem verängstigten Paar und – setzte sie dem Mann wieder auf den Kopf! Dann schwang er sich in die Lüfte und ward nicht mehr gesehen.

Nachdem man sich vom Schrecken erholt hatte, fragte Lucumo seine Frau: »Gewiss war das eine Offenbarung des Himmels! Aber was mag das bedeuten?«

Tanaquil war, wie so manche Etruskerin, erfahren darin, Vorzeichen zu deuten. Sie sagte: »Freue dich, Lucumo, denn Jupiter hat Großes mit dir vor. Der Adler ist sein Vogel und als Bote des Gottes ist er gekommen. Die höchste Würde, die es in Rom gibt, ist dir dereinst beschieden!« Und sie umarmte ihren Mann voller Glück.

Mit verdoppelter Zuversicht setzte das Paar seine Reise fort und wurde, wie alle, die sich in Rom einbürgern wollten, mit Freuden aufgenommen. Sein ungeheures Vermögen ermöglichte es Lucumo, wertvolle Grundstücke innerhalb und außerhalb der Mauern aufzukaufen, sich ein prunkvolles Haus zu erbauen und das Land draußen zu bewirtschaften. Außerdem machte er sich durch Freigebigkeit und freundliches Wesen bei seinen Mitbürgern beliebt und arbeitete tatkräftig an allen Dingen mit, die dem öffentlichen Wohl dienten. Auch schmückte er die Stadt mit schönen Götterstatuen, wie es eigentlich nur die Könige taten.

Hier gelang Lucumo sehr bald das, was ihm in Tarquinii nie gelungen wäre: Er wurde einer der angesehensten Männer Roms. Aber sein Ehrgeiz war damit noch nicht befriedigt. Er strebte nach Höherem.

Auf Anraten seiner Frau hatte er seinen etruskischen Namen Lucumo in das römische Lucius umgewandelt und in Erinnerung der Stadt, die er verlassen hatte, gab er sich den Beinamen Tarquinius.

Es dauerte nicht lange, da kam König Ancus Marcius zu Ohren, dass es einen neuen und allseits beliebten Mitbürger von Tatkraft und Reichtum in den Mauern der Stadt gab, und er lud Lucius Tarquinius zu sich ein, um ihn kennenzulernen.

Durch sein aufgeschlossenes Wesen, seine Klugheit und seine Gewandtheit im Umgang mit den Mächtigen gewann der Mann aus Tarquinii sehr schnell die Sympathie des Königs und bald war er der beste Freund, engste Vertraute und erste Ratgeber des Ancus Marcius, der bei keiner Staatsberatung fehlen durfte.

Nach vierundzwanzig Jahren segensreicher und fruchtbringender Regierung endlich starb Ancus Marcius. In seinem Testament setzte er Lucius Tarquinius zum Vormund seiner beiden Söhne ein, die gerade das Jünglingsalter erreicht hatten.

Der Rat der Ältesten, der Senat, drängte darauf, das Amt des Königs neu zu vergeben und schlug vor, diese beiden Söhne des verstorbenen Herrschers zur Wahl aufzustellen – sehr zum Unwillen des Tarquinius. Sein brennender Ehrgeiz war auf den Thron gerichtet und seine Frau Tanaquil bestärkte ihn darin.

»Hat nicht Jupiters Vogel bei unserer Anreise nach Rom verkündet, dass dir die höchste Würde verliehen wird? Der Gott selbst will es!«, rief sie. »Du musst nichts weiter tun, als mit Geschick und Klugheit die Prophezeiung Wirklichkeit werden lassen. Sei sicher, dass des Himmels Segen auf dem liegt, was du tust!«

So ermuntert, begann Lucius Tarquinius zielstrebig auf die Erlangung der Königswürde hinzuarbeiten.

Zunächst schickte er die beiden Prinzen auf die Jagd ins Gebirge, sodass ihre Gegenwart nicht die Entscheidung der Römer beeinflussen konnte. Sodann versprach er hundert vornehmen Bürgern, dass er sie, falls er König würde, in den Senat aufnehmen würde, und dieses Ziel vor Augen, gingen die hundert in der Stadt umher und machten Stimmung für Tarquinius.

Dann trat er selbst vor die Volksversammlung und bewarb sich um das höchste Amt. Um die Gunst der Wähler zu gewinnen, hielt er eine flammende Rede.

»Vor Jahren bin ich mit meiner Frau in diese freie und großzügige Stadt gezogen«, sprach er, »und seitdem war ich tätig im öffentlichen Leben und habe für Rom alles gegeben. Von meinem verstorbenen königlichen Freund habe ich Staatskunst und römisches Recht gelernt und ihm später oft mit Rat und Tat beigestanden. Keiner hat wie ich an seiner Seite so sehr Einblick in das Geschäft des Regierens erhalten. Ich will sein Werk fortsetzen und ich wäre ja wahrhaftig nicht der erste Herrscher auf dem römischen Thron, der kein gebürtiger Römer ist. Titus Tatius war sogar zuvor ein Feind der Stadt gewesen und der große Numa Pompilius kannte Rom nicht einmal, als er zur Macht berufen wurde. Also wählt mich, ihr Quiriten, ihr werdet es nicht bereuen!«

Seine Worte erzielten ihre Wirkung. Einstimmig wählten die Römer Lucius Tarquinius zu ihrem neuen König.

Lucius Tarquinius

Der Fremde auf dem Thron

Der neue König hatte zwar seine Wahl mit nicht ganz lauteren Mitteln durchgesetzt, aber es zeigte sich, dass die Römer nicht bereuen mussten, den Mann aus Tarquinii zu ihrem Regierungsoberhaupt gemacht zu haben. Dieser, der fünfte römische König, übte sein Amt untadelig aus und mehrte den Ruhm der Stadt.

Obwohl er kein Kriegsmann war, führte er die Legionen mit Geschick und strategischem Genie gegen äußere Feinde und brachte vor allem reiche Beute aus eroberten Städten nach Rom.

Im Vergleich mit den vorigen Königen, die einen ziemlich einfachen Lebenswandel führten (einige verbrachten die meiste Zeit ja ohnehin im Zelt des Feldlagers), umgab sich Tarquinius, der den Luxus und die Eleganz der Etrusker kannte, mit schönen Dingen. Er und seine Frau liebten es, sich reich zu kleiden und in vornehmen Wagen zu fahren, und sie unterhielten einen üppigen Hofstaat.

Darüber vernachlässigte der König aber keineswegs seine Regierungspflichten.

Segensreich aber war vor allem das, was er an Friedenswerken verrichtete. Das Gesicht des antiken Roms, so wie es sich uns heute zeigt, ist vor allem Lucius Tarquinius zu verdanken.

Zwischen den Hügeln der Stadt am Tiber breiteten sich Sümpfe aus, die immer wieder mit ihren fauligen Dünsten und ihren Stechmücken Fieber und andere Krankheiten über die Bürger brachten. Tarquinius ließ die Sümpfe trockenlegen. Außerdem baute er Abflusskanäle unter der Erde, mit festgemauerten Gewölben, sodass die Römer nicht mehr von Gestank und Unrat behelligt wurden. Ihr Hauptkanal, die Cloaca Maxima, lenkte den Schmutz fernab flussabwärts ins Tiberwasser und dann ins Meer.

Mit freigebiger Hand schuf der König außerdem Orte, wo die Bürger sich nach getaner Arbeit erholen und verlustieren konnten – noch immer konnte er aus seinem riesigen Vermögen schöpfen. Er ließ den Circus Maximus erbauen, eine Spielstätte für Wagenrennen oder Schwertkämpfe, die sechzigtausend Zuschauer aufnahm. Außerdem schuf er in den nun entwässerten Niederungen der einstigen Sümpfe öffentliche Plätze, an denen man sich versammeln und miteinander reden oder handeln konnte, und gab andere Stellen zur Bebauung an Privatleute frei, damit dort öffentliche Märkte mit schattigen Säulengängen errichtet werden konnten, ohne dass mit ihrem Bau der Staatsschatz belastet wurde. Die ehrgeizigen Vornehmen der Stadt wetteiferten bald darin, sich an den Bauten zu beteiligen, und schmückten die Stadt mit Götterbildern aus Marmor oder Erz.

Vor allem aber errichtete Tarquinius dem Jupiter, unter dessen Gnade er seiner Meinung nach stand und der ihm bereits auf dem Weg nach Rom sein Ziel gezeigt hatte, auf dem Hügel des Capitols einen majestätischen Tempel von nie gesehener Pracht, der weit ins Land über die Stadt hinwegblickte und bereits eine Ahnung von der künftigen Größe Roms vermittelte.

Das besondere Kind

Eines Tages wurden Tarquinius und seine Frau Tanaquil durch lautes Geschrei in der Vorhalle ihres Palastes gestört. Sie eilten herbei, um zu sehen, was die Ursache für den Tumult war, und sahen mit Erstaunen einen Knaben, der, umringt vom Hofstaat, friedlich schlummernd auf der Erde lag – aber um seinen Kopf loderten Flammen!

Ein Diener stürzte mit einem Krug heran, um zu löschen, aber die in Wunderdingen und Vorzeichen bewanderte Königin hielt ihn davon ab. »Lass das!«, sagte sie. »Da er offenbar keine Schmerzen leidet, wollen wir abwarten, dass er erwacht. Sicher verlöschen die Flammen dann von allein!«

Tanaquil behielt recht. Als der Junge die Augen aufschlug, verschwand das Feuer, als sei nie etwas gewesen.

Das seltsame Kind blickte verwirrt um sich, und als es sah, dass der halbe Hofstaat und das Königspaar selbst vor ihm standen, richtete er sich auf seine Knie auf und rief erschrocken: »Verzeih mir, Herr, und auch du, hohe Königin! Ich bin eingeschlafen, aber das soll nicht wieder geschehen!«

»Wer bist du?«, fragte Tanaquil.

»Ich bin ein Sklave und der Sohn einer Sklavin«, erwiderte der Junge. »Mein Name ist Servius Tullius.«

»Servius Tullius!«, wiederholte Tanaquil nachdenklich.

»Geh nun wieder an deine Arbeit, Kind. Du hast nichts Unrechtes begangen und keiner wird dich strafen.«

Als sie mit ihrem Mann allein war, sagte sie: »Lucius, die Flammen um den Kopf dieses Knaben waren ein Zeichen der Götter. Er ist zu Großem bestimmt und wir begehen schweres Unrecht, wenn wir ihn in seiner erniedrigenden Stellung als Sklave belassen. Es könnte sein, dass er uns einmal aus großer Not erretten wird …«

Tarquinius vertraute wie immer den Worten seiner Frau und folgte ihrem Rat. Er ließ den Jungen aus den Sklavenunterkünften herausholen und man behandelte ihn nun so, als sei er ein eigener Sohn des Königspaars – das zu diesem Zeitpunkt nur mit einer Tochter gesegnet war.

Servius Tullius wurde in Wissenschaften und Künsten, im Waffenhandwerk, in Kriegsführung und Staatskunst unterrichtet und rechtfertigte die in ihn gesetzten Hoffnungen aufs Schönste. Als er zum Jüngling herangewachsen war, gab Tarquinius ihm seine Tochter zur Frau und band ihn so noch stärker an sich.

Denn der König hatte eine geheime Sorge. Da gab es ja noch die Söhne des Ancus Marcius, die bei der Thronfolge mit List übergangen worden waren. Die beiden hockten auf ihren Landsitzen vor den Toren der Stadt und brüteten Unheil und leider führten sie sich nicht gerade wie mustergültige Bürger auf. Sie schikanierten ihre Sklaven und oft kam es zu Übergriffen ihrer Hirten, die halbe Räuber waren, auf die Herden und das Land der Nachbarn.

Tarquinius war sich seiner Schuld gegenüber den beiden wohl bewusst. Schließlich hatte er sie um die Thronfolge betrogen. Aber er mochte sich nicht vorstellen, dass einer dieser beiden Tunichtgute König in Rom sein könnte! Auch deshalb zog er Servus Tullius zu sich heran.

In Rom war der junge Mann beliebt, man achtete und ehrte ihn, schon weil der König es tat, und eigentlich waren sich fast alle darin einig, dass er dereinst Lucius Tarquinius in der Herrschaft folgen würde.

Aber je älter Tarquinius wurde, je mehr sich abzeichnete, dass er Servius Tullius zu seinem Nachfolger machen wollte, umso erbitterter hielten sich die Söhne des Ancus Marcius das Unrecht vor Augen, dass sie um die Thronfolge geprellt worden waren. Im Kreis ihrer Freunde und Anhänger ereiferten sie sich zwar vor allem gegen Servius Tullius, den ehemaligen Sklaven, der nun Rom regieren sollte – aber ihr eigentlicher Groll galt doch Tarquinius, der es verstanden hatte, sie auszuschließen und sich in den Vordergrund zu drängen. Noch hatte Servius Tullius kein Staatsamt inne, noch war er nur ein vom König geförderter Niemand. Also galt es, den König selbst zu beseitigen, bevor der Maßnahmen treffen konnte, den »Sklavenabkömmling« zu seinem Nachfolger zu erklären. Es galt zu handeln.

Die Brüder suchten unter den Hirten, die ihre gemeinsamen Herden betreuten – ohnehin eher brutale Wegelagerer –, zwei besonders verwegene Totschläger aus und schickten sie mit ihren schweren, mit eisernen Spitzen bewehrten Hirtenstöcken nach Rom zum Palast des Tarquinius. Der Plan war, dass sie im Vorhof des Palastes miteinander Streit anzetteln und davon nicht ablassen sollten, bis man sie vor den König führte.

Die Hirten spielten ihre Rolle gut. Sie vollführten ein solches Geschrei, dass die Palastwache herbeieilte, und als sie die Streithähne nicht trennen konnte, brachte man sie wirklich vor den König.

Während der nun zuerst den einen nach dem Grund ihres Zwistes befragen wollte, trat der andere unauffällig hinter den Thronsitz und schlug Lucius Tarquinius mit voller Wucht den Stock auf den Schädel. Blutend stürzte der Herrscher zu Boden, die furchtbare Waffe steckte noch in seinem Kopf.

In dem allgemeinen Durcheinander gelang es den beiden Attentätern zunächst zu fliehen, aber die Liktoren, die Schutztruppe des Königs, holten sie schließlich ein und legten sie in Ketten.

Tanaquil, mittlerweile herbeigerufen von den entsetzten Schreien der Menschen, sah sofort, dass ihr Mann tödlich getroffen war und sein Leben aushauchen würde. Aber geistesgegenwärtig ließ sie die Tore schließen, befahl allen außer den vertrauten Dienern sich zu entfernen und holte einen verschwiegenen Arzt mit Verbandszeug herbei, um vorzugaukeln, es sei noch Hoffnung für ihren Mann.

Dann ließ sie Servius Tullius zu sich rufen. Sie führte ihn an das Bett ihres todgeweihten Gemahls und sagte ernst zu dem Jüngling: »Einstmals sahen wir, wie Flammen dein Haupt umwehten, und wir wussten, dass du zum Höchsten berufen bist. Jetzt kommt die Stunde der Bewährung. Lucius Tarquinius liegt im Sterben. Wenn du nicht willst, dass die feigen Auftraggeber dieser Bluttat sich der Herrschaft bemächtigen, so sei ein Mann und übernimm für den König die Regentschaft. Auf deinen Schultern ruht die Zukunft Roms! Enttäusche mich nicht und der Genius des Tarquinius wird mit dir sein!«

Dann trat sie ans Fenster des Palastes und sprach mit lauter Stimme zu der draußen versammelten Volksmenge: »Bürger, seid unbesorgt! Euer König lebt. Der hinterhältige Anschlag ist missglückt. Wir haben das Blut abgewaschen und ihn verbunden und er hat bereits die Besinnung wiedererlangt. In wenigen Tagen oder Wochen wird er wieder genesen sein und sich euch zeigen. Für die Zwischenzeit hat er bestimmt, dass Servius Tullius ihn vertritt, für ihn Recht spricht und die Staatsgeschäfte führt. Leiht ihm euer Wohlwollen, denn er verdient euer Vertrauen, so wie er das des Königs genießt.«

Tanaquil war so überzeugend, dass die Römer ihr alles glaubten und beruhigt auseinandergingen.

Inzwischen war Lucius Tarquinius bereits gestorben.

Am nächsten Tag setzte sich Servius Tullius, umgeben von den Liktoren, auf den Königsstuhl. Er trug den Königsmantel und das Diadem und begann mit dem Regieren, und Tanaquil sah, dass sie sich nicht in ihm getäuscht hatte, denn er war zum Herrschen geboren. Er sprach Recht und beriet sich mit den Patriziern über die Fragen von Krieg und Frieden, und alle waren erstaunt darüber, dass ein so junger Mann von derart großem Urteilsvermögen und solcher Weisheit sein konnte.

Wie es mit Tanaquil verabredet war, sagte Servius Tullius manchmal bei bestimmten Dingen: »Da muss ich erst den König fragen!«, und so blieb noch für eine gewisse Zeit die Illusion erhalten, dass sich Tarquinius erholen würde.

Schließlich war die Stellung des jungen Nachfolgers so gefestigt, dass Tanaquil bekannt geben konnte, ihr Gemahl sei seinen Verletzungen nun doch erlegen.

Große Trauer herrschte in Rom, aber niemand zweifelte daran, dass Servius Tullius ein würdiger Nachfolger sei. So herrschte das erste Mal in der Geschichte ein König über Rom, der nicht vom Volk gewählt worden war.

Die Söhne des Ancus Marcius aber waren außer Landes geflohen.

Servius Tullius

Der einstige Sklave

Ein einstiger Sklave wurde zum großen Erneuerer des römischen Staates.

Servius Tullius kam selbst von ganz unten. Er wusste, was es bedeutete, gering geachtet und nur nach seiner Herkunft beurteilt zu werden. Und er wusste, wie schwer die armen Bürger der Stadt an der Last der Kriegssteuern zu tragen hatten. Die Patres hatten die hohen Staatsämter inne und saßen im Senat, und im Krieg bekamen sie das Recht, das von den Legionen eroberte Land steuerfrei zu nutzen, es zu bebauen oder von den Bewohnern Abgaben einzutreiben. Das einfache Volk aber trug nur die Lasten der Steuern und musste außerdem die Legionäre aus seinen Reihen stellen. Das einzige Privileg der kleinen Leute war, dass auch sie wahlberechtigt waren und auf diese Weise in der Volksversammlung mitbestimmen konnten, was im Staat geschah.

Tullius beschloss nun, die Bürger nach ihrer Leistung zu beurteilen und so zu besteuern. So viel jedermann sich selbst erarbeitet hatte, so hoch sollte sein Anteil an der Last der Abgaben sein – eine Überlegung, die durchaus den Geist des Lucius Tarquinius atmete.

Er ließ die Bürger also nach ihrem Besitz bewerten und teilte sie in sechs Klassen ein. Nach der Höhe ihres Vermögens hatten sie nun Kriegssteuern zu leisten. Freilich behielten die Patres weiterhin ihre Privilegien, aber sie hatten auch mehr zu zahlen.

Da die Stadt inzwischen so groß war, dass nicht jeder bei wichtigen Entscheidungen mitreden konnte, führte der König die Wahl von Abgeordneten ein, die Sprecher für ihren jeweiligen Stadtbezirk waren.

Es war sozusagen die erste Verfassung, die Servius Tullius Rom gab: Eine große Errungenschaft, denn das Wahlrecht aller Bürger legte den Grundstock für spätere Entwicklungen – für jene Zeiten, als es keine Könige mehr gab und Rom seine Regierung aus den eigenen Reihen wählte.

Auf dem Marsfeld, dort, wo einst Romulus entrückt worden war, inspizierte der König jedes Jahr das inzwischen gewaltige römische Volksheer. Achtzigtausend Mann konnten unter Waffen stehen, wenn es zum Krieg kam! Und mit großer Offenheit legte Servius Tullius jedes Mal vor diesen Männern Rechenschaft ab über das, was im Jahr zuvor geleistet worden war und was man plante.

Niemand aus dem Umland, weder Etrusker noch Pelasger oder ein anderer Volksstamm, wagte es zu diesem Zeitpunkt noch, die mächtige Stadt anzugreifen.

Die missratenen Nachkommen

Als Servius Tullius älter wurde, begann er sich Sorgen um seine Nachfolge zu machen. Er hatte ja erlebt, wie rigoros die Söhne des Ancus Marcius ihr »Recht eingefordert« hatten – mit einem Mord –, und wollte vermeiden, dass ihm ein ähnliches Schicksal bevorstand, denn es war so, dass Lucius Tarquinius im Alter noch zwei kleine Söhne beschert worden waren, die nun, herangewachsen, vielleicht Ansprüche auf den Thron ihres Vaters erheben würden.

Er selbst hatte zwei Töchter, und so kam er auf die Idee, die beiden jungen Männer mit diesen Mädchen zu verheiraten, um sie auf diese Weise an sich und sein Haus zu binden. Leider hatte er bei der Paarung der vier keine glückliche Hand. Die jungen Leute waren grundverschieden: Einer der Söhne des Tarquinius war wild und unbeherrscht, der andere sanft und nachgiebig. Ähnlich verhielt es sich mit den Töchtern des Tullius, beide nach römischer Sitte Tullia geheißen. Und ausgerechnet die falschen Charaktere gesellte der König zueinander – vielleicht hatte er auch geglaubt, dass die Sanftmut des einen Ehepartners das ungestüme Temperament des anderen bremsen würde. Aber das Gegenteil war der Fall. Beide Paare machten sich gegenseitig das Leben zur Hölle.

Der ältere der Tarquinier, der wie sein Vater mit Vornamen Lucius hieß, sah nur mit Verachtung auf seine fügsame Frau herab und behandelte sie schlechter als die letzte Dienerin, und wenn sie dann in Tränen ausbrauch, machte er sich über sie lustig. Der zweite dagegen, der Arnus hieß, hatte an der Seite der temperamentvollen zweiten Tullia keine ruhige Minute. Seine Besonnenheit und Nachgiebigkeit trieben sie zur Weißglut. Ständig verlangte sie von ihm, er solle durch kühne Taten seine königliche Herkunft unter Beweis stellen.

Dann aber entwickelten sich die Dinge ganz anders als geplant. Die junge Frau hatte ein Auge auf ihren Schwager, den anmaßenden und hochfahrenden anderen Tarquinier, geworfen – und er auf sie! Die beiden fanden, sie seien wie füreinander geschaffen. Gleichermaßen von Ehrgeiz getrieben, hatten sie nur ein Ziel: die Herrschaft über Rom zu erlangen.

Ihrem Streben waren aber ihre Ehepartner im Weg.

Tullia war die treibende Kraft. Sie überredete ihren Schwager, seine Frau aus der Welt zu schaffen, und er gehorchte ihr und erstickte sie im Schlaf. Nachdem ihre Schwester tot war, vergiftete Tullia skrupellos ihren Ehemann. Die Taten der Ruchlosen glückten; die beiden gerieten nicht in Verdacht. Nach Ablauf einer gewissen Frist schlossen die so Verwitweten miteinander die Ehe.

Der König Servius Tullius sah die Verbindung zwar mit Unbehagen, aber er kannte die Hintergründe nicht und deshalb konnte er nicht ahnen, welche finsteren Pläne das Paar ausbrütete. Die zügellose Tullia nämlich hatte nicht vor abzuwarten, bis der König eines natürlichen Todes starb; das ging ihr zu langsam.

»Habe ich dich deshalb zum Mann genommen«, redete sie auf Tarquinius ein, »um hier mit den Händen im Schoß zu sitzen? Kannst du nichts weiter als abwarten? Dann hätten wir ja auch gleich bei unseren alten Ehepartnern bleiben können! Erinnere dich an deinen Vater! Der wusste, wie man Leute auf seine Seite zieht und die Herrschaft erwirbt! Also zeige dich seiner würdig und handle!«

So gedrängt, begann Lucius Tarquinius, sich durch Bestechung und Versprechen eine Anhängerschaft unter den Patriziern zu sichern, und Tullia wurde nicht müde, mit Verleumdungen den Ruf ihres Vaters zu unterhöhlen: Sie behauptete, er sei altersschwach und unfähig zu regieren.

Die üble Saat ging auf. Bald sah man mit Verachtung auf den alten König. Und die Stellung seines Schwiegersohns war inzwischen so gefestigt, dass er mit gutem Grund darauf hoffen konnte, die nötige Unterstützung zu finden, wenn er die Macht ergreifen würde. Nur einige wenige Besonnene hielten noch an Servius Tullius fest.

Und so stürmte Lucius Tarquinius denn eines verhängnisvollen Tages mit einer Schar bewaffneter Anhänger auf das Forum, den großen Marktplatz Roms. Die verängstigte Menge stob auseinander und Tarquinius besetzte mit seinen Anhängern die Curia, das Rathaus der Stadt, und nahm dreist und ohne viel Federlesens auf dem königlichen Stuhl Platz. Dann befahl er den Liktoren, die Patres zur Senatssitzung zusammenzurufen.

Die Gerufenen erschienen; einige von ihnen waren eingeweiht und Mitverschworene des Thronräubers, andere indes glaubten, Servius Tullius sei überraschend gestorben und folgten eingeschüchtert und verwirrt dem Befehl.

Als fast alle versammelt waren, erhob Tarquinius seine Stimme und rief pathetisch: »Versammelte Väter, ihr kennt mich! Ich bin Lucius Tarquinius, der Sohn des großen Königs, dem ihr so viele Wohltaten verdankt, der diese Stadt verschönert und euch allen zu Ehrenstellen und Wohlstand verholfen hat, und mit Fug und Recht nehme ich diesen Platz hier ein, denn wer ist Servius Tullius? Ein Sklave, der sich, ohne vom Volk gewählt zu sein, widerrechtlich die Königswürde erschlichen hat – ein Mann, der den Adel schröpfen und durch Steuern ausbluten lässt und den Pöbel fördert, jetzt und in Zukunft! Entledigt euch endlich dieses Emporkömmlings! Ich bin der wahre Erbe des Throns!«

Wilder Beifall brandete auf – die Mitverschwörer huldigten ihm, wie es ihnen befohlen worden war, und die Proteste einiger redlicher Senatoren wurden einfach niedergezischt.

Schon wollte Tarquinius in seiner aufrührerischen Rede fortfahren, als plötzlich von der Tür her eine kraftvolle Stimme ertönte: »Was geschieht hier? Wie kannst du dir erlauben, die Patres zusammenzurufen, Tarquinius, und was hast du auf meinem Stuhl zu suchen?«

Im Raum stand Servius Tullius, der von einem Getreuen informiert worden war.

Der anmaßende Tarquinius erschrak zwar, aber er beschloss, nicht von der Stelle zu weichen. Er wusste, das war die Stunde der Entscheidung. Würden sich seine Anhänger gegen diejenigen durchsetzen können, die zum König standen? Alles stand auf Messers Schneide.

Verächtlich und hochmütig sagte er: »Ich sitze hier auf dem Platz, der mir von Geburt an zusteht, und die Väter zu versammeln, ist mein gutes Recht. Du dagegen bist nichts als ein Sklave, der sich bei meinem Vater und beim Volk eingeschmeichelt hat. Lange genug haben wir deine Frechheit ertragen!«

Wütendes Geschrei erhob sich in der Curia, die Königstreuen und die Mitverschworenen gingen aufeinander los, und draußen auf dem Platz strömte das Volk zusammen.

Tarquinius, zu allem entschlossen, wollte es nicht auf eine Machtprobe zwischen seinen Anhängern und den Getreuen des Königs ankommen lassen. Er beschloss, die Angelegenheit im Alleingang zu regeln, stand auf, stürzte sich auf Servius Tullius – und warf den alten Mann die Stufen zum Forum hinunter!

Eisiges Schweigen folgte auf diesen rohen Gewaltakt. Verstört machten sich die Anhänger des Tullius aus dem Staub, niemand wagte noch, für ihn einzustehen. Allein und einsam erhob er sich, der eigentliche Herrscher Roms, und wankte durch die Straßen auf seinen Palast zu.

Aber damit nicht genug. Tarquinius wollte reinen Tisch machen. Auf einen geheimen Wink hin eilten einige seiner Helfershelfer dem alten König nach.

So wurde Servius Tullius auf offener Straße ermordet und keiner wagte den Mann aufzuheben, der über vierzig Jahre segensreich Rom regiert hatte.

Den Gipfel des Frevels aber erreichte Tullia.

Sie kam im prachtvollen Viergespann auf das Forum gefahren, nachdem man sie unterrichtet hatte, dass der Streich geglückt war. Herrisch forderte sie, man solle ihren Mann aus dem Senat, der Curia, herausrufen, und da alle wussten, welchen Anteil das machtgierige Weib an den Plänen der Rebellion gehabt hatte, zögerte man nicht, ihrem Wunsch nachzukommen. Und als Tarquinius wirklich oben auf den Stufen erschien, hob sie in wilder Triumphgebärde die Hand und schrie: »Ich grüße dich, mein König!« Dann gab sie dem Wagenlenker ein Zeichen und brauste davon.

So war sie die Erste, die ihn mit diesem Titel angeredet hatte.

Auf dem Rückweg aber zog der Sklave plötzlich jäh die Zügel an, sodass sich die Pferde wiehernd aufbäumten.

»Was ist los, warum fährst du nicht weiter?«, fragte Tullia erzürnt.

Stumm vor Entsetzen wies der Mann auf das, was da vor ihnen quer über der Straße lag: der blutbesudelte Körper des Servius Tullius!

»Was zögerst du?«, schrie Tullia. »Er ist ohnehin tot! Fahr zu, ich befehle es!«

Und so zermalmten Pferdehufe und Wagenräder den Leichnam ihres Vaters und das Blut spritzte hoch auf bis an die Gewänder der skrupellosen Frau, als wollten die Rachegöttinnen sie zeichnen.

Tarquinius Superbus

Der Tyrann

Mit blutiger Gewalt hatte er den Thron erobert und mit Gewalt sollte er regieren – fünfundzwanzig Jahre lang!

Zum ersten Mal hatte ein König in Rom die Macht mit despotischer Willkür ergriffen, weder vom Volk gewählt noch vom Senat bestätigt. Er wurde zum Tyrannen, zum Alleinherrscher, frech und grausam.

»Superbus« heißt: der Hochmütige, der Anmaßende. So nannte ihn das Volk von Rom. Er selbst aber nahm diesen Namen fest für immer an; es bereitete ihm Genugtuung, so genannt zu werden. Für ihn trug der Beiname die Bedeutung »Der Stolze«!

Die entsetzliche Bluttat, mit der er seine Laufbahn begonnen hatte – die Ermordung des Vorgängers vor aller Augen –, versetzte das Volk von Rom in Angst und Schrecken. Und er gab alles daran, dies Entsetzen noch zu steigern. Er verweigerte dem Leichnam des Servius eine ehrenvolle Bestattung! Das war ein ungeheurer Frevel, ein Verstoß gegen die Regeln des Zusammenlebens in der römischen Gemeinschaft.

Starr vor Furcht mussten die Römer weiter erleben, wie Tarquinius kaltblütig all jene Patrizier ermorden ließ, die sich in jener verhängnisvollen Senatssitzung gegen ihn gestellt hatten. Das Gremium der Patres war nun kleiner – aber was tat das? Es hatte ohnehin keine Funktion mehr auszufüllen. Superbus regierte, ohne den Rat der Väter zu befragen, er fällte seine Entscheidungen allein.

Aber damit nicht genug. Superbus entmündigte das gesamte römische Volk. Die stolzen Quiriten waren, seit Rom existierte, in den Volksversammlungen zusammengetreten und hatten mitbestimmt, was geschah. Zwar durften sie keine eigenen Anträge einbringen und hatten letztlich nur Ja oder Nein zu den Vorschlägen des Königs und des Senats zu sagen. Aber immerhin lag es in ihren Händen, Beamte zu ernennen, einen für Rom wichtigen Strafprozess wieder aufzurollen und vor allen Dingen – über Krieg und Frieden zu bestimmen!

Das alles wischte Superbus verächtlich vom Tisch. Die Meinung des Volks von Rom war ihm so viel wert wie eine abgegriffene Münze, ein kupfernes As.

Über die Besetzung der Beamtenstellen, über das, was Recht und Unrecht war, und über Krieg und Frieden entschied einzig der König.

Die Bürger der Stadt kochten vor ohnmächtigem Zorn – denn die geballte Faust musste in der Tasche bleiben. Superbus hatte sich mit einer so starken Leibwache umgeben, dass niemand wagte, etwas gegen ihn zu unternehmen. Jede noch so leise Regung des Protestes, jeden Widerspruch ertränkte er rücksichtslos in Blut.

Gemeinsam mit seinen Günstlingen und seinen drei Söhnen, die ihm an Hochmut und Unverschämtheit in nichts nachstanden, übte er ein zügelloses Regime auf Kosten des Volkes aus.

Wie viele Alleinherrscher war Tarquinius Superbus raffgierig und verschwendungssüchtig. Wenn es ihm an Geld mangelte, zog er einfach unter irgendeinem fadenscheinigen Vorwand das Vermögen eines wohlhabenden Mannes ein – oder er brach einen sinnlosen Krieg vom Zaun, der eher ein Raubzug war.

Aber diese Angelegenheit war ein zweischneidiges Schwert. Einerseits wünschte der habgierige König nichts sehnlicher, als seine ganze Umgebung mit Krieg zu überziehen und auszuplündern. Andererseits durfte er es sich nicht mit allen Völkern Latiums verderben, denn auf die Römer, das wusste er wohl, konnte er sich nicht verlassen. Sie hassten ihn. Irgendwo musste er einen Rückhalt haben, falls es doch einmal zu einem Aufstand gegen ihn in Rom kommen sollte. Also taktierte Superbus. Während er auf der einen Seite Bündnisse und Nichtangriffspakte abschloss, schlug er auf der anderen brutal zu und machte kleine latinische Städte dem Erdboden gleich, versklavte ihre Bewohner und schleppte ihre Schätze davon.

Hauptsächlich versuchte er sich mit den Etruskern gut zu stellen, indem er auf seine Verwandtschaft mit ihnen pochte – schließlich waren Tarquinius und Tanaquil einst aus Etrurien gekommen.

Ein Zwischenfall während der ständigen Kriegszüge blieb den Römern besonders im Gedächtnis, weil der König hier mit Betrug und List zu Werke ging – eine Vorgehensweise, die als sehr unrömisch galt. Man verließ sich auf die Schlagkraft der Legionen!

An der Stadt Gabii nämlich, keine dreißig Kilometer von Rom entfernt, drohte Superbus sich die Zähne auszubeißen. Die Mauern waren stark und gut befestigt und die Bürger kampfentschlossen.

Daraufhin schickte der König einen seiner Söhne, den Sextus Tarquinius (der sich auch später noch unrühmlich hervortun sollte), in die Stadt. Sextus gab sich als Überläufer aus, der vor der Willkür seines Vaters geflohen war. Es gelang ihm, das Vertrauen der Bürger von Gabii zu erringen; so sehr, dass man ihm die Leitung des Heeres anvertraute. Als sich die Gabier sicher wähnten, öffnete Sextus seinem Vater die Stadttore. Mord, Brand und Plünderung machten die Stadt zunichte.

Die Bauwut des Superbus war ohne jedes Maß und Ziel und verschlang Unsummen. Solange es noch darum ging, die Stadt mit einem gewaltigen Jupiter-Tempel zu verschönern, konnten die Römer kaum Einwände erheben, auch wenn sie zum bedrückenden Kriegsdienst nun auch noch gleichsam Frondienste als Bauarbeiter verrichten mussten (die Menge der Sklaven, hauptsächlich Kriegsgefangene, die am Bau arbeiteten, schien Superbus zu gering). Aber dann behielt der König diese »Sitte« dauerhaft bei: Die stolzen Quiriten mussten mit Hand anlegen, um beispielsweise die Sitze rund um eine Rennbahn anzulegen oder die Cloaca Maxima, das Abwassersystem der Stadt, von Verschlammung und Unrat zu befreien.

In seinen Kriegszügen sammelte Superbus immer reichere Beute an, von der freilich – abgesehen von den Bauwerken – Rom gar nichts hatte. Gold und Geld blieb ihm selbst vorbehalten, er verteilte es nach Willkür unter seinen Familienangehörigen und seinen Anhängern, die ihm oft nur aus Furcht treu waren. Den entmutigten Römern kam es so vor, als sei der Erfolg dieses Gewaltherrschers durch nichts zu bremsen. Er schritt von Erfolg zu Erfolg, während das Volk all seiner Rechte beraubt war.

Eines Tages jedoch kamen die Arbeiter von einer der zahllosen Baustellen mit allen Zeichen des Schreckens in den Königspalast gestürzt. Sie berichteten, aus einer hölzernen Säule, die sie gerade aufrichten wollten, sei eine riesige Schlange geschlüpft, größer, als man je auf italischem Boden gesehen hatte.

Nun war man ja in Rom daran gewöhnt, das Erscheinen irgendwelcher Tiere als Vorzeichen zu werten – man denke an die Deutung des Vogelflugs!

Superbus schickte die Männer unwirsch wieder an ihre Arbeit zurück: Sie sollten ihn nicht mit derartigen Lappalien belästigen! Aber in Wahrheit war er sehr beunruhigt. Das Vorzeichen schien ihm bedeutungsvoll und unheilverkündend.

Sonst hatte er immer etruskische Wahrsager befragt, wenn es um irgendwelche Omen und Voraussagen ging. Diesmal wollte er eine höhere Instanz einschalten: das Orakel zu Delphi. Das war eine berühmte griechische Kultstätte, wo die geweihte Priesterin des Apollo mit rätselhaften Sprüchen die Zukunft verkündete, ähnlich der Prophezeiung, die Äneas einst auf Delos erhalten hatte. Viele Herrscher der alten Welt wendeten sich vor großen Entscheidungen an dies Orakel, um sicherzugehen, das Richtige zu tun. Freilich waren die Sprüche der Priesterin meistens doppeldeutig und verwirrend – wie wir sehen werden, auch hier.

Misstrauisch, wie er war (schließlich war der Ausgang der Befragung ungewiss), übergab Superbus die Mission keinem Fremden, sondern er schickte zwei seiner Söhne – es sollte in der Familie bleiben. Damit sie sich auf der weiten Reise nicht langweilten und jemanden hatten, an dem sie ihren Übermut auslassen konnten, gab er ihnen den »Familientrottel« mit – seinen Neffen Lucius.

Ein seltsamer Mensch namens Brutus

Lucius Junius war der Sohn einer Schwester des Superbus. Sein Vater gehörte zu jenen, die sich seinerzeit im Senat gegen die Machtergreifung des Königs gestellt hatten, und er war von Superbus ermordet worden. Lucius hatte als Kind schon miterleben müssen, wie nach und nach all die aufrechten Männer, die wie sein Vater nicht bereit waren, mit dem Gewaltherrscher zusammenzuarbeiten, nachts aus ihren Häusern gezerrt und erschlagen wurden und wie Su-

217

perbus sich triumphierend und ohne Scham des Vermögens der Ermordeten bemächtigt hatte. Er war Zeuge gewesen, wie der König einem jungen Patrizier, der bei einem Gastmahl gewagt hatte, ihm zu widersprechen, kaltblütig den Dolch in die Kehle stach und dann weiterspeiste.

Lucius wusste: In der nächsten Nähe des Königs lebte man gefährlich. Aber als Sohn der Schwester des Superbus und vaterlos, wie er war, blieb ihm keine andere Wahl, als am Hof zu leben. Da war es am besten, man stellte sich dumm. Stellte sich dumm und wartete auf seine Chance.

Und so galt Lucius Junius als schwerfällig und tölpelhaft, ohne Entschlusskraft, ja, geistig beschränkt. Wenn die Söhne des Königs was zum Lachen brauchten, holten sie sich den Jungen und trieben ihren Mutwillen mit ihm. Und sie nannten ihn Brutus. Brutus, das heißt, die Dumpfbacke, der Tölpel. Er ertrug den Namen äußerlich mit Gelassenheit, spielte ganz bewusst seine Rolle. Hinter der Maske des Toren verbarg sich ein Wille aus Stahl und eine verletzte Seele, die glühte vor Durst nach Gerechtigkeit.

Einigen wenigen Gleichgesinnten vertraute sich der verschlossene junge Mensch an: Sie wussten, dass Brutus von unversöhnlichem Hass gegen die Tyrannei beseelt war. Und sie ahnten, dass irgendwann seine Stunde kommen würde.

Von solchen Einsichten freilich waren die hochfahrenden Nachkommen des Tarquinius weit entfernt!

Die Reise nach Delphi war für die Königssöhne mit viel »Spaß« verbunden. Brutus ließ jeden Schabernack schweigend oder mit dümmlichem Lächeln über sich ergehen. Was die beiden Prinzen nicht wussten: Im Inneren seines Reisestocks führte er einen goldenen Stab mit sich, den er dem Gott Apollo opfern wollte, um ihn günstig für sich zu stimmen. Der schlichte Stock mit dem goldenen Kern: Das war ein Sinnbild des Charakters von Brutus.

Die beiden Prinzen entledigten sich ihres Auftrags und befragten die Priesterin nach der Bedeutung der Riesenschlange; welche Auskunft sie mit nach Rom nahmen, ist nicht bekannt, aber wie fast immer muss auch dieser Ausspruch der Priesterin doppeldeutig und dunkel gewesen sein – jedenfalls so, dass es Superbus nicht ernsthaft beunruhigte und ihn weiter blindlings seinem Schicksal entgegenlaufen ließ.

Ein Beispiel für die Doppeldeutigkeit des Orakels war das, was es nach dem Vater den beiden Söhnen des römischen Königs verkündete. In ihrem Übermut hatten sie die Frage gestellt, wer von ihnen als Nächster über Rom herrschen würde. Und die Antwort lautete: »Die Herrschaft über Rom wird dem zufallen, der zuerst die Mutter küsst!«

Das Bruderpaar hörte sich das an und dachte sich sein Teil. Jeder beschloss bei sich, in Rom so schnell wie möglich zu ihrer Mutter Tullia zu eilen und sie zu küssen. Aber zu Haus zurückgeblieben war ja noch Sextus, der dritte Sohn des Superbus, der seinerzeit die Bürger von Gabii an seinen Vater verraten hatte. Die beiden anderen schworen sich mit heiligem Eid, ihn nicht einzuweihen: So war er als Thronanwärter ausgeschlossen.

Niemand aber hatte auf den »dummen« Brutus geachtet, der den Spruch auch gehört hatte und der das Innere seines Wanderstabes inzwischen mit inbrünstigem Gebet dem Apollo geopfert hatte. Er erkannte sofort, dass der Spruch einen ganz anderen Sinn hatte als den vordergründigen.

Als er mit seinen beiden Vettern den Tempel verließ, tat er so, als würde er stolpern, und fiel der Länge nach hin, sodass sein Gesicht den Boden berührte. Die Königssöhne hielten sich die Seiten vor Lachen über den Tollpatsch. Sie ahnten nicht, dass in diesem Augenblick Brutus das Orakel erfüllt hatte. Er hatte die Erde geküsst, die gemeinsame Mutter aller sterblichen Menschen.

Die tugendhafte Lucretia

Als die Reisenden nach Rom zurückkehrten, fanden sie den König dort nicht vor. Er war schon wieder ins Feld gezogen, diesmal gegen die rutulische Stadt Ardea, die für ihren Reichtum bekannt war – Grund genug für den habgierigen Monarchen, sie anzugreifen, denn seine Bauten verschlangen ja, wie wir wissen, Unsummen. Die Königssöhne mussten also ins Feldlager ziehen, um ihrem Vater die Deutung aus Delphi zu überbringen.

Aber Ardea erwies sich als harte Nuss. Der Versuch, die Stadt im Sturm zu nehmen, misslang. Eine langwierige Belagerung begann, denn offenbar gab es keinen Mangel an Lebensmitteln innerhalb der Mauern.

Das Leben im Feldlager war Routine; nichts als Wachdienste, Posten inspizieren und auf Patrouille gehen; da gab es keine Gelegenheit, sich hervorzutun, etwa durch eine tollkühne Reiterattacke oder einen spektakulären Zweikampf. Die verwöhnten Söhne der Patrizier langweilten sich. Der einzige Lichtblick war, dass man zwischen dem Lager vor Ardea und Rom ziemlich bequem hin- und her-

reisen konnte – die Stadt lag nur eine halbe Tagesreise süd-
lich. Zumindest die Offiziere genehmigten sich hin und
wieder so einen kleinen »Urlaub«.

Die Königssöhne und einige andere junge Adlige vertrieben sich die Zeit mit kleinen Feiern, zu denen sie sich gegenseitig einluden, sie tranken um die Wette und prahlten
mit ihren Abenteuern im Krieg und in der Liebe.

Eines Tages war Sextus Tarquinius der Gastgeber und unter den Zechenden war auch ein gewisser Collatinus, ein
Vetter der Tarquinier. Irgendwie kam die Rede auf die
Frauen, die man zu Haus zurückgelassen hatte, und jeder
lobte die Tugend und Sittsamkeit der seinen über alle Maßen.

Schließlich rief Collatinus: »Es sind doch nur ein paar
Wegstunden bis nach Rom! Warum steigen wir nicht aufs
Pferd und machen unseren Frauen einen Überraschungs-
besuch? Dann können wir uns mit eigenen Augen davon
überzeugen, was sie machen!«

Der Vorschlag fand Beifall. In ihrem Übermut ließen die
drei Söhne des Tarquinius und Collatinus ihre Pferde sat-
teln und ritten Hals über Kopf nach Rom. Als sie ankamen,
war es bereits Abend. Zunächst suchten sie den Königspalast auf – und fanden die drei Damen an der Tafel bei einem üppigen Gelage, wo sie sich von kräftigen jungen Sklaven bedienen ließen!

Zutiefst enttäuscht über das Benehmen ihrer Frauen, die
sich alles andere als sittsam aufführten, machten sie sich auf,
um nun auch die Frau des Collatinus, die schöne Lucretia,
zu überprüfen. Dazu mussten sie aufs Land, nach Collatia,
dem Wohnsitz des jungen Mannes. Es war inzwischen fins-

tere Nacht geworden. Aber schon von Weitem sahen sie: In dem Gehöft brannte noch Licht. Voll banger Ahnungen stieg Collatinus mit den anderen vom Pferd. Sollte sich seine Lucretia etwa auch irgendwelchen Vergnügungen hingeben?

Nein, Lucretia war noch nicht zur Ruhe gegangen. Aber Collatinus wurde angenehm überrascht. Beim Schein des flackernden Kienspans saß sie im Kreis ihrer Dienerinnen im Frauengemach am Spinnrad – ein Bild friedlicher Häuslichkeit!

Freudig überrascht begrüßte sie ihren Mann zärtlich und dessen Freunde mit der gebührenden Zurückhaltung und befahl sogleich, ein Nachtmahl für die Gäste vorzubereiten.

Niedergeschlagen und missmutig gaben die Königssöhne zu, dass Lucretia der Preis gebührte – und nicht nur an Tugend, sondern auch an Schönheit. Besonders Sextus Tarquinius konnte sich nicht sattsehen an der jungen Frau, ihrer Anmut und ihrem zurückhaltenden Stolz.

Noch in der Nacht ritten die vier Männer zurück zum Feldlager vor Ardea. Aber Sextus' Gedanken kehrten immer wieder nach Collatia zurück. Verwöhnt und herrisch, wie alle Söhne des Königs, denen nie etwas verweigert worden war, wollte ihm nicht in den Kopf, dass er etwas, was ihm gefiel, nicht bekommen konnte.

Einige Tage waren verstrichen, da näherte sich gegen Abend ein einsamer Reiter dem Gut Collatia. Verwundert erkannte die Hausherrin in ihm den Tarquinius Sextus. Aber der wusste zu erklären, dass er auf der Durchreise in militärischer Mission sei. Die arglose Lucretia nahm den

Waffengefährten ihres Mannes gastfreundlich auf, wie es sich gebührte. Sie ließ ihm ein Nachtessen vorsetzen, aber trotz der dringenden Bitte des Königssohns ließ sie sich nicht überreden, ihm Gesellschaft zu leisten. »Wenn mein Gemahl nicht anwesend ist, schickt es sich nicht, dass ich mich in Gegenwart anderer Männer aufhalte!«, sagte sie ruhig und bestimmt. Nichts konnte sie von ihrer keuschen Zurückhaltung abbringen. Ihre stolze Haltung entflammte Sextus noch mehr.

Nach dem Abendessen ließ sie ihm ein Nachtlager zuweisen und verabschiedete sich von ihm.

Mitten in der Nacht jedoch drang der zügellose junge Mann in die Schlafkammer der Hausherrin ein und zwang sie mit vorgehaltener Waffe, ihm zu Willen zu sein. Triumphierend ritt er nach der Tat ins Heerlager zurück, ohne sich um die Verzweiflung der Missbrauchten zu kümmern. Er hatte seine Gier gestillt. An die Folgen dachte er nicht. Natürlich nahm er an, dass Lucretia niemandem von dieser Nacht erzählen würde und somit alles zu vertuschen war.

Aber darin hatte er sich getäuscht.

Lucretia war nicht die Frau, die Schmach, die sie erduldet hatte, zu verheimlichen und in der Stille zu ertragen. Nachdem sie stundenlang weinend und mit zerrauftem Haar auf ihrem Bett gesessen hatte, fasste sie einen Entschluss.

Sie sandte Botschaft zu ihrem Vater Spurius Lucretius und zu ihrem Mann Collatinus vor die Tore von Ardea und forderte die beiden auf, so schnell wie nur immer möglich zu ihr zu kommen und jeweils noch einen treuen Freund als Zeugen mitzubringen.

Beunruhigt folgten die beiden ihrem Ruf. Collatinus, ihr

Mann, brachte seinen guten Freund Lucius Brutus mit, von dem er, im Gegensatz zu den Königssöhnen, große Stücke hielt. Sie fanden Lucretia tränenlos und gleichsam erstarrt in ihrem Schmerz. Mit monotoner Stimme berichtete sie, was ihr Sextus angetan hatte.

»Entehrt, wie ich bin, ist mir das Leben nichts mehr wert«, sagte sie mit eiserner Ruhe. »Ihr aber gelobt mir, dass meine Schande nicht ungerächt bleibt, straft den Ehrlosen!«

Mit diesen Worten zog sie einen Dolch aus den Falten ihres Gewandes, und bevor jemand einschreiten konnte, stieß sie sich die Waffe ins Herz und brach tot zusammen.

Das Ende der Königsherrschaft

Noch standen Vater und Ehemann fassungslos vor der Leiche der schönen Frau und rangen in Trauer die Hände. Da sprang Brutus vor. Er sah seine Stunde gekommen. Fort war die Maske des Tölpels! Brutus zeigte sein wahres Gesicht: kühn, entschlossen zum Äußersten, unerbittlich. Er zog den Dolch aus der Wunde der Toten und reckte die blutbefleckte Waffe zum Himmel empor. »Ihr Götter!«, rief er, »seid meine Zeugen! Hier gelobe ich, dass ich den schändlichen Tarquinius Superbus und all seine Söhne fortan verfolgen werde, bis sie aus Rom verschwunden sind! Und mehr noch: Nie wieder soll es einen König in Rom geben, weder irgendjemanden aus diesem verfluchten Stamm noch aus einem anderen Haus! Denn das Königtum trägt den Keim der Gewaltherrschaft in sich und von dieser Tyrannei möge Rom in Zukunft verschont bleiben!«

Und so bewog er Lucretias Verwandte, mit ihm gemeinsam auf jenen Dolch der edlen Selbstmörderin einen feierlichen Eid zu leisten.

Sie gelobten, den Tyrannen zu verjagen.

Von nun an nahm Brutus die Dinge in die Hand. Im Einverständnis mit Vater und Ehemann der Toten ließ er Lucretia auf dem Forum aufbahren, damit alles Volk sehen konnte, welch eine Untat hier verübt worden war. Wie ein Lauffeuer verbreitete sich die Nachricht, dass sich eine junge Patrizierin, aus welchen Gründen auch immer, selbst umgebracht hatte und ihre Verwandten an ihrer Bahre zu den Römern sprechen wollten. Aus allen Stadtvierteln strömten die Menschen herbei. Dann aber traten weder Vater noch Gatte auf die Rednertribüne, die sich dort befand, sondern zu aller Erstaunen Brutus – ein vollkommen veränderter Brutus, glühend vor Leidenschaft, eisern entschlossen und von mitreißender Beredsamkeit.

»Diese junge Frau hat sich selbst erdolcht«, rief er, »weil ihr der Tod lieber war als die Schande! Sextus Tarquinius, der glaubt, sich in seinem Übermut alles erlauben zu können, wie die anderen Söhne des Königs auch, hat eine ruchlose Tat begangen, hat sie mit Gewalt geschändet!«

Die Menge auf dem Platz brach in Klagen und Jammern aus und die Frauen rangen die Hände. Brutus fuhr unerbittlich fort: »Könnt ihr nichts anderes, als euch in wehleidigem Gejammer zu ergehen? Jetzt sind Taten gefragt, ihr Quiriten! Seht hier den gramgebeugten Vater, den verzweifelten Gatten! Ja, für sie beide ist der Tod Lucretias schmerzlich, viel schmerzlicher jedoch die Entehrung, die dieser Frau widerfahren ist! Nehmt euch ein Beispiel an ihnen, an solcher Gesinnung! Sie schreien nach Rache! Und ihr? Wollt ihr wirklich noch länger dem Tyrannen und seiner Brut hörig sein? Ihr seid Römer, nicht Sklaven eines despotischen Herrschers! Denkt an die Untaten dieser Familie! Erinnert euch, wie Servius Tullius ermordet wurde und wie seine Tochter in ihrem Wagen über den im Staub liegenden Leichnam hinwegrollte! Fasst Mut! Jagt die Unwürdigen davon! Die Zeit ist reif!«

Von solcher Rede angestachelt, rotteten sich immer mehr tapfere und entschlossene Männer zusammen, bereit, sich aufzulehnen gegen die Königsherrschaft. Denn das Maß war voll, und der Tod und die Entehrung der jungen Frau waren nur der Tropfen, der das Fass zum Überlaufen brachte.

Brutus behielt weiterhin das Kommando.

»Zwei Dinge sind jetzt zu tun!«, sagte er. »Wir müssen die Tore schließen und Rom zur Festung machen gegen den König, der mit seinem Anhang vor Ardea im Felde liegt. Ich aber werde, so schnell es geht, dorthin reiten und die Soldaten, die auch römische Bürger sind, zum Aufstand ermutigen. Ich bin sicher, dass es keinen aufrechten Mann gibt, der nicht auf unserer Seite steht!«

Inzwischen war die Nachricht von dem Aufstand zu Superbus gedrungen. Mit seinen Leibwächtern machte sich der König im Eilmarsch auf nach Rom. Er hoffte, mit seiner Elitetruppe ganz schnell des »Krawalls«, wie er es nannte, Herr zu werden.

Brutus aber war auf einer anderen Route an ihm vorbeigezogen und leistete ganze Arbeit bei den Legionen. Mit all der Beredsamkeit, die er in Rom entfaltet hatte, schilderte er nun auch den Männern unter Waffen das Schicksal Lucretias und berichtete von dem, was inzwischen in Rom vor sich ging.

Es war, als habe man einen Funken in trockenes Stroh geworfen. Brutus hatte recht gehabt: Die Zeit war wirklich reif. Die Menschen waren der Unterdrückung durch die Tarquinier überdrüssig geworden und bereit, das Joch abzuschütteln. Die Legionen liefen sämtlich zu Brutus über und die Prinzen konnten sich nur mit Mühe vor den aufgebrachten Männern aus dem Lager retten.

Tarquinius Superbus hatte unterdessen vergeblich versucht, in Rom Einlass zu erlangen. Niemand war bereit, dem verhassten Tyrannen die Tore zu öffnen. Im Gegenteil. Lucretius, der Vater der Frau, welcher der Tod lieber gewesen war als Schande, stieg auf die Zinne der Mauer und rief ihm von dort aus zu: »Empfange dein Urteil der versammelten Bürger: Für alle Zeiten bist du aus Rom verbannt!«

Fünfundzwanzig Jahre der Gewaltherrschaft hatten die Römer erduldet. Nun fegte das Volk zugleich mit diesem einen König die gesamte Königsherrschaft hinweg. Die Römer waren wieder frei und wollten es bleiben. Mit heiligem Eid verpflichteten sich die Bürger, nie wieder einen König über sich zu dulden.

Es gab noch die Wahlordnung, die der kluge Servius Tullius einst aufgestellt hatte, damit die Stadtteile ihre Vertreter wählen konnten. Nach diesen Prinzipien wählten die Stadtviertel nun zwei Consuln, die sich die Macht teilen sollten, damit niemals wieder ein Mann allein über das Geschick der Stadt entscheiden sollte, und man beschloss, diese Gewalt jeweils nur für ein Jahr zu vergeben, damit keiner das ihm verliehene Amt dauerhaft missbrauchen konnte.

Die ersten beiden Consuln waren Lucius Brutus, der von den Bürgern den Ehrentitel »Befreier des Vaterlands« erhielt, und Collatinus, der Gatte der heroischen Lucretia.

Da viele tapfere Männer aus den niederen Volksschichten dazu beigetragen hatten, die Tarquinier zu vertreiben (schließlich hatten sich die Legionäre dem Aufstand gegen den Tyrannen angeschlossen und ihn somit praktisch entmachtet), kam man überein, auch aus ihren Reihen Mitglieder in den Senat zu berufen. Die Männer, die dem einfachen Volk angehörten, wurden Plebejer, verkürzt Plebs, genannt.

Abgesehen von der damit einhergehenden hohen Ehre hatten diese ausgewählten Plebejer nun damit die Möglichkeit, selbst Gesetze vorzuschlagen oder Anträge zum Wohl des Staates in Krieg und Frieden einzubringen.

Der Senat hatte nun dreihundert Mitglieder.

Die neuen Senatoren, die in die Listen des nunmehr höchsten Gremiums der Stadt aufgenommen wurden, nannte man, weil sie »dazugeschrieben« wurden, »conscripti«. Und in Zukunft wurden die Senatoren »Patres conscripti« angeredet, Väter (und) Dazugeschriebene.

DIE ERSTEN HELDEN DER
RES PUBLICA ROMANA

Verschwörung gegen die Freiheit

Res Publica nannte sich der römische Staat nun. Wörtlich: das öffentliche Ding – die Angelegenheit, um die sich alle Bürger zu kümmern hatten.

Rom war frei.

Aber Tarquinius Superbus war nur verbannt, nicht tot, und er setzte alles daran, seine Macht zurückzuerobern und den jungen Staat zu stören und zu zerstören.

Er hatte bei den Etruskern Asyl gefunden; geschickt verstand er es, seine Verwandtschaft mit diesem Volk hervorzuheben; dass er aus Machtgier und Habsucht noch vor Kurzem gegen einige der etruskischen Städte vorgegangen war, wurde vergessen. Offenbar waren sie froh, einen Kenner des »feindlichen« Roms bei sich zu haben – und außerdem sahen sie mit Argwohn auf die neue Regierungsform, die da entstand. Was, wenn man in Etrurien auf ähnliche Ideen kommen und die Könige fortjagen würde?

Von Etrurien aus schickte Superbus Unterhändler nach Rom: Es ging um die Herausgabe seines Privatvermögens, das in Rom verblieben war – schließlich hatte man ihm ja die Stadttore vor der Nase zugeschlagen. Da die junge Republik ihren Stolz darein setzte, sich nicht unrechtmäßig zu bereichern, war man zu diesem Schritt bereit. Aber die Abgesandten zogen die Verhandlungen in die Länge, und das hatte seinen Grund: Unter der Hand versuchten sie, die jungen Patrizier der Stadt aufzuwiegeln, mit dem Ziel, den König zurückzuholen. Die Herrschaft des Superbus hatte gerade den jungen Patriziern viele Privilegien geboten: Ihnen waren die Offiziersstellen im Heer vorbehalten gewesen, erobertes Land fiel ihnen steuerfrei zu. Und außerdem blendete sie der Glanz und Reichtum des Königshofs, wo man in Luxus lebte. Die Republik mit ihren strengen Regeln und ihren wenig Erfolg versprechenden Ämtern – alle Magistrate arbeiteten ehrenamtlich – schien ihnen nicht sehr verlockend. Mit Verheißungen von Ruhm und Reichtum gelang es den Abgesandten des abgesetzten Königs, eine ganze Reihe junger Leute zu betören. Man verschwor sich, den König zurückzuholen. Und unter diesen verblendeten Patriziern der Verschwörung befanden sich auch die Söhne und Neffen der beiden ersten Consuln Brutus und Collatinus! Vielleicht waren sie abgeschreckt von der Kargheit und Strenge, die diese junge Republik auf ihre Fahnen geschrieben hatte. Vielleicht war es nur eine unüberlegte Revolte von Söhnen gegen ihre allzu »tugendhaften Altvorderen«, eine unbedachte Tat aus Übermut. Jedenfalls waren sie dabei.

Die entscheidende Absprache zwischen den Gesandten des Tarquiniers und den Verschwörern fand in einem abgelegenen Haus statt, nachdem man vorsorglich alle Sklaven fortgeschickt hatte. Allerdings hatte man einen jungen Burschen aus ihren Reihen übersehen, der gerade draußen im Garten gearbeitet hatte. Als er hereinkam und merkte, weswegen man sich getroffen hatte, gelang es ihm, sich zu verstecken und die Versammlung zu belauschen. Er erfuhr so, dass die Verschwörer den Abgesandten aus Etrurien einen Brief für Tarquinius Superbus mitgaben, in dem sie sich bereit erklärten, ihm und seinen Verbündeten heimlich die Tore von Rom zu öffnen, wenn er die Stadt angreifen wollte.

Nachdem sich die Männer voneinander verabschiedet hatten, lief der Sklave los und meldete den Consuln, was er gehört hatte.

In aller Eile schickte man den Gesandten, die schon auf dem Heimweg waren, eine Reitertruppe nach. Man holte sie ein, brachte sie nach Rom zurück und fand bei ihnen den Brief mit den Namen der Verräter.

Noch am gleichen Tag wurden die jungen römischen Patrizier festgenommen.

Die Habe und der Grundbesitz des Superbus und seines Anhangs wurden nun beschlagnahmt; kein Gedanke mehr an Rückgabe. Ihr Grund und Boden wurde zu Staatseigentum erklärt, der Königspalast dem Volk zur Plünderung freigegeben und danach bis auf die Grundmauern abgerissen.

Und dann gingen Senat und Volk von Rom daran, die Verschwörer zu bestrafen.

In einer Mischung aus Schauder und Bewunderung mussten die Menschen erleben, wie in öffentlicher Verhandlung auf dem Forum Brutus über seine eigenen Söhne zu Gericht saß!

Mit unbewegter Miene klagte er die beiden jungen Männer des Hochverrats an und sie wussten sich nicht zu verteidigen. Hatten sie auf Milde durch ihren Vater gehofft? Diese Hoffnung wurde zunichte, als Brutus, kalt und unbewegt wie ein Standbild, das Urteil verkündete: »Auf Hochverrat steht nach dem Gesetz die Strafe der schimpflichen Geißelung und danach der Enthauptung.«

Die Menge war wie gelähmt, aber Brutus ließ sich nicht anmerken, wie tief erschüttert er sein musste, seine eigenen Kinder dem Henker auszuliefern. Für ihn stand das Gesetz über allem und keine Vaterliebe durfte für ihn an die Treue zum Vaterland heranreichen. Das musste und wollte er dem Volk zeigen, wenn denn die Republik Bestand haben sollte.

Brutus wandte den Blick nicht ab, als seine beiden Söhne blutig geschlagen wurden, er sah zu, wie sie unter dem Beil des Henkers fielen. Bleich wie ein Geist, die Augen erloschen, wandte er sich den nächsten Angeklagten zu – dem Neffen des zweiten Consuls Collatinus.

Collatinus hatte nicht die übermenschliche Charakterstärke des Brutus. Er wandte sich flehend an das Volk, mit der Bitte, seinen Neffen zu begnadigen. Aber Brutus fiel ihm ins Wort: »Keine Gnade für Hochverrat! Unsere Res Publica Romana muss unantastbar sein, und hier gilt nur, was dem Staat nutzt!«

So wurde auch der junge Collatinus und mit ihm die anderen Verschwörer hingerichtet.

Dann erst ließ Brutus dem Schmerz um seine hingeopferten Kinder freien Lauf; er zerriss den Saum seiner Toga, verhüllte sein Haupt und wankte nach Haus, um zu trauern.

Auf beispiellose Weise war den Römern vor Augen geführt worden, was es hieß, sich gegen den neuen Staat zu erheben – und welche Opfer die Republik verlangte.

Horatius Cocles

Superbus, der Ex-König im etruskischen Asyl, schäumte vor Wut, als er von dem fehlgeschlagenen Staatsstreich und der Enteignung seines Vermögens erfuhr. Nun wollte er offenen Krieg!

Zunächst suchte er Verbündete in Tarquinii, der Stadt, aus der sein Vater einst nach Rom gekommen war, und man war in der Tat bereit, für ihn und mit ihm gegen Rom zu ziehen.

In einer blutigen Schlacht besiegte die junge Republik jedoch den Feind. Allerdings hatte man einen schweren Verlust zu beklagen. Brutus, der Vater der Res Publica, war im Kampf gefallen. Kühn und ohne Rücksicht zu nehmen, hatte er sich in die erste Schlachtreihe der Reiter gedrängt, und manchen war es so vorgekommen, als suche er den Tod, nachdem er seine beiden Söhne sozusagen eigenhändig auf dem Altar des Vaterlandes geopfert hatte.

Ein Jahr lang trugen die Frauen der Stadt Trauer um Brutus.

Für diesmal war der Kampf für die Königsherrschaft verloren, aber der Tarquinier gab keine Ruhe. Er hielt sich bei dem mächtigen Etruskerkönig Porsenna auf und bestürmte ihn Tag um Tag, für ihn zu streiten.

»Male dir nur aus, was geschieht, wenn andere Völker anfangen, dem Beispiel der Römer zu folgen und ihre Könige fortjagen! Dann könnte auch dein Thron bald stürzen! Also sollte man den Anfängen wehren!«

Diese Argumente überzeugten Porsenna schließlich. Aber er bereitete den Krieg mit großer Sorgfalt vor; die Niederlage der Kämpfer aus Tarquinii führte ihm vor Augen, welche Schlagkraft die römischen Legionen hatten, gleichgültig, ob sie nun für einen König oder für eine Republik ins Feld zogen.

Mit einem beeindruckenden Heer rückte Porsenna schließlich gegen Rom vor. Die Bürger hatten angesichts der militärischen Stärke des Feindes beschlossen, sich nicht in offener Feldschlacht zu stellen. Einer Belagerung, so meinten sie, konnte Rom leicht standhalten. Auf der einen Seite war der Tiber eine natürliche Begrenzung und selbst wenn es dem Feind gelingen würde, den zu durchqueren, würde er an der entscheidenden Stelle vor den steil aufragenden tarpejischen Felsen stehen, auf denen die gut befestigte »Burg«, das Capitol, thronte. Alle anderen Seiten waren mit Wall, Graben und Mauern gesichert.

Einzig der Janiculus, das Vorwerk jenseits des Tiber auf dem Hügel, befand sich außerhalb dieses Runds. Wie wir uns erinnern, hatte König Ancus Marcius den Hügel eingemeindet, befestigt und mittels einer hölzernen Brücke mit dem Stadtkern verbunden.

König Porsenna umritt die Stadt, er machte sich ein Bild von der Lage, und da er bedeutenden strategischen Scharfblick hatte, fiel ihm sofort auf, dass der Janiculus die Schwachstelle der römischen Verteidigung war. Er ließ sofort mit voller Wucht angreifen.

Der Hügel war militärisch nicht genügend gesichert und die Besatzung hielt dem ersten machtvollen Ansturm der Etrusker nicht stand. Sie wurde überrumpelt und zog sich zu der Brücke zurück, die den Janiculus mit dem Zentrum verband. Wäre es den Verbänden des Porsenna gelungen, diese Brücke zu stürmen, so hätten sie sofort bis ins Herz Roms vorstoßen können.

Schon wollten sich die überrannten Verteidiger des Janiculus in kopfloser Flucht über die Brücke zurückziehen, als ein altgedienter Legionär, das Schwert gezogen, ihnen den Weg vertrat. Sein Name war Horatius, und weil er in einer der Schlachten ein Auge eingebüßt hatte, trug er den Beinamen Cocles, das heißt: Einauge.

»Bleibt stehen, Quiriten!«, schrie er seinen Landsleuten zu. »Bedenkt, dass von euch nicht nur das Wohl und Wehe eurer Frauen und Kinder abhängt, sondern dass ihr in euren Händen gleichsam die ganze Stadt Rom haltet, Capitol und Forum, die Curia und die Gassen der Stadt! Statt zu fliehen, sammelt euch und setzt alles daran, diese Brücke zu zerstören, damit der Feind nicht eindringen kann. Ich werde hier am Ufer ausharren und euch die Etrusker vom Leibe halten!«

Zwei andere Legionäre, alte Kampfgefährten des Cocles, stellten sich an seine Seite. »Wir lassen dich nicht allein!«, riefen sie. »Zu dritt wird es uns noch besser gelingen, den Gegner am Vormarsch zu hindern!«

Und so geschah es. Während die drei Tapferen sich der feindlichen Übermacht stellten, ohne zu weichen, begannen die anderen in fieberhafter Eile mit dem Abriss der Tiberbrücke von der Seite des Janiculus her, schlugen mit Äxten, Stemmeisen und Schwertern auf das Holz ein und legten Feuer an die Bohlen.

Schließlich waren nur noch einige Reste der Brücke vorhanden und die Arbeitenden mahnten: »Es ist die letzte Gelegenheit, euer Leben zu retten! Zieht euch zurück in die sichere Stadt, bevor auch der letzte Pfeiler hier einstürzt.«

Horatius Cocles schickte seine beiden Mitkämpfer zurück. Springend und balancierend brachten sie sich über die Stümpfe der Pfähle und die letzten vorhandenen Bohlen in Sicherheit.

Nun stand der mutige Horatius Cocles allein da. »Ich weiche nicht eher von der Stelle, als bis die Brücke ganz zerstört ist!«, rief er seinen Landsleuten zu. Erst als er hinter seinem Rücken hörte, wie die Reste des Bauwerks unterm Jubelruf der Männer krachend ins Wasser stürzten, zog er sich vorsichtig zum Flussufer zurück.

Dann rief er: »Vater Tiberinus, Gott des Flusses, sei einem Sohn jener Stadt gnädig, die du beschützt!«

Die Geschosse der Etrusker zischten ihm um die Ohren und schlugen in seinen Schild ein. Er aber warf sich in voller schwerer Eisenrüstung in die Fluten. Und siehe da, der Flussgott war ihm gnädig. Er hielt ihn über Wasser und trug ihn mit sanfter Strömung ans andere Ufer, wo ihn die Seinen an Land zogen.

Horatius Cocles hatte Rom vor der Eroberung bewahrt. Die Stadt feierte ihren Helden. Sie setzte ihm ein Denkmal und schenkte ihm ein Stück Land zur Bebauung, auf das sich der tapfere Legionär zurückzog.

Aber die Auseinandersetzung mit Porsenna – oder besser: mit Tarquinius – war noch nicht beendet.

Mucius Scaevola

Da der Handstreich, die Stadt im Sturm zu nehmen, missglückt war, verlegte sich Porsenna nun auf eine langwierige
Belagerung. Er vertraute darauf, dass der Stadt irgendwann
die Lebensmittel ausgehen würden. Um das zu beschleuni-
gen, blockierte er alle Lieferungen auf dem Wasserweg, indem er den Tiber zwischen Rom und Ostia mit seinen eigenen Schiffen versperrte, und ermunterte seine Soldaten,
im Umland reichlich Vieh und Getreide zum eigenen Be-
darf zu beschlagnahmen, damit nichts für Nachschub nach
Rom übrig bleiben sollte, falls die Städter Mittel und Wege
finden sollten, etwas einzuschmuggeln.

In der Tat begannen in Rom Brotkorn und Salz knapp zu
werden. Die Consuln und der Senat ordneten strenge Kon-
trolle der vorhandenen Lebensmittel und eine staatlich ge-
regelte Verteilung an. Patrizier und Volk litten vereint Mangel. Keiner durfte mehr beanspruchen als der andere. Von
Tag zu Tag wurden die Rationen kleiner. Porsennas Plan,
die Stadt auszuhungern, schien aufzugehen.

In diesen Tagen kam ein junger Patrizier namens Gaius
Mucius zu den Consuln und bat um Gehör. Er sagte: »Patres, ich will mit eurer Einwilligung, verkleidet als Etrusker,
ins Lager des Feindes gehen und den König umbringen.
Wenn dem gegnerischen Heer das Oberhaupt fehlt, werden
sie bestimmt die Belagerung abbrechen. Wenn ich bei dieser Tat selbst mein Leben verliere – nun, so habe ich es der
Freiheit zum Opfer gebracht.«

Die Consuln zögerten nicht, ihre Zustimmung zu dem
tollkühnen Plan zu geben.

Mucius verkleidete sich deshalb in ein üppig besticktes Gewand, wie es etruskische Offiziere zu tragen pflegten, und es gelang ihm auch wirklich, in das Feldlager der Etrusker zu gelangen. Auf der Suche nach dem König, den er ja noch nie gesehen hatte, stieß er auf einen Zahlmeister, der in seinem Zelt saß und den Sold für die Kämpfer bereitlegte. Als Mucius also einen reich gekleideten Mann sah, der in Gold förmlich zu wühlen schien, hielt er ihn in seiner Aufregung für den König, stürzte ins Zelt und erdolchte ihn.

Zunächst gelang es ihm, im allgemeinen Durcheinander zu fliehen, aber bald hatten die Wachen ihn ergriffen und führten ihn vor Porsenna. Voller Trauer und Zorn sah der Jüngling, dass der König am Leben war!

»Wer bist du?«, fragte Porsenna finster. »Was fällt dir ein, einen meiner Leute zu töten? Bist du von Sinnen?«

Gaius Mucius schüttelte den Kopf. »Ich habe mich geirrt!«, sagte er kühn. »Der Anschlag galt nicht diesem Mann, sondern dir. Ich habe ihn aus Versehen für den König gehalten!«

Porsenna sah ihn verwundert an, noch hielt er ihn für einen Etrusker. »Was treibt dich zu so einer Untat?«, fragte er. »Und was habe ich dir getan?«

»Ich bin Römer und du bist ein Feind meines Volkes. Wer Rom bedroht, muss sterben!«, erklärte der junge Mann eisig. »Und glaube mir, solche wie mich gibt es viele in Rom!«

»Ich denke, das würde ich gern genauer wissen!«, sagte Porsenna aufgebracht. Er befahl seinen Leuten, Folterwerkzeuge herbeizubringen, und kündigte dem Mucius an:

»Mach dich darauf gefasst, dass ich dich mit Feuer und Peitsche über den Zustand in deiner halb verhungerten Stadt befragen werde. Und vor allem will ich wissen, was es noch für andere gibt, die gleich dir zu einem Mordanschlag bereit sind!«

Mucius sah ihn verächtlich an. »Glaubst du wirklich, du kannst einen Sohn Roms mit der Androhung von Schmerzen schrecken? Sieh her!«

Und zum Entsetzen Porsennas trat der junge Mann an das herbeigeschaffte Glutbecken heran und steckte seine rechte Hand tief in die glimmenden Kohlen.

Alle rundum schrien auf und der König befahl, den jungen Mann fortzuziehen. Mucius hatte keinen einzigen Schmerzenslaut von sich gegeben. Er stand, ohne sich zu rühren. Als man ihn fortschleifte, war seine Hand völlig verbrannt.

Erschüttert betrachtete Porsenna diesen Römer, der in der Lage war, sich selbst härtere Qualen anzutun, als er selbst auf der Folter vielleicht für ihn hätte ersinnen können, und sein Zorn schlug in Bewunderung um. »Ich schenke dir die Freiheit!«, sagte er. »Schade, dass du kein Etrusker bist. Ich würde einen so tapferen Mann in mein Gefolge aufnehmen und ihn hoch ehren.«

»Aber ich bin ein Römer«, gab Mucius zur Antwort, »und diene keinem König. Und wie ich stehen noch viele Dutzend junge Männer bereit, die sich, nachdem mein Vorhaben gescheitert ist, demnächst einer nach dem anderen aufmachen werden, um dich aus der Welt zu schaffen.«

Diese Worte stimmten Porsenna nachdenklich.

Er hatte nicht vor, unter dem ständigen Druck zu leben,

dass ein Attentäter nach dem anderen versuchen würde, ihn zu ermorden. Das war ihm dieser Krieg, den er ja letztlich für Superbus führte, nicht wert. Er überlegte noch eine Nacht lang, dann war er bereit, mit Rom Frieden zu schließen.

In den Verhandlungen, die er mit dem Senat führte, kam man überein, dass die Republik ihm das Land rechts des Tiber, also auch den Janiculus, wo das Vorwerk stand, überließ, falls er seine Belagerung aufhob. Außerdem hatte man jährlich zwölf Jünglinge und Jungfrauen als Geiseln zu stellen – als Garant dafür, dass Rom ihm nicht wieder einen Attentäter auf den Hals schickte.

So hatte die mutige Einzeltat des Mucius wirklich der Stadt den Frieden gebracht.

Er wurde reich belohnt und erhielt vom Volk den Beinamen Scaevola, was bedeutet: Linkshand.

Eine Wiese am Tiber, die man ihm zum Geschenk machte, heißt bis auf den heutigen Tag Mucia Prata, das Grasland des Mucius.

Allerdings hatte Porsenna nicht vor, sich schnell zurückzuziehen. Noch immer lagerte er vor den Toren der Stadt.

Cloelia

Unter den ersten Geiseln, die Rom an die Etrusker ausgehändigt hatte, befand sich auch ein edles junges Mädchen aus patrizischem Hause mit Namen Cloelia.

Diese Cloelia war eine sehr stolze junge Frau, und es war ihr unerträglich, als Gefangene bei Fremden leben zu müssen. So heckte sie gemeinsam mit den anderen römischen Jungfrauen, die sich wie sie zwangsweise bei den Etruskern aufhielten, einen Plan aus, um zu fliehen.

Eines Tages, als sie unter Bewachung am Tiberufer spazieren gehen durften, entfernte sich Cloelia immer weiter von den etruskischen Soldaten, unter dem Vorwand, Blumen pflücken zu wollen. Die anderen Mädchen verstreuten sich ebenfalls auf der Wiese. Die ahnungslosen Männer, die von den Gefangenen keinerlei Überraschung erwarteten, versahen ihren leichten Dienst nur nachlässig, standen zusammen und unterhielten sich. Diese Situation nutzte Cloelia aus. Sie stürzte sich mit einem gewagten Sprung in den Tiber und begann zu schwimmen. Die Gefährtinnen folgten ihr, und ehe die überrumpelten Wächter ihre Bogen gespannt hatten, waren sie schon außer Reichweite der Pfeile.

Sicher gelangten sie ans andere Ufer und im Triumph kehrten sie nach Hause zurück.

Diese Tat beeindruckte König Porsenna fast noch mehr als die Selbstverstümmelung des Mucius Scaevola – denn sie zeugte vom Heldenmut auch der römischen Frauen, nicht nur der Männer! Aber natürlich konnte er einen solchen Bruch der Verträge nicht dulden. Er schickte also Gesandte in die Stadt und forderte Volk und Senat auf, die Flüchtigen wieder zurückzusenden.

Die Consuln berieten sich. Es schien ihnen unangemessen und unredlich, dem Feind gegenüber einen Wortbruch zu begehen – und so wurden Cloelia und die anderen Mädchen zurück zu Porsenna geschickt. Da einer der Consuln selbst eine Tochter unter den Geiseln hatte, konnten die anderen kaum hinter seiner Haltung zurückstehen.

So stand nun Cloelia erneut vor König Porsenna. Er betrachtete das kühne junge Mädchen lange nachdenklich. Dann sagte er: »Du hast mich gelehrt zu verstehen, was für ein Geist in eurer Republik weht. Wenn es mehr solche todesverachtende Jünglinge wie Gaius Mucius und mehr so tapfere freiheitsliebende Jungfrauen wie dich gibt – und ich zweifle nicht daran! –, dann werdet ihr wohl unbesiegbar sein.«

Er schenkte Cloelia und ihren Gefährtinnen die Freiheit und erlaubte ihr außerdem, von den zwölf männlichen Geiseln drei auszusuchen und mitzunehmen. Cloelia wählte die drei Jüngsten aus, die es am dringendsten bedurften, bei ihren Familien zu sein, und kehrte nach Rom zurück, bewundert von den Etruskern, als Heldin gefeiert von den Römern.

Nach diesen Geschehnissen zog sich Porsenna endgültig in sein Land zurück. Er hinterließ den Römern, die er zu achten und zu schätzen gelernt hatte, seine übervollen Vorratslager auf dem Janiculushügel. So schied der einstige Gegner fast als Freund Roms, und Tarquinius Superbus fand in Italien kein Schwert mehr, das jemand zum Kampf für sein verlorenes Königtum erhoben hätte.

Die Res Publica war nun wirklich frei.

DIE REVOLTE DER ARMEN

Das Schuldrecht

Natürlich wagten im Laufe der Zeit immer wieder einmal italische Volksstämme, gegen den mächtigen Stadtstaat zu Felde zu ziehen – zu verlockend waren die reichen Ländereien und der üppige Besitz der Gemeinschaft. Aber all die Überfälle und Kriege waren zum Scheitern verurteilt. Gegen die Schlagkraft der römischen Legionen kam niemand an! Die Republik hatte das Heer verdoppelt, die Stärke einer Legion war inzwischen auf sechstausend Mann Fußsoldaten angewachsen, dazu kamen sechshundert Reiter, die von Patriziern gestellt wurden. Zu dieser Zeit gab es zwei Legionen, die jeweils von einem Consul ins Feld geführt wurden.

Jedoch was nach außen Sicherheit und Kraft bedeutete, war der Keim zu innerem Unfrieden. Die ungeheure Truppengröße der Res Publica forderte Opfer. Denn sie ging auf Kosten der armen Volksschichten.

Die meisten Legionäre gehörten schließlich der Plebs an. Sie hielten ihre Knochen hin, zogen wieder und wieder für das Vaterland in den Kampf. Zudem zahlten sie Heeressteuern. Aber was tat dies Vaterland für sie?

Während sie tapfer gegen Volsker oder Rutuler zu Felde zogen und dabei, wenn nicht gar ihr Leben, so doch vielleicht ihre Gesundheit einbüßten, versuchten zu Hause die Gattin, der Sohn oder der alte Vater verzweifelt, die Steuern und Abgaben aufzubringen, die der Staat von ihnen verlangte. Ein oder zwei Sklaven waren das Äußerste, was sie sich als Hilfe leisten konnten, um das Bauerngütchen oder den Handwerksbetrieb am Leben zu erhalten. War die Ernte schlecht, lief das Geschäft nicht, musste man Darlehen aufnehmen – mit wenigstens einem Viertel Zinsen vom Kapital! Rückzahlung war meistens unmöglich. Und wenn die Legionäre dann vom Feldzug nach Haus kamen, waren oft ihre Bauerngütchen geplündert oder von reichen patrizischen Großgrundbesitzern, die das Geld vorgestreckt hatten, geschluckt worden, ihre kleinen Handwerksbetriebe ruiniert, die ohnehin geringe Habe in alle Winde verstreut, die Frau längst in den Armen eines anderen.

Und es war gleichgültig, wo und wie häufig sie vorher in den Legionen gekämpft und gesiegt hatten: Unerbittlich lag auf ihnen weiter die Last der Steuern und Abgaben, die während ihrer Militärzeit nicht ausgesetzt wurden. Um die Pflichten gegenüber dem Staat zu begleichen, machten sie weiter Schulden. Schulden über Schulden! Und wer seine Zahlungen nicht leisten konnte, verfiel einer grausamen und unerbittlichen Schuldgesetzgebung. Gnadenlos pochten die Geldverleiher auf die Rückzahlung des Geliehenen. Offenbar galt allgemein die Ansicht, dass Geldmangel ein Charakterfehler sei. Man wurde dafür bestraft; konnte als Sklave verkauft werden oder landete im Schuldturm, wo Folterungen und Auspeitschungen an der Tagesordnung waren.

Das Elend der armen Schichten der Bevölkerung war unvorstellbar. Was nützte es da, dass man jedes Jahr einen neuen Consul wählen durfte? Von römischer Brüderlichkeit konnte keine Rede sein. Nur nach außen war man sich einig. Im Inneren bestimmte das Geld die Beziehungen der Menschen untereinander.

Ein römischer Redner formulierte das so: »Die wilden Tiere, die Italien bevölkern, haben ihre Höhlen und kennen ihre Lagerstätte, ihre Schlupfwinkel. Die Männer aber, die für Rom kämpfen und sterben, haben nichts als Luft und Licht; unstet, ohne Haus und Heim, ziehen sie im Lande umher. Die Feldherrn lügen, wenn sie vor der Schlacht ihre Soldaten aufrufen, die Grabmäler und Altäre der Väter zu verteidigen. Denn keiner von ihnen hat einen Altar oder ein Grabmal geerbt. Herren der Welt werden sie genannt: In Wirklichkeit gehört ihnen kein Krümchen Erde zu eigen.«

Kein Wunder, dass es überall unter den Plebejern gärte. Und ein einziger Vorfall war der Tropfen, der dann das Fass zum Überlaufen brachte.

Es erschien nämlich auf dem Forum eines Tages ein alter Mann, der in einem furchtbaren Zustand war. Seine schmutzige Kleidung hing ihm in Fetzen vom Körper, Haar und Bart waren verwildert und sein Leib ausgemergelt und hager. Mit schwacher Stimme bettelte er die Vorübergehenden um Brot an.

Eigentlich waren die Römer an solche Elendsgestalten gewohnt und gingen mehr oder weniger unerschüttert an ihnen vorüber. Aber diesmal blieb ein ebenfalls nicht mehr junger Mann, dem man den einstigen Legionär ansah, stehen und sagte: »Ich kenne dich doch! Warst du nicht Centurio, Hauptmann, in der Legion? Haben wir nicht gemeinsam gegen die Etrusker gekämpft?«

»Jawohl«, krächzte der Alte grimmig, »ich war Primipilus, ›Erster Speer‹ in unserer Kerntruppe, dem Dritten Treffen, und nie habe ich mich gescheut, da zu stehen, wo das Kampfgewühl am dichtesten war. Sieh her, Quirite, sieh meine Verwundungen!« Und er riss sich die verschlissene Tunica vom Oberkörper und zeigte die tiefen Narben auf seiner Brust.

Jetzt wurden auch andere auf den alten Mann aufmerksam und scharten sich um ihn.

Der Alte schrie sich die Verbitterung von der Seele. »In vielen Kämpfen habe ich für das Vaterland geblutet – und wie lohnt man es mir? Als ich heimkehrte, war mein Hof von Plünderern niedergebrannt, das Vieh weggetrieben, die Familie in alle Winde zerstreut. Aber meine Steuern musste ich weiterbezahlen! So musste ich Schulden machen. Die kärgliche Kriegsbeute, die ich mitgebracht hatte, wurde von den Zinsen aufgefressen, und als ich nichts mehr hatte, warf man mich in den Schuldturm!«

Mit diesen Worten drehte er sich um und zeigte der Menge seinen von Peitschenstriemen zerfleischten Rücken.

Ein Aufschrei der Empörung aus vielen Kehlen erscholl. Es war, als habe man eine Lunte in einen trockenen Strohballen geworfen. Wie ein Lauffeuer breitete sich die Wut der Entrechteten aus, ihr Zorn war nicht mehr zu bremsen. Immer mehr Leute strömten auf dem Forum zusammen und schließlich stürmte man wutentbrannt den Schuldturm und ließ die Gefangenen frei.

Einige Senatoren, die sich gerade auf dem Forum befanden, wagten nicht einzugreifen, aus Furcht vor der erzürnten Menge. Man schickte nach den Consuln. Schließlich tauchten die beiden hohen Beamten auf und versuchten, die Menschen zu beschwichtigen. Aber ihre Versuche waren zum Scheitern verurteilt. Man empfing sie mit Hohngeschrei, hasserfülltem Gejohle und warf schließlich sogar mit faulen Äpfeln.

»Seht, Patres, seht den Dank des Vaterlandes!«, schrien sie aus der Mitte des Volkes. »Seht diese Elendsgestalt, diese Striemen! Das ist der Lohn dafür, dass wir unsere Haut zu Markte getragen haben bei all den Kriegen, die Rom geführt hat!«

Die Anführer der Revolte forderten aus der Menge heraus die Einberufung des Senats. Endlich sollten Gesetze erlassen werden gegen die ungerecht hohen Zinsen, verlangten sie stürmisch. Außerdem müsse es einen allgemeinen Schuldenerlass geben sowie die Begnadigung aller im Schuldturm Eingesperrten.

Es dauerte, bis der Senat beschlussfähig war, denn aus Angst vor der wütenden Masse wagten sich viele nicht aus dem Haus.

Mitten in die Debatte, ob man nachgeben oder mit aller Strenge des Gesetzes gegen die Protestierenden vorgehen sollte, platzte jedoch ein Eilbote herein mit der Nachricht, dass sich einmal wieder der Stamm der Volsker in kriegerischer Absicht der Stadt näherte.

Natürlich blieb die Schreckensbotschaft dem Volk auf der Straße nicht verborgen. Aber während sie beim Senat bleiches Entsetzen auslöste, war sie für die Plebejer Grund zum Jubel. Das kam gerade im rechten Moment! Nun war es so

weit! Sollten die Patrizier doch sehen, wie sie mit der Bedrohung von außen ohne sie fertig wurden! Niemand
würde eine Hand zur Verteidigung Roms rühren!

Was blieb dem Senat übrig? Unter diesem Druck versprachen die Patres, allen Forderungen nachzukommen, und
die Legionen marschierten – wie immer siegreich – gegen
den Feind.

Aber dann, als der Krieg beendet war, schien alles vergessen zu sein. Keine einzige der Forderungen der heimkeh-
renden Soldaten wurde erfüllt.

Nun war die Geduld der Plebejer vollends am Ende.

Der Auszug auf den Heiligen Berg

Als sich zeigte, dass die Forderungen nicht erfüllt wurden,
versammelte sich das Volk erneut auf dem Forum.

Ein Wortführer der Plebejer, Sicinius mit Namen, spornte
die unzufriedenen Männer erneut an. »Der Senat und die
Consuln haben uns belogen und betrogen!«, sagte er. »Wir
wollen in Zukunft unsere eigenen Herrscher sein. Lasst uns
diese Stadt verlassen, die nichts als Undank für uns übrig
hat!«

Und so geschah es. Wie ein Lauffeuer hatte sich die Nachricht von Haus zu Haus, von Gasse zu Gasse verbreitet.
Nachbarn sagten es den Nachbarn. Alle waren bereit. Sobald der nächste Tag graute, konnte man einen gewaltigen
Zug von Menschen zu Fuß, zu Esel und Maultier oder mit
hochbeladenen Ochsenkarren beobachten, der sich dem
Stadttor näherte. Der größte Teil der römischen Unter-

schicht mit Weib und Kind und aller Habe verließ die Stadt.

Unter Führung der zahlreichen altgedienten Legionäre marschierte man über das Flüsschen Anio im Norden Roms und bezog Quartier auf dem Hügel Aventin, der Heiliger Berg genannt wurde. Dort verschanzten die Ausgewanderten sich nach allen Regeln der Kriegskunst, in der sie als altgediente Legionäre mehr als bewandert waren.

In der Stadt herrschte Bestürzung. Die zurückgebliebenen Plebejer fürchteten nun die Rache der Patrizier, sie verbargen sich in ihren Häusern und verrammelten die Türen. Die Patrizier wiederum hatten auch noch vor dem letzten Plebejer Angst.

Und: Wer sollte die Stadt verteidigen, wenn erneut Feinde von außen drohten?

In dieser Lage sah der Senat, wenn auch widerwillig, endlich ein, dass man verhandeln müsse. Natürlich hatten die Herren keine Lust, all ihre gegebenen Zusagen einzuhalten. Sie hofften noch immer auf eine abgeschwächte Variante.

Als Unterhändler schickte man den Menenius Agrippa aus. Er stammte selbst aus einer jener plebejischen Familien, die nach der Vertreibung des Tarquinius Superbus im Senat Platz gefunden hatten, und stand somit den Aufrührern näher als die alteingesessenen Patrizier. Außerdem war er bekannt für seine Beredsamkeit.

Menenius Agrippa wanderte also hinaus zum Feldlager der Plebejer, das sachgerecht mit Wall und Graben versehen war und dessen Tore gut bewacht wurden. Man ließ ihn ein, und Sicinius, der Wortführer der Rebellen, gestattete ihm auch bereitwillig, dass er zu den Männern sprach.

Aber er stieß auf so viel Unwillen, dass es ihm schwer wurde, überhaupt Gehör zu erlangen. Die Männer pfiffen, buhten, grölten, riefen Beleidigungen. Menenius jedoch verlor nicht die Geduld. Er wartete. Schließlich erhob er die Hände und sagte: »Quiriten, ich will euch zu nichts überreden. Ich habe nur einen Wunsch: Lasst mich euch eine Geschichte erzählen und seid so gut, mich nicht zu unterbrechen. Falls euch meine Fabel nicht gefällt, werde ich nach Rom zurückkehren und anderen, geschickteren Unterhändlern das Feld überlassen. Aber zunächst einmal hört mir zu.

So geht meine Fabel:

Vor langer Zeit empörten sich die Glieder des Körpers gegen den Magen, denn sie glaubten, dass er allein untätig sei, während alle anderen für ihn arbeiteten. Sie versagten ihm daher den Dienst. Die Hände führten keine Speise mehr zum Mund, die Lippen öffneten sich nicht und nahmen sie nicht auf, die Zähne zerkleinerten sie nicht, der Schlund verschluckte sie nicht. So wollten sie den Magen, dies faule Wesen, durch Hunger kleinkriegen.

Diesen Plan führten sie eine Weile durch. Bald aber merkten sie, dass sie sich nur selber schadeten, denn sie wurden immer schwächer, und nach und nach verfiel der ganze Körper.

Da entdeckten sie: Der Magen ist durchaus nicht nur untätig, sondern seine stille Arbeit verbreitet die Kraft der empfangenen Speise durch alle Glieder und verleiht ihnen Leben und Regsamkeit.

So gaben sie ihr Vorhaben auf und söhnten sich mit dem Magen wieder aus.

Genauso geht es auch in einem Staatswesen zu. Es kann nur gedeihen und existieren, wenn sich die einzelnen Teile einig sind und miteinander, nicht gegeneinander arbeiten, sonst geht es unter.«

Die Plebejer hatten die Fabel mit großer Aufmerksamkeit angehört. Offenbar begriffen sie nicht, dass diese Geschichte weder vorn noch hinten stimmte und nur dazu angetan war, sie »einzuwickeln« – denn eigentlich brauchten sie die Patrizier ja wirklich nicht! Aber als brave Bürger waren sie bereit, das für bare Münze zu nehmen, was man ihnen auftischte.

Sie wurden, wie beabsichtigt, nachdenklich und berieten sich.

Sicinius aber ergriff endlich das Wort und sagte: »Deine kluge Rede ist angetan, unseren Trotz zu brechen, Agrippa. Wir wären bereit zurückzukommen: Aber nur, wenn die Patrizier endlich ihre Versprechen gegen uns einhalten! Wenn uns Schuldenerlass und Zinssenkung gewährt werden und die ungerechte Besteuerung aufgehoben wird, wollen wir uns aussöhnen mit den Oberen. Dazu jedoch haben wir uns noch etwas ausgedacht. Damit aber niemals wieder Consuln und Senat versuchen können, uns zu hintergehen, fordern wir, dass uns jetzt und in Zukunft zwei Sachwalter zur Seite stehen, die unsere Rechte vertreten. Sie sollen jährlich aus unserer Mitte gewählt werden, müssen unverletzlich sein und außerdem Befugnis haben, gegen die Obrigkeit des Senats einzuschreiten. Unter diesen Bedingungen sind wir bereit, Frieden zu schließen.«

Natürlich versuchten die Patrizier, sich aus dieser letzten Bedingung herauszuwinden, denn es war leicht vorstellbar, dass diese neuen Magistrate dem ganzen Senat die Hände binden konnten! Aber nach längeren Verhandlungen einigte sich der Senat schließlich mit seinem Volk und die Plebs kehrte nach Rom zurück.

Wichtigstes Ergebnis war: Der Senat erklärte sich einverstanden, zwei Beamte aus der Mitte der Plebejer zuzulassen. Diese sogenannten Volkstribunen, deren Immunität feierlich beschworen wurde, saßen an der Schwelle des Senats und wohnten jeder Sitzung bei. Durch ihren Einspruch, ihr Veto (»ich verbiete«), konnten sie in der Tat jeden Senatsbeschluss vereiteln, der ihnen für die Plebejer als nachteilig erschien.

Sicinius, der Wortführer der Plebejer, wurde, wie kaum anders zu erwarten, einer der ersten Volkstribunen.

Kaum im Amt, machten die Volkstribunen von ihrem Recht lebhaften Gebrauch, ob es nun um die Verteilung eroberten Lands oder um neue Steuern ging.

Der Volkstribun, der durch seinen Einspruch die gesamte Gesetzgebung lahmlegen konnte, die Bremse der Willkür, ergänzte die Herrschaft des Senats und legte ihr Zügel an. Die Consuln, die bisher fast wie zwei Könige entscheiden konnten (wenn auch nur im Zeitraum eines Jahres), waren nun in der Pflicht – wie der Senat auch. Über viele Jahrhunderte sollte diese Balance funktionieren.

Erst jetzt war das demokratische System Roms perfekt.

Gaius Marcius Coriolanus

Zu den Erzfeinden der Römer gehörte der Stamm der Volsker, der an der Küste des tyrrhenischen Meeres lebte. Ihre Gegnerschaft rührte aus uralten Zeiten, hatte doch die kriegerische Camilla, eine Volskerin, damals an der Seite des Rutulerfürsten Turnus gegen Äneas gestritten.

Während die Konflikte zwischen Patriziern und Plebejern noch schwelten, sahen die Volsker wieder einmal die Gelegenheit gekommen, das in sich geschwächte Rom anzugreifen, aber nach schweren Kämpfen gewann der kommandierende römische Consul mit seinen Truppen die Oberhand. Eine volskische Stadt nach der anderen nahm er ein. Hartnäckigen Widerstand leistete nur noch Corioli.

Die Römer belagerten die Stadt seit Wochen, und fast wären sie in Schwierigkeiten geraten und hätten das Treffen wahrscheinlich verloren, wenn nicht ein tollkühner junger Patrizier namens Gaius Marcius mit einer Handvoll Gleichgesinnter sich in die von den Feinden geschlagene Bresche geworfen hätte und nicht nur die Angreifer zurückschlug, sondern auch, eine Fackel in der Hand, den Fliehenden durch das geöffnete Tor in die Stadt folgte. Im Nu stand alles in Flammen und die Volsker mussten kapitulieren.

Bei der Siegesfeier im römischen Lager sprach der Feldherr dem jungen Patrizier den Dank des gesamten Heers aus.

»Als Lohn für deinen Wagemut sei dir erlaubt, vor der Verteilung der Beute den zehnten Teil für dich auszusuchen«, sagte er, »und außerdem schenke ich dir mein eigenes Streitross.«

»Auf diese Beute verzichte ich!«, erwiderte Gaius Marcius hochmütig. »Mir ist es Ruhm genug, dass ich für meine Vaterstadt den Sieg errungen habe. Das Pferd nehme ich mit Dank an. Aber wenn ich eine Gunst erbitten darf, so ist es diese: Unter den Gefangenen ist ein alter Gastfreund meiner Familie, aus der Zeit, als wir noch nicht im Krieg mit den Volskern lagen. Für ihn erbitte ich die Freiheit.«

Diese edelmütige Gesinnung fand die Zustimmung des ganzen Heeres und lauter Beifall brandete auf. Dergleichen tat Gaius Marcius mit einer schroffen Handbewegung ab. Er kämpfte für Rom, aber er verachtete die Plebejer. Und vor allem nach dem Auszug auf den Heiligen Berg begegnete er – und viele Patrizier mit ihm – den unteren Schichten mit Misstrauen und Verachtung.

Der Consul machte daraufhin noch einen anderen Vorschlag. »Wir können dich nicht zwingen, Beute anzunehmen. Aber wir können dir einen Ehrennamen verleihen, den du nicht ablehnen kannst. Weil du Corioli erobert hast, sollst du fortan Coriolanus genannt werden.«

Und mit diesem Namen geschmückt, zog der junge Patrizier heim.

Durch die Auseinandersetzungen innerhalb Roms und den »Streik« der Plebejer waren die Felder der Stadt ringsum nicht bestellt worden und es drohte eine Hungersnot. Unter vielen Mühen und mit beträchtlichem Aufwand gelang es den Consuln schließlich, einen größeren Getreidevorrat aus Sizilien anzukaufen, und nun wurde im Senat überlegt, zu welchem Preis man das Korn den Plebejern abgeben sollte.

Eine ganze Reihe von Patriziern jedoch, die sich durch den Erfolg der Plebejer eingeschränkt und gedemütigt fühlte, wollte über mehr als nur Geld und Preise reden. Sie waren der Meinung, dass diese Knappheit an Brotgetreide geradezu vom Himmel geschickt worden sei. Einer der Wortführer war Coriolanus, der die unteren Stände verachtete.

»Jetzt haben wir ein Mittel in der Hand, unsere Rechte von der unverschämten Plebs zurückzugewinnen!«, sagte er hinter vorgehaltener Hand zu seinen Gesinnungsgenossen. »Wenn sie Brot haben wollen, so sollen sie auf ihre Tribunen verzichten, die alles durcheinanderbringen! Sobald der alte bewährte Zustand wiederhergestellt ist – gut, dann können sie ihr Getreide bekommen, und sogar umsonst.«

Der Vorschlag kam irgendwie den Plebejern zu Ohren und erregte natürlich die Gemüter. Der Tribun Sicinius, der seinerzeit den Auszug auf den Aventin angeregt hatte, goss Öl ins Feuer: »Jetzt will man das Volk durch Hunger bezwingen!«, rief er auf der Volksversammlung, die wie immer auf dem Forum stattfand. »Für ein Stück Brot sollen wir unsere gerade erst erkämpften Rechte wieder verkaufen!«

Und als Coriolanus es wagte, sich auf dem Forum während der Versammlung zu zeigen, und dreist herumspazierte, fing man an, ihn als Feind des Volkes zu beschimpfen und zu bedrohen. Schon hoben einige Steine vom Boden auf, um den unbeliebten Helden zu bewerfen.

Jetzt aber legten sich die Tribunen ins Zeug. Sie sahen, dass ein unbedachter Angriff auf den Patrizier sie nur ins Unrecht setzen würde, und genau das war es, was sich die Plebejer jetzt nicht erlauben durften, um sich nicht von vornherein ins Aus zu manövrieren. Nein, wenn man gegen Coriolanus vorgehen wollte, musste das mit den Mitteln der Legalität geschehen. »Haltet euch zurück, Quiriten!«, rieten sie. »Überlasst uns das Handeln. Wir werden vor dem Senat auftreten und Anklage wegen Hochverrats gegen Gaius Marcius erheben.«

Gesagt, getan.

Als Coriolanus von der Angelegenheit erfuhr, zuckte er nur die Achseln. »Diese Männer sollen den einfachen Bürgern Beistand leisten«, sagte er voller Hochmut. »Über Patrizier zu richten, steht ihnen nicht zu, dazu ist ihr Amt nicht geschaffen.«

Aber das Murren der hungrigen Leute wurde immer lauter, und so sah sich der Senat schließlich gezwungen, den Prozess vor der Volksversammlung stattfinden zu lassen.

Der Tribun Sicinius vertrat die Anklage. Er war ein gewiefter Politiker. Ihm war klar, dass man den Angeklagten schwerlich wegen einer mehr oder weniger überlegten Äußerung vor dem Senat aburteilen konnte, und brachte stattdessen zum Erstaunen und Ärger der Patrizier einen völlig anderen Sachverhalt ins Spiel: Er behauptete, Coriolanus habe sich unerlaubt an der Kriegsbeute von Corioli bereichert.

Das war eine offensichtliche Lüge. Schließlich waren viele Legionäre dabei gewesen, wie der stolze Patrizier es ausdrücklich abgelehnt hatte, bevorzugt aus der Beute auszuwählen. Aber in dieser Situation war den Plebejern jedes Mittel recht, um dem hochmütigen Mann am Zeug zu flicken.

Unter dem allgemeinen Jubel der Menge wurde das Urteil gesprochen: lebenslange Verbannung aus Rom für Coriolanus.

Natürlich hätte sich diese Anklage leicht widerlegen lassen. Aber die Patrizier waren so eingeschüchtert von der Wut der Plebejer, dass sie die Augen zudrückten und Coriolanus gleichsam als Bauernopfer seinem Schicksal überließen.

Es heißt, dass an diesem Abend viele der besonneneren und redlicheren Bürger Tränen vergossen, weil das Recht so offensichtlich gebeugt worden war.

Wie dem auch sei: Der Prozess war ein großer Erfolg für die Plebejer und stärkte die Macht der Volkstribunen.

Und Coriolanus? Er musste sich dem Spruch beugen. Zutiefst erschüttert vom Undank des Vaterlandes, ging er fort aus Rom und ließ seine Frau Volumnia, seinen kleinen Sohn und seine alte Mutter Veturia zurück, die sich weigerten, die Stadt mit ihm zu verlassen. Sein unbändiger Stolz war so verletzt, dass seine Vaterlandsliebe in wütenden Hass auf Rom und alles Römische umschlug.

Die Bürger der Stadt Antium im Volskerland staunten nicht schlecht, als eines Tages ein einzelner Römer in voller Rüstung, mit wallendem Helmbusch und purpurnem Mantel auf einem edlen Ross vor den Toren der Stadt auftauchte und mit gebieterischer Miene nach Attius Tullius verlangte, einem einflussreichen Volsker, der bis vor Kurzem noch gegen Rom gekämpft hatte.

Voller Verwunderung erkannte Attius Tullius in dem Ankömmling den vormaligen Erzfeind seines Volkes – der sich nun als ihr Verbündeter anbot und erklärte, einen künftigen Angriff gegen Rom selbst zu leiten!

Natürlich nahmen die Volsker die Dienste eines solchen Kriegshelden gern an und unter einem fadenscheinigen Vorwand eröffnete man erneut die Feindseligkeiten gegen Rom – mit einem solchen Anführer, so meinte man, könne man gar nicht verlieren.

Und so zog der römische Patrizier Gaius Marcius Coriolanus an der Spitze eines starken volskischen Heeres gegen seine Vaterstadt. Nun war er wirklich zum Volksfeind und zum Verräter geworden.

Er ließ das Lager vor den Toren der Stadt aufschlagen, schloss Rom ein und begann, die Gegend ringsum in Schutt und Asche zu legen und die Felder zu verwüsten – aber nur kleine Höfe und Anwesen, die Plebejern gehörten. Die Landgüter und Villen der Patrizier jedoch, ihre Weinberge und Olivenhaine ließ er unberührt.

Mit dieser Taktik wollte er den Unfrieden innerhalb der Mauern Roms schüren, denn natürlich würden die Plebejer darin ein Zeichen sehen, dass Coriolanus und seine Standesgenossen in geheimem Einverständnis seien. Und prompt trat ein, was er erreichen wollte: Die Plebejer weigerten sich, zum Schutz der Vaterstadt die Waffen zu ergreifen!

Den Senatsmitgliedern wurde klar, dass es nur eine Möglichkeit gab, aus dieser Zwangslage herauszukommen: Man musste den Beschluss der Verbannung rückgängig machen und dem abtrünnigen Sohn der Stadt wieder die Arme öffnen. Dann, so argumentierten sie, würden die Volsker, ihres Führers beraubt, abziehen. Die Volkstribunen sahen ein, dass dies die beste Lösung sein würde, und verzichteten zähneknirschend auf ihr Veto.

So schickte man eine Abordnung von fünf Patriziern, alles gute Freunde des Gaius Marcius, ins Lager der Volsker, um ihm die ehrenvolle Mitteilung zu machen.

Die Abgesandten trafen ihn in seinem Zelt inmitten seiner volskischen Offiziere an, er saß auf erhöhtem Stuhl, machte keine Anstalten aufzustehen, um die Ankömmlinge zu begrüßen, sondern sah sie nur kalt und von oben herab an.

Nachdem sie in aller Bescheidenheit ihr Anliegen vorgetragen hatten, entgegnete er hochmütig: »Eure Worte sind für mich wie ein Windhauch, er kommt und er vergeht. Solange in Rom weiter die anmaßenden Volkstribunen das große Wort führen und die Plebs den Patriziern auf der Nase herumtanzt, so lange werde ich nicht zurückkehren, sondern euch weiter bekriegen, denn das ist nicht mein Rom, sondern eine Stadt des Pöbels. Macht eure feigen Zugeständnisse rückgängig, dann bin ich zu Verhandlungen bereit. Ansonsten geht mein Kampf weiter!«

Bestürzt kehrten die Senatoren mit dieser abschlägigen Antwort zurück.

Die Lage in Rom wurde immer misslicher. Es war klar, dass die eingeschlossene Stadt über kurz oder lang kapitulieren musste.

In dieser verzweifelten Situation waren es die Frauen, die schließlich die Stadt retteten.

Zuerst mit Befremden, dann mit Bestürzung sah Coriolanus eines Morgens, wie seine Wachen einen seltsamen Zug ins Lager hineinleiteten: Es waren Frauen. Frauen in dunklen Gewändern, die langsamen Schrittes auf sein Zelt zukamen, die Stola zum Zeichen der Trauer über den Kopf gezogen. Und unter ihnen erkannte er seine Frau Volumnia und seine Mutter Veturia.

Er stürzte ihnen entgegen und wollte zunächst die alte Frau in die Arme schließen, aber Veturia trat zurück und hob abwehrend die Hände.

»Bevor ich zulasse, dass du mich umarmst, sage mir: Bin ich zu meinem Sohn gekommen oder zu einem Verräter?«, sagte sie streng. »Vielleicht betrachtest du mich gar nicht als deine Mutter, sondern als eine Geisel?«

Der Sohn starrte sie an, es verschlug ihm die Sprache.

Und Veturia fuhr fort: »Welche Schande, Mutter eines Mannes zu sein, der sein Vaterland bekriegt! Ich gehe ausschließlich verschleiert aus dem Haus, damit mich niemand auf den Straßen erkennt. Vollende nur dein Werk, marschiere in die Stadt ein, der du alles verdankst – aber du sollst wissen, dass du über die Leiche deiner Mutter gehen musst, denn ich werde mir das Leben nehmen, wenn das geschieht!«

Noch immer brachte Coriolanus kein Wort heraus. Da sagte Veturia: »So will ich denn ein Letztes versuchen, dich zur Umkehr zu bewegen. Sieh, ich knie vor dir!« Und zugleich mit ihr selbst fielen auch Volumnia, seine Frau, und die anderen Patrizierinnen auf die Knie.

Da zerbrach der Panzer aus verletztem Stolz, der das Herz des hochmütigen Mannes umschlossen hatte. »Mutter, steh auf!«, schrie er. »Du kannst dich rühmen, Rom gerettet zu haben. Aber deinen Sohn weihst du dem Tode!«

Und er gab Befehl, die Belagerung abzubrechen, und führte das volskische Heer fort.

Zurück in Antium, hatte er sich den empörten Volskern zu stellen, die ihm – mit Recht – das Scheitern des schon fast siegreich beendeten Feldzugs vorhielten, und als er mit gewohntem Hochmut auf ihre Vorwürfe reagierte, erschlug das aufgebrachte Volk den Römer auf offenem Marktplatz.

So endete der anmaßende Sohn der Stadt: Sein zweiter Verrat war sein Untergang und Roms Rettung.

DIE GALLIER IN ROM

Ein neuer Feind in Italien

Mit dem Tod des hochmütigen Coriolanus war der Kampf zwischen Patriziern und Plebejern jedoch nicht zu Ende. Noch über viele Jahre sollten die beiden Stände ihre Kräfte messen, wobei die Plebs durch die Volkstribunen auch weiterhin mächtige Vertreter hatte. Aber das Gerangel im Senat nahm kein Ende. Es gab immer wieder die gleichen Zankäpfel: die Landverteilung nach Feldzügen, die Steuern, die Schulden, die zu hohen Zinsen. Auch in der Rechtsprechung herrschte oft genug Willkür. Es dauerte noch lange, ehe es so weit war, dass man schließlich Rechte und Pflichten aller römischen Bürger festlegte, aber dann einigte man sich auf ein Gesetzeswerk, den sogenannten Zwölftafelgesetzen. Sie hießen deshalb so, weil der Text, für jeden Bürger einsichtig, auf zwölf Tafeln auf dem Forum öffentlich aufgestellt wurde – so konnte man sich jederzeit darüber kundig machen, was Recht und Unrecht war. Vor allem ging es darum, die Eigenmächtigkeit im Umgang mit Untergebenen einzuschränken: Zum Beispiel wurde die willkürliche Tötung eines Sklaven unter Strafe gestellt (Tötungen von Sklavenkindern gleich nach der Geburt hingegen waren erlaubt!). Die Strafen für Ehebruch und Brandstiftung wurden genauso festgelegt wie die für Meineid und Verrat.

Trotz aller inneren Kämpfe führte die Stadt weiterhin Krieg gegen andere Stämme Italiens – und fast immer mit Erfolg. Vor allem gegen die Etrusker gab es wieder und wieder erbitterte Kriege. Umso verwunderlicher war es daher für den Senat der Stadt, als eines Tages Gesandte aus dem stets von Rom bekämpften Etrurien vor ihm erschienen und um militärischen Beistand baten!

Ein neuer Feind war in Italien aufgetaucht – er kam aus dem hohen Norden.

Die Gallier waren über die Alpen gekommen, angezogen, so hieß es, von der warmen Sonne, den süßen Früchten und vor allem dem Wein des südlichen Landes. Sie waren ein Volk, wie es die Italiker vorher noch nie gesehen hatten. Rothaarige oder blonde Menschen, die ihre wilden Haarschöpfe zu Zöpfen flochten oder am Hinterkopf aufsteckten, die ihre Gesichter bemalten, Hosen trugen – ein Kleidungsstück, das im Mittelmeerraum unbekannt war – und sich in karierte Umhänge hüllten. Es ging ihnen der Ruf voraus, dass sie wilde, unerschrockene Kämpfer seien – und sie kamen nicht etwa nur als Krieger, sondern der ganze Stamm mit Weibern, Kindern, Alten, Vieh und Hausrat zog mit ihnen.

Es war klar: Sie wollten bleiben.

Zunächst freilich nahmen die Römer die Bedrohung auf die leichte Schulter. Sie schickten eine Gesandtschaft ins Feldlager der Gallier vor der etruskischen Stadt Clusium – und die benahm sich nicht sehr diplomatisch. Angesichts der merkwürdig kostümierten Männer, die zudem noch Stierhörner auf den Helmen trugen, und ihres Königs Brennus mit seinem Rauschebart – in Rom völlig unbekannt, zudem der Bart auch noch rot war! – sagten sie von oben herab: »Senat und Volk von Rom verlangen von dir, dass du die Stadt Clusium unbehelligt lässt und sofort mit dem Abzug deiner Leute beginnst. Andernfalls werden wir Römer den Clusiern waffenbrüderliche Hilfe leisten.«

Brennus musterte die Gesandten und sagte dann: »Ich habe von euch Römern noch nie etwas gehört, und von eurem Senat ebenso wenig. Immerhin, wenn man euch zu Hilfe ruft, müsst ihr ja gute Kämpfer sein. Natürlich können wir uns auch auf friedliche Weise einigen. Die Leute von Clusium müssen uns nur das von ihrem Land abtreten, was wir benötigen, um zu siedeln.«

»Mit welchem Recht beansprucht ihr fremdes Land?«, fragten die Römer empört.

Brennus lachte. Er zog seine breite Schwertklinge halb aus der Scheide und erwiderte: »Mein Recht beruht auf dieser Waffe. Tapferen Männern gehört in der Reichweite ihrer Schwerter alles, was sie haben wollen.«

Bevor die Gesandten zu dieser Ansicht Stellung nehmen konnten, fuhr der Gallier fort: »Ihr könnt gern zuschauen, wenn es jetzt zum Kampf mit den Leuten aus Clusium kommt. Dann werdet ihr sehen, was meine Krieger auf dem Schlachtfeld vermögen!« Und ohne sich weiter um die verblüfften Römer zu kümmern, befahl er den Angriff.

Die hochmütigen Patrizier waren aufs Äußerste gereizt über diese, wie sie fanden, achtlose Behandlung, die ihre Würde verletzte. Trotz der Tatsache, dass sie als Gesandte eigentlich zur Neutralität verpflichtet waren, griffen sie auf der Seite der Etrusker zu den Waffen, um den Fremden zu zeigen, wie es war, mit einem Römer zu kämpfen.

Das nahm König Brennus ihnen übel. Er war zwar ungehobelt, aber schlau genug, sich mit den Gepflogenheiten im Verkehr zwischen den Völkern auszukennen und diese Regeln für sich zu nutzen. Nachdem er Clusium eingenommen hatte, schickte er seinerseits eine Gesandtschaft nach Rom, um gegen den Bruch der gültigen Normen bei Verhandlungen zu protestieren.

Aber die Römer nahmen die in ihren Augen grotesken Barbaren in ihren Hosen nicht für voll und setzten sie dem Gelächter der Gasse aus. Die Bedenken der Gesandten, die diese Gallier ja hatten kämpfen sehen, verhallten ungehört.

Übrigens, der Ausdruck »Barbaren«, den schon die Griechen benutzten, heißt wörtlich »die Bärtigen« – was im Fall der Gallier ja zutraf! – und bezeichnete alles, was nicht griechisch, also ungesittet, war. Die Römer hatten das übernommen; allerdings werden sie den Etruskern wahrscheinlich selbst als Barbaren vorgekommen sein …

Dieser Vorfall sollte das letzte Mal sein, dass man in Rom über Gallier lachte.

Denn nun reichte es König Brennus. Er rückte mit Mann und Ross, mit Tross und Wagen gegen die Stadt vor. Noch waren seine Beutekarren leer. Aber er schwor seinen Kriegern: Das würde sich ändern.

Mit einer Sorglosigkeit, die man nur ihrem grenzenlosen Dünkel zuschreiben kann, rüstete Rom zum Kampf gegen die Leute von jenseits der Alpen. Offenbar nahm man an, mit ihnen so nebenbei fertig zu werden.

Am Flüsschen Allia, keine zehn Meilen nördlich von Rom, kam es zum Treffen.

»Dies ater« – Rom in den Händen der Barbaren

Es geschah, was keiner für möglich gehalten hatte.

Die sieggewohnten Legionen der Stadt, berühmt wegen ihrer hohen Kampfmoral und Disziplin, marschierten in geschlossener Formation, Einheit für Einheit, in der Morgenfrühe vor den Stadttoren auf und sahen sich einer wirren Anhäufung von unheimlichen Gestalten gegenüber, die übrigens alle mindestens einen Kopf größer waren als die eher kleinwüchsigen Römer – den überlieferten Brustpanzern nach zu schließen waren die im Durchschnitt nur einen Meter und fünfzig groß! Riesige Musikinstrumente, die nach oben in Schlangenköpfe ausliefen, gaben grausige Töne von sich und erweckten Angst und Schrecken, denn sie klangen wie aus der Unterwelt. Und bevor die Truppen Roms noch in Angriffsposition gehen konnten, stürzten sich die Riesen mit wild flatternden Haaren unterm gehörnten Helm, den Oberkörper nackt und schutzlos, aus vollem Halse brüllend in die Schlacht! Die römischen Speere flogen, viele Gallier fielen – es kümmerte die Anstürmenden nicht. Sie suchten nur eins: den Nahkampf. Sie zerhieben Schilde, als wären es irdene Schüsseln, schlugen mit ihren riesigen breiten Schwertern den Legionären die Waffen beim ersten Ansturm aus der Hand, unterliefen die Formationen, sprengten die ausgeklügelte römische Schlachtordnung und erledigten die Gegner, falls sie ihre Waffe verloren hatten, mit bloßen Händen. Wunden und Tod schienen ihnen gleichgültig zu sein. Sie glühten vor Mordlust.

Obgleich der Angriff in den Augen der Römer wie das

reine Chaos wirkte: Brennus hatte die Sache in der Hand. Mit geübtem Blick hatte er eine Schwachstelle in der römischen Schlachtordnung erblickt. Dorthin lenkte er seine Männer und die wie rasend kämpfenden Gallier durchbrachen sofort die Linien der Römer. Sie fürchteten den Tod nicht, nein, sie schienen ihn förmlich zu suchen! Gegen ihr ungestümes Temperament war kein Kraut gewachsen. Die Römer suchten ihr Heil in der Flucht.

Rom, das über Jahrhunderte unbesiegt aus allen Schlachten hervorgegangen war – Rom gab sich verloren.

»Dies ater« – ein schwarzer Tag in der Geschichte der Stadt war diese Schlacht bei Allia. Schlimm waren die hohen Verluste unter den Legionären, aber mindestens genauso schlimm war, dass die Römer ihr Selbstvertrauen verloren hatten. Gegen die »barbarischen Horden«, so erklärten die Consuln, könne man die Stadt nicht verteidigen. Die gesamte Bevölkerung Roms wurde evakuiert. Nur auf dem Capitol blieben eine Besatzung von tausend Mann und die Stadtväter zurück nebst der Priesterschaft, die alle ihren Posten genauso wenig verlassen wollten, wie ein Kapitän ein sinkendes Schiff verlässt.

Vor der Wucht und Schnelligkeit des gallischen Angriffs floh man Hals über Kopf. Ein Strom von Flüchtlingen verstopfte die Straßen, die nach Westen und Süden führten; alle hatten nur das Allernotwendigste von ihrer Habe gerettet. Weder die Kultgegenstände der Tempel noch die Zwölftafelgesetze oder die Statuen der olympischen Götter führte man mit sich. Viele ließen sogar ihre Penaten, die Hausgötter der Familie, zurück. Mit Müh und Not gelang es, einen Teil des Staatsschatzes auf die Burg zu schaffen – man wähnte ihn dort sicherer als unterwegs. Die Vestalinnen konnten außerdem das ewige Heilige Feuer der Göttin bergen.

Dann sah man schon am Horizont eine riesige Staubwolke, die sich der Stadt näherte – die »gallischen Horden« waren im Anrücken.

Angesichts des nahenden Unheils fasste eine Handvoll hochbetagter Senatoren und Priester einen heroischen Entschluss.

»Wenn unsere herrliche Stadt schon dem Untergang geweiht ist«, sagten sie, »so wollen wir, deren Leben sich ohnehin dem Ende zuneigt, wenigstens ehrenvoll sterben und den Barbaren zeigen, was römische Würde ist. Wir werden unsere angestammten Plätze im Senat einnehmen und so den Feind erwarten.«

Gekleidet in die Toga mit dem Purpurstreifen, die nur den hohen Würdenträgern der Stadt vorbehalten war, verließen die alten Männer das Capitol und stiegen zum Forum hinunter. In der Curia setzten sie sich auf ihre Stühle; einige von ihnen, wie der Oberpriester, hielten als Zeichen ihres Amtes elfenbeinerne Stäbe in den Händen. So harrten sie aus.

Die Gallier hatten zunächst vor den Stadtmauern haltgemacht. Zögernd näherten sie sich den gewaltigen Befestigungsanlagen. So etwas hatten sie noch nie gesehen! Aber sie stellten verwundert fest, dass auf den Wällen keine Wachen aufgestellt waren. Dann sahen sie: Die Stadttore standen offen! Erwartete sie ein Hinterhalt? Brennus schickte vorsichtig einen Spähtrupp voraus. Die Männer durchstreiften zu Pferd die Straßen Roms und die Hufe der Tiere klapperten auf dem Marmorpflaster. Das einzige andere Geräusch war das Plätschern und Rieseln der öffentlichen Brunnen, die überall, in jeder Gasse, für die Trinkwasserversorgung der Städter zu sorgen hatten. Die Gallier waren beeindruckt. Sie spähten in Häuser, deren Türen weit klafften, in Innenhöfe, in Räume mit bunten Wandmalereien und Mosaiken. Auf manchen Feuerstellen rauchte noch die Glut. Aber nirgendwo war ein Mensch zu sehen.

Schließlich gelangten sie auf das Forum. Befangen bestaunten sie die Götterbilder, die Rednertribüne, die marmornen Säulengänge. Und dann betraten sie die Curia, wo die Greise unbeweglich auf ihren Stühlen saßen.

Die Männer aus dem Norden begafften diese unbeweglichen Gestalten und waren sich wohl zunächst im Dämmerlicht des Saales nicht sicher, ob es sich um lebende Menschen oder Statuen handelte. Jedenfalls zupfte einer der Gallier den Oberpriester vorsichtig an der Toga. Daraufhin holte der alte Mann mit seinem Elfenbeinstab aus und schlug den Unverschämten auf den Kopf.

Nun war der Bann gebrochen. Nichts weiter als ein paar alte Männer, noch dazu waffenlos! Die Gallier zückten ihre Schwerter und hackten die Senatoren und Priester buchstäblich in Stücke – ein sinnloses Opfer der alten Männer! Ihre Würde war kein Wert für die Männer aus dem Norden.

Dann ritt der Spähtrupp im Galopp zurück zur Truppe und verkündete: keine Gefahr! Die Stadt ist aufgegeben.

Brennus gab Rom frei zur Plünderung.

Die Besatzung auf dem Capitol musste nun zähneknirschend mitansehen, wie die Eroberer die Stadt gleichsam ausweideten. Was nicht auf Karren oder Packpferde passte, wurde zerstört. Münzen, Gold und Silber, Gewänder und Pelze und alle Lebensmittel wurden fortgeschleppt. Die Gallier zerschlugen und zerstörten, was ihnen nicht mitnehmenswert erschien, zerhackten die Mosaiken der Fußböden, zertrümmerten Stühle und Liegen, besudelten Wandbilder, schlugen Götterbildern die Nasen und Hände ab. Zum Schluss legten sie an vielen Stellen Feuer. Ganze Straßenzüge gingen in Flammen auf.

Nach dieser Orgie der Gewalt versuchte Brennus nun, das Capitol zu stürmen. Aber daran biss er sich die Zähne aus. Der Kommandant der Besatzung, Marcus Manlius, war auf der Hut und seine Elitetruppe kampfentschlossen. Keinem einzigen Gallier gelang es, die Mauer zu überwinden.

Was freilich für Brennus und seine Mannen kein Grund war abzuziehen. Sie saßen ja schon sehr bequem in Etrurien. Da würden sie es ja wohl noch mit dieser Stadt aufnehmen können, sozusagen als Zugabe.

Hilferuf an einen Verbannten

Inzwischen hatten sich die Reste der geschlagenen römischen Truppen bei der etruskischen Stadt Veii gesammelt. Die Legionäre waren bereit, den Galliern erneut die Stirn zu bieten – aber nur, wenn sie unter einem zu allem entschlossenen Feldherrn kämpfen durften, an dessen Sendungsbewusstsein und Siegeswillen sie glaubten und der sie mitreißen würde. Und immer lauter wurde im Heer der Name eines einzigen Mannes genannt: Camillus.

Mit diesem General hatte es folgende Bewandtnis:

In zwei vorangegangenen Kriegen hatte Camillus als Heerführer geniale Qualitäten bewiesen. Er hatte seine Soldaten nicht nur von einer siegreichen Schlacht in die nächste geführt, sondern auch bei der Belagerung einer Stadt völlig neue Techniken angewandt: Er ließ nämlich einen Tunnel graben und unterhöhlte den belagerten Ort, wie ein Maulwurf eine Wiese unterhöhlt. Auf diese Weise brachen die gegnerischen Befestigungen zusammen, und so war es ihm ein Leichtes, die Stadt zu nehmen.

Während dieser Aktionen hatte Camillus das höchste Staatsamt überhaupt innegehabt, das Amt eines Dictators.

Natürlich wussten die Römer, dass man in Notzeiten nicht darauf warten konnte, dass Beschlüsse demokratisch gefasst wurden. Bis das ganze Für und Wider der streitenden Parteien vorgetragen war, konnte es zu spät sein. Deshalb gab es einen Ausweg. In solchen Situationen konnten die Consuln einen Dictator ernennen, einen außerordentlichen Beamten, der unumschränkte Gewalt hatte und allen Behörden verbindliche Anweisungen erteilen konnte.

Sein Amt endete jedoch mit der Beendigung seines Auftrags – im Höchstfall nach sechs Monaten. Danach galt es, sich vor dem Senat zu verantworten.

Camillus nun hatte sich nach Erfüllung seiner Pflichten beim Volk dadurch missliebig gemacht, dass er einen Großteil der Beute aus den Feldzügen für sich behielt, und so hatte man ihn entmachtet und in die Verbannung geschickt.

Die erfahrenen Legionäre indes waren sich einig: Nur Camillus, und zwar wieder mit dictatorischen Vollmachten, war in der Lage, sie zum Sieg zu führen und das Vaterland zu retten.

Camillus war nicht abgeneigt; aber die Regierungsgewalt lag in den Händen der beiden auf dem Capitol eingeschlossenen Consuln. Ohne ihre Zustimmung konnte kein Dictator ernannt werden.

Wie aber Kontakt aufnehmen zu den Belagerten?

Ein waghalsiger junger Mann namens Pontius Comminius hatte einen Plan. Er ließ sich einen breiten Gürtel aus Korkstücken – so etwas wie einen Schwimmreifen – anfertigen, um die lange Strecke zu überstehen und sich in der Nähe der Feinde geräuschlos vorwärtsbewegen zu können, und trieb mit dieser Vorrichtung nachts den Tiber hinunter bis in die Stadt. An der steilsten Stelle des Felsens, auf dem das Capitol erbaut war, stieg er an Land und kletterte am Gestein nach oben; dieser Abschnitt der Befestigung wurde von den Galliern kaum bewacht, weil sie das Stück am Berg für unüberwindlich hielten.

Pontius Comminius aber schaffte es. Oben angekommen, wurde er vor die Consuln geführt und richtete den Auftrag des Heeres aus. Nach kurzer Beratung konnte er den Senatsbeschluss entgegennehmen: Camillus wurde aus der Verbannung zurückgerufen und mit sofortiger Wirkung zum Dictator ernannt.

Würde der Bote nun auch den Rückweg schaffen? Würden Camillus und das Heer rechtzeitig anrücken? Die auf dem Capitol fürchteten und hofften …

Die Gänse der Juno

Der Abstieg des Pontius Comminius jedoch ging nicht ganz so reibungslos vor sich wie der Weg hinauf zur Burg. Jemand von den gallischen Kriegern hatte ihn beobachtet, als er an dem Felsen hinunterkletterte, und machte dem König davon Meldung. Jedenfalls erkannte Brennus nun, dass es doch eine Möglichkeit gab, auf das Capitol zu gelangen. Er zögerte keinen Moment. Bei Nacht und Nebel befahl er einer Schar ausgewählter Krieger, sofort den Aufstieg zu wagen. Endlich, so hoffte er, werde er sich so der Burg bemächtigen.

Leise und vorsichtig stiegen die Männer den tarpejischen Felsen empor. Sie bewegten sich vollkommen lautlos. Da niemand von dieser Seite einen Angriff vermutete, waren dort auch keine Wachen aufgestellt.

Wahrscheinlich hätten die Gallier im Handstreich die Besatzung überwältigt und hingemetzelt – aber da gab es eine Schar Gänse, mit denen keiner gerechnet hatte …

Es waren heilige Vögel, der Juno geweiht, und obwohl die Lebensmittel auf dem Capitol knapp wurden, hätte niemand gewagt, sie zu schlachten. Diese Tiere bemerkten das Herannahen der Feinde und begannen nach ihrer Art laut zu schnattern und zu schreien. Wild mit den Flügeln schlagend und zischend stürzten sie zu dem Mauerabschnitt, wo sich ein Gallier nach dem anderen mühsam den Fels hochquälte.

Der Kommandant Marcus Manlius fuhr aus dem Schlaf auf. Was ging da vor? Ohne sich Zeit zu nehmen, die Rüstung anzulegen, ergriff er Schild und Schwert und eilte hinaus. Gleichzeitig ließ er Alarm geben. Er kam gerade rechtzeitig, als der erste Gallier die Mauer des Capitols, die auf die Klippe aufsetzte, zu übersteigen versuchte. Er stieß ihm seinen Schild mit solcher Wucht vor die Brust, dass der Krieger das Gleichgewicht verlor und abstürzte, im Fall die nächsten Folgenden mit sich reißend.

Nun waren auch die Legionäre von den anderen Wachabschnitten zur Stelle und vertrieben die Eindringlinge mit Pfeilen und Steinen. Der gallische Angriff war abgewehrt, die kühnen Kletterer stürzten in die Tiefe, wer bis oben hin kam, wurde von den Römern erschlagen.

Das Capitol war gerettet – dank der heiligen Gänse.

Aber obwohl dieser Angriff abgewehrt worden war: Die Eingeschlossenen auf der Burg hatten wenig Hoffnung, denn die Zeit arbeitete gegen sie. Die Lebensmittel wurden zunehmend knapp.

Brennus, der Gallierfürst, wusste das und bot den Römern nun an, über eine Kapitulation zu verhandeln. »Warum wollt ihr darauf warten, dass die Hälfte von euch verhungert?«, ließ er durch seine Unterhändler anfragen. »Ergebt euch jetzt, gegen eine gewisse Menge Gold könnt ihr euch freikaufen. Rom ist für uns Gallier inzwischen nicht mehr wichtig, wir haben alles herausgeholt, was uns nützlich war und wollen lieber weiterziehen! Aber euren Staatsschatz würden wir gern noch mitnehmen.«

Noch immer glaubte die tapfere Besatzung dort oben daran, dass der Bote Camillus erreicht und ihm die Vollmachten als Dictator übermittelt hätte und das Entsatzheer irgendwann auf dem Weg sein müsse. Aber es gab keine Gewissheit.

Um die Gallier über ihre wahre Lage hinwegzutäuschen, warfen sie sogar einen Teil ihres letzten Brotes über die Mauer, so, als hätten sie Überfluss. Doch auch diese Verzweiflungstat konnte die Belagerer nicht beirren. Brennus gab nicht auf, er hatte alle Zeit der Welt.

Als das letzte Brotgetreide vermahlen war, musste die Besatzung wohl oder übel in Verhandlungen für einen Vertrag zur Übergabe eintreten. Es war wohl so, dass Camillus nicht mehr kommen würde.

Tausend Pfund Gold verlangte Brennus für den Abzug – das war der gesamte Staatsschatz!

Camillus Dictator

Nun musste also wirklich die letzte Reserve herhalten.

Voller Bitternis beobachteten die Senatoren, die den Vorgang überwachten, wie Münzen und Edelmetall in jeder Form auf Karren geladen wurden – aber Gold kann man nun einmal nicht essen und die Besatzung stand kurz vor dem Verhungern.

Die Übergabe dieses Lösegeldes sollte auf dem Forum erfolgen. Mühsam bewegte sich der Zug mit dem Schatz durch die Ruinen Roms; Marcus Manlius, der Kommandant des Capitols, und seine Legionäre bildeten den Geleitschutz, die Consuln gingen neben den Wagen her, die von einigen alten, halb verhungerten Ochsen gezogen wurden.

Zum ersten Mal sahen die Würdenträger nun mit eigenen Augen alle Spuren der Zerstörung – von der schönen reichen Stadt war nicht mehr viel übrig geblieben. Die

Consuln verhüllten ihre Häupter mit dem Bausch ihrer Toga zum Zeichen der Trauer, und vielleicht verbargen sie auf diese Weise auch die Tränen der Wut und des Schmerzes, die ihnen über die Wangen liefen.

Auf dem von zerstörten Tempeln umgebenen Forum erwarteten sie bereits die Gallier. Sie hatten eine mannshohe Waage aufgebaut und die laute Fröhlichkeit, das Lachen und Grölen von König Brennus und den Seinen bildete einen scharfen Kontrast zur Niedergeschlagenheit der Römer.

Nun begann man mit dem traurigen Geschäft, das Gold abzuwiegen. Marcus Manlius indessen sah voller Ingrimm, dass die Gallier in ihrer Habgier einen Betrug versuchten: Einer von ihnen drückte verstohlen mit seinem Schwert die Waagschale mit den Gewichten herunter, sodass immer mehr Gold auf die andere Schale gehäuft werden musste, ohne dass sie sich nach unten bewegte. Empört rief er: »König Brennus, ich erhebe Einspruch! Deine Männer betrügen bei der Waage!«

Brennus lächelte verächtlich. Er zog sein eigenes Schwert aus der Scheide und warf es ebenfalls auf die Waagschale mit den Gewichten. Dann sagte er boshaft: »Vae victis!« Wehe den Besiegten!

In ohnmächtigem Zorn sahen sich die Consuln an, Marcus Manlius ballte die Fäuste – da näherte sich Hufschlag. Die Männer an der Waage horchten auf.

Durch die öden Straßen, vorbei an den Ruinen der Paläste und den vom Brand geschwärzten leeren Häusern, näherte sich ein einsamer Reiter, erreichte das Forum, saß ab. Um seine Schultern wallte der Purpurmantel, seinen Kopf zierte ein Helm mit üppigem Busch: Camillus war endlich da! Dankend hoben die Consuln ihre Hände zum Himmel.

Der Dictator trat mit festem Schritt vor den Gallierkönig und bemerkte ruhig: »Der Vertrag, den ihr geschlossen habt, ist ungültig. Er ist ohne meine Zustimmung, der Zustimmung des vom Senat ernannten Dictators, geschlossen worden. Von nun an bin ich die oberste Instanz in Rom. Legionäre, ladet das Gold des Vaterlandes wieder auf und bringt es dahin zurück, wo es herkam. Wir Römer, König Brennus, haben vor, mit Eisen zu zahlen statt mit Gold! In der Feldschlacht sehen wir uns wieder!«

So beutegierig die Gallier auch waren, Verabredungen zwischen den Völkern einzuhalten hatten sie gelernt – so berichtet es uns die Legende. So folgte Brennus den Forderungen des Römers. Und vielleicht war es ihnen sogar lieb, denn sosehr es sie auch nach Gold verlangte – die wilden Scharen waren mindestens genauso begierig nach Kampf und Streit wie nach Beute.

Also kam es erneut zur Schlacht zwischen den römischen Legionären, die Camillus aus Veii herbeigeführt hatte, und den Scharen des Brennus. Diesmal, mit dem richtigen Heerführer an der Spitze, siegten römische Tapferkeit und Disziplin über den chaotischen Kampfstil der Gallier.

Brennus zog mit seinem Volk ab und plünderte andere Gegenden Italiens.

Langsam kehrten die Flüchtlinge nach Rom zurück. Aber welchen Verwüstungen sahen sie sich gegenüber! Kaum eine Familie fand ihr Heim unversehrt. Überall Zerstörung und Verheerung. Brände hatten ganze Straßenzüge in Schutt und Asche verwandelt, die Tempel waren entweiht, alles, was die Stadt schön und wertvoll gemacht hatte, war geplündert, gestohlen oder einfach nur zerschlagen.

Mutlosigkeit machte sich breit. Wie sollte man mit diesen Trümmerhaufen fertigwerden?! Die Römer waren so deprimiert, dass sie überlegten, ob sie nicht diese geschändete Stätte ganz verlassen und irgendwo anders eine neue Stadt gründen sollten.

Dagegen aber erhob Camillus mit aller Macht Einspruch.

»Götter und Menschen haben diesen Platz ausgewählt, um zu siedeln!«, rief er. »Der große Romulus, unser Ahnherr, bestimmte diese Stelle für sich und seine Nachkommen, und wer sind wir, dass wir klüger sein wollen als er? Hier ist alles aufs Vorteilhafteste zu haben, was ein Volk braucht, um zu leben: die gesunde Erde, auf der die Früchte für uns heranreifen, die Hügel, wo unsere Herden weiden, die Fernstraßen, die uns mit Nord und Süd verbinden, und schließlich der Hafen, unser Tor zur Welt! Noch steht unbeschadet das Capitol, Jupiters Heimstatt, und die Priesterinnen der Vesta bringen das Heilige Feuer unversehrt zurück. Auf, lasst uns der Göttin einen neuen Tempel errichten und allen anderen Himmlischen, die wir verehren, ebenfalls! Die Gefahr ist vorüber – weg mit der Verzagtheit!«

Diese Worte verfehlten ihre Wirkung nicht. Mit Eifer und Kraft machten sich die Römer nun daran, ihre Stadt wieder zu erbauen – schöner als zuvor.

Aber die Gefahr aus dem Norden war nicht gebannt. Noch mehr als einmal belagerten gallische Krieger Rom, wünschten andere Heerführer, den Erfolg des Brennus zu wiederholen und ebenfalls reiche Beute zu machen. Jedoch durch Erfahrung klug, wussten die Stadtväter nun, mit welch gefährlichem Gegner man es zu tun hatte, und trafen rechtzeitig Vorkehrungen. Mit diesen Männern durfte man sich einfach nicht auf eine Schlacht einlassen.

Dem blühenden Gemeinwesen konnte nun kein Gegner mehr ernsthaft die Stirn bieten – so schien es zumindest.

AUF DEM WEG ZUR WELTMACHT

Der Krieg gegen Samnium

Die caudinischen Pässe

Rom war längst die größte und bedeutendste Stadt Italiens – und noch immer die kampflustigste. Campanien und Latium waren nun zwar unterworfen, die Etrusker seit Langem besiegt, aber noch immer gab es Widersacher in nicht allzu weiter Entfernung.

Tatsächlich waren nicht alle bereit, die Oberhoheit Roms so ohne Weiteres anzuerkennen. Zu den Gegnern, die den Legionen ernsthaft zu schaffen machten, gehörte das Bergvolk der Samniten, das an den entfernten Hängen der Apenninen seine Wohnstätten hatte. Die stolzen und tapferen Kämpfer aus Samnium hatten den Eroberern schon mehrfach die Stirn geboten und sich bisher mit Erfolg einer Unterwerfung widersetzt. Schließlich schickten sie Gesandte nach Rom und boten einen Frieden an – aber das wertete der Senat nur als ein Zeichen der Schwäche. Übereinstimmend herrschte die Meinung: Jetzt oder nie war die Stunde gekommen, die Samniten vollends niederzuringen.

Man beschied die Gesandten also abschlägig.

Das gefürchtete römische Heer – beide Legionen – brach also unter Führung der Consuln Titus Veturius und Spurius

Postumius auf nach Samnium und marschierte durch das verbündete Campanien. Man war sich eines Triumphes schon im Voraus sicher. Überall wurden bereits die Opfertiere für die Siegesfeiern vorbereitet, indem man sie mit erlesenem Getreide fütterte und mit süßem Wein wusch.

Der Anführer der Samniter, Pontius, war jedoch ein kluger Stratege. Er wusste: In offener Feldschlacht hatten seine Männer keine Chance gegen die sieggewohnten Legionen. Die einzige Möglichkeit war, einen Hinterhalt zu legen. Im wald- und schluchtenreichen Bergland kannten sich die Römer nicht aus. Man musste sie dort in eine Falle locken.

Die beiden Consul-Feldherren hatten Späher ausgeschickt, um etwas über die Truppenbewegungen der Samniter zu erfahren. Die Kundschafter befragten Hirten und Bauern, und alle erklärten übereinstimmend, das Heer der Samniter sei gerade in eine Auseinandersetzung mit einem Stamm in Apulien verwickelt, also weit von hier, und die römische Invasion würde das Land völlig unerwartet treffen.

Die Consuln glaubten den Nachrichten, die die Kundschafter ihnen brachten. Das war ein Fehler! Sie waren davon überzeugt, dass sie die ahnungslosen Samniter überrumpeln würden, und gaben also den Befehl, in Eilmärschen nach Samnium einzufallen.

Natürlich waren die Hirten und Bauern, die man befragt hatte, im Bund mit den Samnitern, und man hatte sie sorgfältig instruiert, den Römern dieses Märchen von den Kämpfen in Apulien aufzubinden. In Wirklichkeit lag das samnische Heer gut verborgen hinter Berg und Hügel und beobachtete den Vormarsch der Römer.

Die beiden Heerführer wiegten sich völlig in Sicherheit.

Sie waren so arglos, dass sie sogar den etwas weiteren, aber besser überschaubaren nördlichen Weg ausschlugen und die Legionen durch die Engpässe von Caudium führten.

Durch eine bedrohlich düstere Felsenklamm bewegte sich nun das Heer vorwärts auf ein grasbewachsenes breites Tal zu, von dem aus der Weg durch einen zweiten Engpass weiter ins Land der Samniter führen sollte. Die Römer marschierten gleichsam durch ein Nadelöhr in einen Kessel hinein, den man nur durch ein zweites Nadelöhr wieder verlassen konnte.

Als der schwerfällige Heereszug aber diesen zweiten Pass durchqueren wollte, stellte die Vorhut fest: Der Durchgang war dicht. Felsen und gefällte Baumstämme bildeten eine undurchdringliche Barriere. Sie mussten also zurück! Aber dazu war es zu spät, denn nun donnerten Felsbrocken hinunter in den ersten Pass und auf allen Höhen ringsum tauchten plötzlich bis an die Zähne bewaffnete samnitische Kämpfer auf.

Das römische Heer steckte fest. Es saß in der Falle.

Unters Joch

Die Umzingelten drohten in Panik zu geraten. Um die entsetzten Soldaten durch Tätigkeiten abzulenken, befahlen die Consuln, ein Lager in dem Tal aufzuschlagen und es mit Wall und Graben zu umgeben. Das wurde von den Feinden auf den Berghöhen mit lautem Spott quittiert: Warum wollten sich die Eingeschlossenen noch einmal mehr einigeln?

Zur Untätigkeit verdammt, erwartete man nun angstvoll den Angriff. Jeden Augenblick konnten die Hörner blasen und ein Hagel von Pfeilen und Speeren auf die Legionäre herabregnen.

Aber es wurde Nacht und nichts geschah. Kaum jemand im Lager tat ein Auge zu.

Der nächste Tag brach an und noch immer verharrten die Samniter in Untätigkeit. Wollte man den Gegner durch Hunger und Durst kleinkriegen? Das Warten war unerträglich.

Der Grund für das Zögern der Belagerer jedoch war ein ganz anderer. Denn man hatte den ersten Schritt getan, ohne an den zweiten zu denken. Mit anderen Worten: Im Hauptquartier des Pontius war man sich uneinig, was man mit den gefangenen Römern machen sollte! Als Gefangene konnte man eine solche Menge Menschen schlecht halten – zwei Legionen, das waren mehr als zehntausend Mann! –, wie sollte man sie verpflegen? Und sie in die Sklaverei verkaufen ging auch schlecht, wenn man nicht riskieren wollte, dass aus dem Wunsch, die Samniter in die Knie zu zwingen, ein grenzenloser Hass werden sollte. Die Folgen wären katastrophaler als eine Unterwerfung.

Pontius, der Feldherr, war ratlos. Er ließ seinen alten Vater Herennius, der für seine Weisheit bekannt war, ins Lager holen und bat ihn um seine Meinung. Herennius sagte: »Es gibt nur zwei Möglichkeiten. Entweder ihr schlagt sie alle tot oder ihr lasst sie abziehen.«

Pontius und sein Stab sahen den Alten verständnislos an. Was waren das für merkwürdige Vorschläge? Herennius ließ sich schließlich zu einer Erklärung herbei. »Jede dieser beiden Möglichkeiten wird euch für lange Zeit Frieden bringen. Wenn ihr die Legionen umbringt, wird die Kraft Roms für geraume Zeit so geschwächt sein, dass es euch fürderhin nicht mehr angreifen wird. Falls ihr den Männern aber die Freiheit schenkt, so müssen die Römer eure Großmut anerkennen und mit euch Freundschaft schließen. Ein Drittes gibt es nicht.«

Aber von solchen Ratschlägen wollte Pontius nichts wissen. Er sagte: »Wir wollen sie abziehen lassen, aber sie müssen einen Denkzettel erhalten. Ihr Stolz soll gebrochen werden durch eine empfindliche Demütigung, damit sie lernen, was es heißt, sich mit den Samnitern einzulassen. Wir wollen sie entwaffnen und samt und sonders unterm Joch durchschicken.«

Das Joch war eine Vorrichtung, die ein Symbol für Versklavung darstellte. Zwei Lanzen wurden in den Boden gerammt und eine dritte quergebunden, sodass eine Art niedriges Tor entstand. Gebückt durch dies Joch zu gehen war das Zeichen äußerster Entehrung; man verlor dadurch seine Rechte als Bürger.

Herennius schüttelte den Kopf und sagte: »Sohn, das ist unklug. Jemandem die Freiheit zu schenken, nachdem man ihn zuerst aufs Übelste gedemütigt hat, das macht ihn dir nicht zum Freund, sondern zum Gegner, denn er wird dir die Schande niemals verzeihen.«

Aber Pontius, der bisher in diesem Krieg so geschickt und erfolgreich vorgegangen war, blieb in diesem Fall uneinsichtig – wie sich herausstellen sollte, sehr zum Nachteil für sein Volk.

Er schickte also Unterhändler ins Römerlager und unterbreitete den Consuln seine Bedingung: freien Abzug, aber waffenlos, und Mann für Mann musste unterm Joch hindurchgehen. Außerdem hatten die Römer sechshundert Geiseln zu stellen, um künftiges Wohlverhalten zu garantieren. Andernfalls würden seine Leute die Legionen bis auf den letzten Mann niedermetzeln.

Die Consuln waren sprachlos. Für das Vaterland zu sterben schien ihnen ein Leichtes zu sein gegen diese Schande. Jedoch sagten sie sich, dass Rom nicht damit gedient sei, wenn sie beide Legionen opferten und die Kampfkraft der Stadt auf lange Zeit schwächten. Zähneknirschend willigten sie schließlich ein.

Als die Truppe erfuhr, was sie erwartete und welche Bedingung an ihre Freilassung geknüpft war, wäre es beinah zu einer Revolte gegen die beiden Heerführer gekommen, die sich zu dieser Schmach bereit erklärt hatten – zumal, da man ja durch ihre Fahrlässigkeit in diese Lage gekommen war. Aber es gab nun einmal keinen anderen Weg.

Und dann schlug die Stunde der Erniedrigung.

Vor den Augen der Samniter, die von ihren Berghöhen auf sie herabsahen, wurden die stolzen römischen Adler, die Feldzeichen der Legion, auf einen Haufen geworfen. Die Männer entledigten sich ihrer Rüstung und ihrer Waffen, und einer nach dem anderen traten sie, nur mit der ungegürteten Tunica bekleidet, an den Durchgang und beugten sich unter dem Joch hindurch; die Consuln als Erste, dann die Offiziere, schließlich die Mannschaften. Begleitet wurde dieser Akt der Entwürdigung vom Hohngeschrei der samnitischen Krieger.

Die Heimkehr

Den Römern, die nun endlich durchs Joch und durch den Pass wieder in den Frieden der campanischen Landschaft entlassen waren, schien es, als hätte sich die ganze Welt verdunkelt. Sie waren keine Legionäre mehr, sondern nur ein regelloser Haufen von Männern, die nicht einmal einen Dolch als Waffe hatten. Von Hunger und Durst entkräftet, aber vor allem mit verwundeter Seele, schleppten sie sich auf der Landstraße dahin. Kein Centurio, kein Offizier wagte mehr, sie ins Glied zu rufen oder ihnen einen Befehl zu geben; ohne ihre Rangabzeichen waren sie schließlich alle gleich ... Keiner wagte dem anderen in die Augen zu schauen.

So näherten sie sich der Stadt Capua – ein Bild des Jammers. Die Capuaner, Bundesgenossen der Römer, kümmerten sich mitleidig um die geschlagenen Krieger. Sie gaben ihnen Speise und Trank, Waffen und Pferde und sorgten dafür, dass die beiden Consuln würdig ausgestattet wurden. Aber den Mut konnten sie ihnen nicht wiedergeben.

»Es scheint uns«, sagten sie untereinander, »als wenn die Römer mit ihren Waffen auch ihren tapferen Geist abgelegt haben. Ja, sie haben ihren Heldenmut verloren, als sie unterm Joch hindurchgegangen sind.«

Bedrückt und trübsinnig setzten die Entehrten ihren Heimweg nach Rom fort. In nächtlichem Dunkel betraten sie die Stadt und jeder beeilte sich, so schnell wie möglich ungesehen in seine Wohnung zu kommen. Auch die beiden unglückseligen Consuln verschwanden, so schnell es nur ging, in ihren Häusern und wagten sich tagelang nicht mehr vor die Tür. Dann aber nahte die Stunde, in der sie, wie vorgesehen, vor dem Senat zu erscheinen hatten, um Rechenschaft über ihr Amt abzulegen und es an die Nachfolger abzugeben, denn ihr Jahr war abgelaufen.

Es war eine Stunde tiefster Schande – nicht nur für die Consuln, sondern auch für Rom.

Ungeklärt blieb die Frage: War die Entscheidung der beiden Heerführer falsch gewesen? Hätten sie die Männer hinopfern sollen, dem sicheren Untergang preisgeben und sich selbst zum Schluss ins eigene Schwert stürzen?

Viele im Senat hegten wohl tatsächlich diese Auffassung.

Wie dem auch sei: Beide Männer erklärten sich bereit, sich als Gefangene den Samnitern ausliefern zu lassen, ihren Kopf zu opfern, wenn auf die Weise der schimpfliche Frieden von Caudium zunichtegemacht werden konnte und die sechshundert Geiseln freikämen.

So wurde es beschlossen und den Samnitern mitgeteilt.

Aber davon wollte der Feldherr Pontius nichts wissen. »Wenn die Römer Lust haben, die Vereinbarung aufzulösen, so mögen sie ein zweites Heer in die Pässe bei Caudium schicken. Dann können wir aufs Neue verhandeln«, sagte er hochmütig.

Ahnte er da wohl schon, dass sich die prophetischen Worte seines Vaters bestätigen sollten?

Das Opfer der beiden Verlierer-Feldherren wurde also nicht angenommen.

Stattdessen begann man nun in Rom, fieberhaft aufzurüsten. Ein neuer Feldzug stand bevor. Einer der neuen Consuln, Papirius Cursor, war ein energischer und kampferprobter Mann. Er wurde nun, wie es in seinem Amt vorgesehen war, zum Führer des Heers ernannt und hob sogleich frische Legionen aus.

Alles war vorbereitet für die nächste Auseinandersetzung mit Samnium. Die Schmach sollte und musste getilgt werden.

Die Rache der Republik

Die Pässe von Caudium ließ Papirius Cursor wohlweislich abseits seines Weges liegen. Er wandte sich mit seinen Truppen sofort gegen die samnitische Stadt Luceria, wo er die sechshundert Geiseln wusste. Außerdem, so hatten ihm Kundschafter – diesmal zuverlässige! – berichtet, befand sich das Heer des Pontius in der Nähe dieser Stadt. Papirius hoffte auf ein Treffen. Schließlich konnten die Samniter nicht zulassen, dass man die Geiseln befreite.

Pontius befand sich in einer Zwickmühle. Er wusste, dass die Römer auf freiem Feld seinen Soldaten überlegen waren. Trotzdem verlangte es die Ehre, dass er sich dem Feind stellte. Und so kam es schließlich zur Schlacht.

Die Demütigung, die man ihren Mitbürgern angetan hatte, verdoppelte die Angriffswut der Römer. Sie vollbrachten wahre Wunder auf dem Schlachtfeld und ihr wildes Schreien demoralisierte die Feinde.

Die Wucht und die Erbitterung, mit der sich die Legionäre in den Kampf stürzten, versetzte die Samniter von Anfang an in Schrecken, und Pontius merkte, dass es ein Fehler gewesen war, sich der Auseinandersetzung zu stellen. Er begriff jetzt, wie gut er daran getan hätte, dem Rat seines Vaters zu folgen. Hätte er nach dem Vorschlag seines Vaters gehandelt, stünde er jetzt nicht vor so einer schweren Schlacht.

»Hier ist kein Engpass! Hier könnt ihr niemanden überlisten! Hier wird gekämpft! Rache für Caudium!«, brüllten die Römer.

Es gab keine Schonung. Bald schon wandten sich die Samniter zur Flucht, und die wütenden Legionäre drangen fast gleichzeitig mit ihnen ins feindliche Lager ein und machten alles nieder, was ihnen vor die Schwertklinge kam.

Mit drastischen Befehlen und Androhung von Strafen mussten die Offiziere der Republik schließlich ihre Männer davon abhalten, ein heilloses Blutbad anzurichten – denn der Consul wollte irgendwann verhandeln. Es ging um mehr, als den Gegner nur physisch zu besiegen.

Pontius hatte sich mit wenigen Getreuen nach Luceria zurückgezogen, aber Papirius Cursor zog einen undurchdringlichen Belagerungsring um die Stadt und bald schon musste Pontius um Frieden bitten, denn die Lebensmittel gingen aus. Er versprach, die römischen Geiseln sofort zu überstellen.

Papirius allerdings entgegnete den Gesandten mit verächtlicher Strenge: »Töricht kommt mir euer Heerführer vor, dass er annimmt, Rom würde sich damit zufriedengeben. Ihr hättet ihn fragen sollen, was seiner Meinung nach besiegten Feinden gebührt. Könnt ihr euch nicht denken, was unsere Forderungen sind? Was wir verlangen, ist nichts anderes als Genugtuung. Lasst Waffen, Rüstungen und Feldzeichen in Luceria zurück und tretet einzeln aus dem Stadttor, mit nichts bekleidet als eurer Tunica. Dort wartet das Joch auf euch. Was ihr uns angetan habt, das bekommt ihr zurück. Weiter wollen wir nichts.«

Und so zogen die samnitischen Krieger, Pontius an der Spitze, genauso gebeugt unter dem Joch durch, wie es die Römer gezwungenermaßen getan hatten.

Rom hatte seine Rache und die Bürger der Republik säumten jubelnd die Straßen der Stadt, als das siegreiche Heer einzog.

Die Schmach von Caudium war getilgt.

Aber es sollte noch eine Reihe blutiger Schlachten kosten, bis das stolze Bergvolk der Samniter bereit war, sich endlich den Römern zu beugen. Schließlich jedoch wurden auch hier aus Feinden Bundesgenossen.

Tarent und König Pyrrhus

Griechischer Dünkel

Die italische Halbinsel befand sich bis auf wenige Landstriche – die Poebene im Norden und der äußerste Süden – in der Hand jener Stadt, die einst die Nachkommen der Einwanderer aus Troja, die Eindringlinge, die Fremden, gegründet hatten.

Im Süden allerdings hielten sich einige griechische Städte. Die Siedler waren lange vor den Troern nach Italien gekommen und fühlten sich hochstehender griechischer Lebensart und Kultur verpflichtet. Sie fühlten sich den Römern weit überlegen. In ihren Augen galten die kämpferischen und ungehobelten Römer als »Barbaren«.

Besonders hochnäsig erwiesen sich die Bürger von Tarent, einer reichen Stadt an einem Meerbusen. Hier hatte der Senat angefragt, ob Rom mit seinen Schiffen in einer eventuellen Notlage die Bucht anlaufen durfte, und die Tarentiner hatten es den Römern rundheraus verweigert.

Eines Tages nun geriet ein römisches Geschwader an der Südküste Italiens in Seenot und war gezwungen, wegen eines Sturms in der Bucht Schutz zu suchen. Die Tarentiner jedoch sahen die ungebetenen Gäste als ihre rechtmäßige Beute an. Sie versenkten einige der Schiffe, brachten den Admiral um und verkauften einen Teil der Besatzung in die Sklaverei.

Senat und Volk von Rom waren solche Übergriffe nicht gewohnt; im Allgemeinen wagte sich niemand an die mächtige Stadt und ihre Bürger heran. Zunächst mit ungläubigem Staunen, dann mit Wut nahm man die Vorgänge zur Kenntnis. Das erregte Volk tobte auf den Straßen und auf dem Forum, aber die Senatoren wiegelten ab. Sie wollten zunächst versuchen, den Vorfall in Ruhe zu klären. So schickten sie einen Gesandten nach Tarent. Natürlich mussten sie auf Griechisch verhandeln, denn die Tarentiner weigerten sich, das »barbarische« Römisch zu verstehen.

Als nun der Gesandte auf dem offenen Marktplatz von Tarent seine Beschwerde vortrug, hatte sich die halbe Stadt eingefunden, hörte zu und schlug sich vor Vergnügen auf die Schenkel. Man mokierte sich über sein ungelenkes Griechisch, ahmte ihn nach, schnitt Grimassen und ein paar Frechlinge bewarfen den Römer sogar mit Unrat.

Der Botschafter musste die Stadt Hals über Kopf verlassen. Unverrichteter Dinge und zutiefst verletzt kehrte er nach Rom zurück.

Nun schlug die Empörung nicht nur auf den Straßen, sondern auch in der Curia hohe Wogen. Es war klar: Auf eine solche Beleidigung konnte nur die Eröffnung der Feindseligkeiten die Antwort sein. Der Senat beschloss den Krieg.

Als die Tarentiner merkten, dass die Römer gegen sie aufrüsteten, sahen sie sich eilig nach starken Verbündeten um und holten sich den besten, der zu bekommen war: König Pyrrhus vom weit entfernten griechischen Festland, ein mächtiger Heerführer voller Ehrgeiz. Die Besonderheit seines Heeres war eine bisher unbesiegte Kampfeinheit – Pyrrhus verfügte nämlich über eine Staffel Elefanten. Als die Tarentiner ihn nun riefen, kam er bereitwillig, hatte er doch Hoffnung, anschließend gleich ganz Italien und Sizilien für sich erobern zu können. Von der römischen Kampfkunst hatte er keine Vorstellung, denn die Tarentiner hatten ihm wohlweislich nichts von den römischen Siegeszügen erzählt.

Seit Langem hatte sich Rom nicht mehr einer solchen Herausforderung stellen müssen.

In der Nähe der Stadt Heraclea im Süden Italiens kam es dann zum Zusammentreffen der beiden Heere. Als König Pyrrhus die römischen Legionen unter ihren Feldzeichen wohlgeordnet und nach allen Regeln der Kriegkunst ihre Stellungen beziehen sah, rief er aus: »Die Tarentiner haben mir erklärt, ich solle gegen eine Horde Barbaren antreten! So sieht mir dies Heer aber nicht aus!«

Aber dann begann er mit Elan seinen Kampf. Schließlich wusste er, was er in der Hinterhand hatte.

Siebenmal stürmten die Römer gegen die Männer des Pyrrhus an – vergeblich. Als der kommandierende Consul die Reiterei ins Feld schickte, schien es, als geriete der Gegner ins Wanken. Nun aber war der Augenblick für die Wunderwaffe des Pyrrhus gekommen. Die Schlachtreihen öffneten sich und unter dem Gedröhn von Hörnern und Tuben wälzten sich die Kampfelefanten vorwärts gegen die römische Reiterei. Die Türme auf ihren Rücken waren mit den besten Bogen- und Lanzenschützen bestückt.

Angesichts dieser nie gesehenen Ungeheuer scheuten die Pferde in panischem Entsetzen, warfen ihre Reiter ab und wandten sich zur Flucht. Die riesigen Elefanten zertrampelten die hilflos am Boden liegenden Feinde oder wirbelten sie mit ihren Rüsseln durch die Luft.

Schon wollten die Legionäre fliehen. Alles schien verloren. Aber ein tapferer Mann – ein namenloser einfacher Legionär – unterlief schließlich einen der Elefanten und verwundete ihn von unten so schwer, dass das Tier, rasend vor Schmerz, sich um die eigene Achse drehte und schließlich in die griechischen Reihen stürmte, heillose Verwirrung anrichtend. Wenigstens konnten sich die Römer nun geregelt zurückziehen.

Zwar hatte Pyrrhus gesiegt, aber auf beiden Seiten waren die Verluste furchtbar.

Der König ging übers Schlachtfeld und betrachtete die gefallenen Römer: Alle hatten sie die Wunden auf der Brust, das heißt, nicht einer war auf der Flucht erschlagen worden, alle hatten sich mutig dem Feind gestellt.

»Mit solchen Soldaten wäre es mir ein Leichtes, die Welt zu erobern!«, sagte Pyrrhus. »Welche Tapferkeit! Was für Kämpfer! Ich verneige mich vor den Toten – und nie wieder will ich einen Sieg erringen, für den ich so viele Männer opfern muss.«

Verhandlungen und Sieg

Pyrrhus war nicht geneigt, sich mit diesem gefährlichen Gegner noch einmal zu messen, und sandte deshalb einen Boten an den Senat, um einen Kompromiss auszuhandeln. Das hieß aber nicht, dass er bereit gewesen wäre, Italien wieder zu räumen. Nach der römischen Niederlage, so mutmaßte er, würde die Stadt wahrscheinlich geneigt sein, Zugeständnisse zu machen. Er malte sich gute Chancen aus.

Sein Abgesandter, der ein versierter Diplomat und geschickter Verhandlungsführer war, schlug also vor, die Kampfhandlungen einzustellen, und bat die Römer um Nichteinmischung, wenn er, König Pyrrhus, andere Eroberungen auf der Halbinsel vornehmen würde, und tatsächlich gelang es ihm, eine Reihe der Senatoren für diesen Kompromiss zu erwärmen – schließlich hatte man es mit einem furchtbaren Gegner zu tun. Vor allen Dingen fand er Anhänger bei den Plebejern, die nach den Verlusten in der Schlacht dringend einen Frieden wollten.

Schon neigte sich die Waagschale zugunsten des Vorschlags von Pyrrhus. Der Senat wollte bereits zur Abstimmung schreiten, da erschien in der Curia ein ehrwürdiger Greis, ein einstiger Consul, Appius Claudius. Er war erblindet und so gebrechlich, dass man ihn in seiner Sänfte hereintragen musste.

Ehrfurchtsvoll begrüßte man ihn. Er aber richtete sich in seiner Sänfte auf und rief mit bebender Stimme: »Bisher hielt ich es für eine Strafe der Götter, blind zu sein. Jetzt wünschte ich, sie hätten mir auch noch das Gehör genommen, damit ich die unwürdigen Reden nicht vernehmen muss, die hier gehalten werden. Handelt so ein wahrer Römer? Ist es unsere Art, vor einem unverschämten Ausländer, der in unser Italien eingefallen ist, zu kuschen wie ein Hund vor seinem Herren? Niemals darf es Verhandlungen geben, solange noch ein einziger griechischer Krieger seinen Fuß auf italischen Boden setzt! Sollen wir mitansehen, wie er unsere Bundesgenossen angreift oder sie uns abspenstig macht? Wenn hier jemand die Oberhoheit hat, dann sind wir es!«

Damit wendete sich das Blatt. Der Bote des Pyrrhus musste unverrichteter Dinge wieder abziehen.

Im Verlauf des Jahres kam es zu zwei Zwischenfällen, die den Pyrrhus sehr in Erstaunen setzten.

Zum einen hatten römische Unterhändler ihn darum gebeten, die Gefangenen anlässlich des Festes der Saturnalien freizulassen, damit man gemeinsam in Rom das große dreitägige Fest begehen könne, bei dem sich Herren und Sklaven im Zeichen des Gottes Saturn aussöhnten. Pyrrhus erklärte sich einverstanden – aber nur, wenn die Männer nach dem Fest wieder zu ihm in den Gewahrsam zurückkehrten. Er hoffte, auf diese Weise doch noch seine Friedensbedingungen durchzusetzen, weil die Römer ja sicher nicht be-

reit sein würden, freiwillig in die Gefangenschaft zurück-
zugehen, und er dann auf Vertragsbruch pochen konnte.
Aber wie groß war seine Verwunderung, als sich alle bis auf
den letzten Mann wieder in seinem Lager einstellten – dis-
zipliniert, wie der Senat es geboten hatte.

Zum Zweiten war ein Mann aus der Gefolgschaft des Pyrrhus in Rom erschienen und hatte den Consuln einen Vorschlag unterbreitet: Der Leibarzt des Königs sei gegen Geld
und Gold bereit, seinen Herrn zu vergiften und ihn so den
Römern vom Hals zu schaffen.

Die Republik jedoch zauderte keinen Augenblick, den
Verrat zurückzuweisen und Pyrrhus von diesem Angebot
Mitteilung zu machen. Der König ließ den verräterischen
Arzt hinrichten und bedankte sich bei den Consuln. Noch
einmal bot er Friedenverhandlungen an und erhielt die
stolze Antwort: »Nicht, bevor nicht der letzte deiner Krieger aus Italien verschwunden ist. Wir haben dir diesen Anschlag nicht aus Freundschaft zu dir angezeigt, sondern damit man nicht über uns sagen kann, wir hätten durch Gift
erlangt, was wir in der Feldschlacht nicht gewinnen konnten. O Pyrrhus, sieh es ein: Du kennst weder deine Freunde
noch deine Feinde!«

Immer noch hielt sich der griechische König auf italischem Boden auf – und das wollten die Römer nicht dulden. So kam es schließlich zu einer erneuten, der entscheidenden Schlacht. Noch immer vertraute Pyrrhus auf die
Schlagkraft seiner Kampfelefanten. Aber inzwischen hatten
sich die Römer gründlich auf diesen neuen Gegner vorbereitet und eine spezielle Taktik ersonnen. Sie schleuderten brennende Pechkränze auf die Tiere und brachten sie

dadurch so in Raserei und Verwirrung, dass die sich gegen die eigenen Reihen wandten ... Es war ein furchtbares Blutbad.

Rom errang einen glänzenden Sieg und Pyrrhus musste schließlich mit seinen geschlagenen Truppen abziehen und Italien verlassen.

Und hier verlassen wir die Welt der Sagen und Legenden. Wir würden eintreten in den Raum der »konkreten« Geschichte, wenn wir denn fortfahren wollten.

Nur kurz, in groben Zügen, wie es weiterging mit Rom: Die kriegerische Stadt nutzte ihren Vorteil und baute ihre Vormachtstellung auf der Halbinsel Italien immer mehr aus.

Mit dem Sieg über Karthago, jener Stadt, in welcher der Sage nach Äneas fast seine »Mission Italien« vergessen hatte, wurde Rom die stärkste Macht im Mittelmeergebiet.

Es eroberte schließlich nicht nur Griechenland, sondern machte alle Länder rund um das Mittelmeer zu römischen Kolonien und legte seine bewaffnete Hand auf Spanien und Gallien.

In künftigen Jahrhunderten hatte der machtvolle Stadtstaat noch viele innere und äußere Konflikte zu bewältigen. Aber es gelang ihm, seine Herrschaft weiter und weiter auszudehnen, bis an die Grenzen der bekannten Welt, von Britannien bis Afrika, vom Balkan bis Gibraltar, den »Säulen des Herkules«.

Der göttliche Befehl, der einst an Äneas ergangen war, sollte sich auf diese Weise erfüllen:

Tu regere imperio populos, Romane, memento
Haec tibi erunt artes – pacique imponere morem
Parcere subiectis et debellare superbos!

Du Römer, denke daran, die Völker durch deinen
Befehl zu lenken.
Denn dies sind deine besonderen Fähigkeiten:
dem Frieden Gesittung zu verleihen,
die Unterworfenen zu schonen und die Hochmütigen zu bekämpfen.

Und diesen seinen selbstbewussten Herrschaftsanspruch
leitet Rom aus dem Geist seiner Ahnen ab, aus den Taten
und Werken der Vorfahren, die den ganzen Stolz der Stadt
ausmachten – und die hier nachzulesen waren.

NACHBEMERKUNG

Zwischen den griechischen Sagen und denen der Römer –
so eng verwandt sie auf den ersten Blick erscheinen mögen – klaffen Welten.

Zwar haben die Römer zunächst einmal die Gestalten des
griechischen Götterhimmels, nur mit anderen Namen versehen, übernommen. Aber wie sie mit diesen Göttern umgehen, steht auf einem anderen Blatt.

Es ist, als wenn man aus einem sommerlichen wind-
bewegten Hain, aus Licht und Schatten, Düften und Farben
kommt und hineingeht in einen architektonisch klar ge-
stalteten Säulengang, ernst und geradlinig.

Nur der große Dichter Vergil, dem wir die Abenteuer des
Äneas, des legendären Stammvaters der Römer, verdanken,
bringt noch einmal etwas von der Vielfalt und Buntheit des
griechischen Olympos ein, Venus-Aphrodite und Juno-Hera
dürfen noch ein letztes Mal, für uns vergnüglich, aneinan-
dergeraten und Jupiter-Zeus mit donnernder Stimme seine
Weisungen erteilen. Aber ein bisschen gewinnt man den
Eindruck, dass es Vergil irgendwie, nun ja: peinlich ist, dass
sich Götter derartig aufführen. Der römische Olymp, im
Gegensatz zum lockeren griechischen, ist seriös! Dafür fehlt
dem Pantheon, der Gesamtversammlung der Gottheiten in
Rom, Farbe, Kontur, Leben, Atem. Oder wie soll man sich
die vielen personifizierten und zu Gottheiten gemachten

Begriffe wie Fides (Treue) oder Spes (Hoffnung) als Wesen von Fleisch und Blut vorstellen? Gewiss hat das kein Römer je getan.

Was die Bürger dieser Stadt interessiert, ist Selbstbestätigung. Die Nachricht der fernen, im Nebel des Vor-Historischen liegenden Begebenheiten soll ihre Tugenden verkünden, ihre Lebensart loben, begründen, warum sie – auf Geheiß der Götter – so geworden sind, wie sie sind, so mutig, so ehrenhaft, so beherrschend und bieder zugleich. Wo ihre Werte wurzeln.

Die römischen Sagen erzählen generell an der römischen Geschichte entlang.

Da diese Historie hauptsächlich aus Kriegen oder Mord und Totschlag bestand, handeln die Sagen eben auch hauptsächlich von Kriegen oder Mord und Totschlag.

Sie thematisieren außerdem soziale Strukturen innerhalb der Gesellschaft auf eine ganz und gar sachliche Weise. Bei der Darstellung der Konflikte zwischen Patriziern und Plebejern ist auch auf der Sagenebene nichts verspielt, überhöht oder ins Fantastische verschoben. Es wird erzählt wie in einem Geschichtsbuch. Eine einzige Fabel, die vom Streik der Glieder gegen den Magen, übersetzt den Klassenkampf ins Bildliche; kurz, knapp, bündig und – manipulativ, denn sie wird von der Warte des über allem stehenden Staates her erzählt.

Die Sagen sind insgesamt klar, sachlich, schnörkellos. Ihre Helden sind entweder Tugendbolde oder Schurken, Zwischentöne gibt es kaum. Eine so schillernde Gestalt wie der listenreiche Odysseus des Homer wäre einem Römer kaum jemals eingefallen. Die meisten Darstellungen gipfeln in irgendeiner heroischen Tat zum Wohle der Stadt, also des Vaterlandes, oft in lakonischer Kürze erzählt und mit einem bewundernden Kommentar des »Gegners« versehen, der einmal mehr fassungslos vor römischer Größe und römischer Tugend steht.

Wenn wir in diesen Sagen dennoch auf Momente von Poesie und Schönheit treffen, dann sind sie das Werk von Dichtern, wie eben vom großen Vergil, der die Geschichte des Äneas erzählt hat.

Solche Qualitäten hat der Rest der Sagen kaum. Was Römer nämlich eigentlich gar nicht besitzen, das ist Fantasie. Sie haben sie nicht nötig, sie sehen nicht ein, wozu so etwas gut sein soll. Griechische »Hirngespinste« sind ihnen fremd. In Rom muss nichts blumig sein.

Die meisten Geschichten werden allerdings geschickt auf Pointe erzählt und es fehlt ihnen auch durchaus nicht an Witz.

Witz gibt es also. Trockenen Witz. Ansonsten bleibt man nüchtern und sachlich.

Man verknappt aufs Notwendige.

Ein Beispiel: In Rom gab es gerade mal ein Dutzend gebräuchliche Vornamen, die man infolgedessen im Schriftverkehr auf den Anfangsbuchstaben reduzieren konnte. Die meisten Familienväter machten sich nicht einmal die Mühe, aus diesen wenigen Namen etwas auszusuchen, sondern nummerierten die Söhne einfach durch: Primus, Secundus, Tertius (Erster, Zweiter, Dritter). Mädchen rief man generell nur mit dem Geschlechternamen: Also, die Tochter von Gaius Tullius hieß Tullia, und gab es noch eine Tochter, dann wurde daraus eben Tullia Secunda, Tullia die Zweite.

Trotzdem: Einen bemerkenswerten Zuwachs an erzählerischem Potenzial liefern gerade die Frauengestalten dieser Sagen. Von der unglücklichen Königin Dido bis zur kriegerischen Camilla, von der grausamen Tullia, die ihren Wagen über die Leiche ihres Vaters jagt, über die tugendhafte Lucretia, die ihre Entehrung mit Selbstmord beantwortet, bis zur beherzten Cloelia, die der Geiselhaft entflieht, indem sie durch den Tiber schwimmt – das alles sind starke Porträts von starken Frauen (freilich immer holzschnittartig knapp und schnörkellos). Das hat zu tun mit der Stellung der römischen »matrona«, der Herrin des Hauses, die weit mehr das Sagen hat, als es den griechischen Frauen zugestanden wurde und der durchaus auch vor dem Gesetz Rechte zustehen. Zweifellos hängt es mit der ständigen kriegerischen Präsenz der Männer zusammen: Irgendwer musste den Haushalt ja managen und alles zusammenhalten.

Ich hätte dieses Buch auf die doppelte Länge bringen können, wenn ich alle minutiös dargestellten Schlachten so wiedergegeben hätte, wie sie im Original erzählt werden, aber dann hätte es sich eher um ein Brevier für Militärhistoriker gehandelt. Und das wollte ich eigentlich nicht schreiben.

Waldtraut Lewin

LESEPROBE

Die folgenden Seiten enthalten einen
Auszug aus den »Artussagen«

Das Schwert im Stein

Merlin sah mit Sorge, wie das Land, zu dessen Hüter er sich seit alters her bestellt fühlte, am Rand des Abgrunds dahintrieb. Er begab sich deshalb nach London und stattete dem höchsten christlichen Würdenträger, dem Erzbischof von Canterbury, einen Besuch ab.

Zu jenen Zeiten war, wie gesagt, das Christentum noch nicht die alles beherrschende Religion in England; noch immer verehrte man die Wesen, die in Bäumen, Quellen und Steinen wohnten, und mit Magiern und Zauberinnen ging man allgemein respektvoll um, denn sie konnten einem ebenso schaden wie nützen. Der Erzbischof kannte und schätzte Merlin als einen Wissenden, einen Nachfahren der alten Götter, und er war stets bereit, ihn anzuhören.

Merlin betrat eines Abends den bischöflichen Wohnsitz – wie üblich, ohne angemeldet zu sein. Der Erzbischof erschrak zunächst und hielt dem unangemeldeten Gast, der wie aus der Luft vor ihm erschien, das Kruzifix entgegen. In den Augen Merlins leuchtete es spöttisch auf. Mit großer

Selbstverständlichkeit bekreuzigte er sich, als wenn er es alle Tage täte, und beugte sich sogar zum Kuss über die Hand des kirchlichen Würdenträgers.

Das beruhigte den Erzbischof, und so sprach Merlin schließlich: »Hochwürdiger Herr, wir beide sehen das Elend des Landes. Britannien wird im Bürgerkrieg versinken und Opfer der äußeren Feinde werden, wenn wir nicht bald einen neuen Herrscher haben. Daher lautet mein Rat: Beruft zum Weihnachtsfest alle Lords und Ritter nach London. Haltet dann einen Gottesdienst ab und ruft die Herren dringlich dazu auf, Frieden zu halten. Führt ihnen vor Augen, dass die unseligen Kämpfe untereinander die Herrscher außerhalb Britanniens auf den Plan rufen, dass ihr Zwist nur dazu führen wird, die Normannen und die Schotten herbeizulocken. Und damit wirklich alle erscheinen, wäre es sinnvoll, wenn Ihr zugleich bekannt machen würdet, dass am Neujahrstag ein großes Turnier stattfinden soll. Eine Gelegenheit, sich zu raufen, nehmen sie immer wahr. Ich indessen«, so schloss er seine Rede, »will dafür sorgen, dass sich alles zum Guten wendet.«

Die letzten Worte des Zauberers wusste der Erzbischof nicht zu deuten und nachfragen konnte er nicht, denn Merlin war schon wieder verschwunden, wie es seine Art war – ehe man sich's versah, schien er sich in Nebel aufgelöst zu haben. Der Gottesmann bekreuzigte sich – und beschloss, dem Rat Merlins zu folgen.

Tatsächlich strömten nun die Lords aus allen Teilen des Reiches nach London und bald war die Stadt bis zum Bersten gefüllt mit vornehmen Herren zu Ross, im Schmuck ihrer Rüstungen und bunten Wappenröcke. Sie trugen

Helme mit gewaltigen Federbüscheln auf dem Kopf, waren bis an die Zähne bewaffnet und offenbar alles andere als friedfertig gestimmt. Für sie und ihr beträchtliches Gefolge musste Quartier geschaffen werden, und sei's auch nur eine Scheune oder ein Pferdestall. Schon gab es die ersten Streitigkeiten, wurden Streitäxte und Schwerter gegeneinander geschwungen, was den Wundärzten zu Lohn und Brot verhalf. Die Londoner Gastwirte rieben sich die Hände und Bäcker und Braumeister, Hufschmiede und Schwertfeger, Schuster und Schneider verdienten in den Tagen zwischen Weihnachten und Silvester mehr als sonst während eines ganzen Jahres.

Am Weihnachtstag hielt der Erzbischof das feierliche Hochamt ab.

Doch danach sollte sich etwas Merkwürdiges ereignen. Als der Priester sein »Ite, missa est« (»Geht heim, die Messe ist vorüber«) gesprochen und die Gläubigen aus dem Gottesdienst entlassen hatte, als die Menge unterm Geläut der Glocken aus der weihrauchduftenden Kathedrale ins Freie drängte: Siehe, da stand auf dem Kirchhof urplötzlich ein riesiger schwarzer Felsblock, den es vorher noch nicht gegeben hatte. Auf dem Stein befand sich ein stählerner Amboss, und in dem Amboss, bis tief in den Stein hineingetrieben, steckte ein prachtvolles Schwert.

Mit großen Augen und offenem Mund umringte die Menge staunend diesen Stein und einige riefen schließlich: »Ein Wunder! Ein Wunder ist geschehen! Holt den Erzbischof, damit er dies hier betrachte und uns erkläre, was es bedeutet!«

Der geistliche Herr kam herbei und als vorsichtiger Mann

besprengte er das Ding zunächst einmal mit Weihwasser, um festzustellen, ob es sich nicht etwa um Teufelszeug handele. Aber den Stein »beeindruckte« das nicht und er stand weiterhin ungerührt an seinem Platz. Da erinnerte der Erzbischof sich an die Worte Merlins: Ich werde dafür sorgen, dass sich alles zum Guten wendet ... Dies konnte nur ein Werk des Magiers sein. Aber was hatte es zu bedeuten?

Er trat näher heran und sah, dass auf dem Schwertknauf Worte geschrieben waren. Zuerst las er stumm für sich. Dann verkündete er mit lauter Stimme: »So steht es hier geschrieben: ›Der, welcher dieses Schwert aus Stein und Amboss zieht, ist rechtmäßiger König von Britannien‹«

Es erhob sich darauf ein großes Gemurmel, das bald zu einem Geschrei anschwoll, und schon drängten die ersten Lords herbei, um mit starkem Arm zu beweisen, dass ihnen die Krone gebührte, indem sie die Klinge aus dem Stein zögen. Aber keinem Einzigen von ihnen gelang es, das Schwert auch nur um Haaresbreite zu bewegen.

Da sagte der Erzbischof: »Offenbar ist der Mann, auf den diese Worte gemünzt sind, heute nicht anwesend. Aber Gott wird ihn uns zur rechten Zeit offenbaren. Ihr Herren, geduldet Euch. Wartet das Turnier am Neujahrstag ab, zu dem wir noch weitere Edelleute erwarten. Vielleicht ist der verheißene König unter ihnen.«

Nun war es die Pflicht eines jeden jungen Mannes, den man neu zum Ritter geschlagen hatte, so bald als möglich an einem Turnier teilzunehmen, um seine Kampfkünste unter Beweis zu stellen. Natürlich war die Kunde von dem großen Tjost in London auch bis zu Sir Ectors Landsitz gedrungen.

Sir Kay, wie der frischgebackene Ritter sich nun nennen durfte, brannte darauf, daran teilzunehmen, und drängte seinen Vater, mit ihm nach London zu reiten. Also rüstete man sich zur Reise, Sir Ector, sein Sohn und natürlich Artus, der als Knappe seines Milchbruders dessen Schild und den langen Turnierspeer zu schleppen hatte.

Ein Dutzend schwer bewaffneter Reitknechte eskortierte die drei. In diesen unsicheren Zeiten bedeutete so eine Reise ein großes Wagnis. Die besseren Straßen waren zwar zu beiden Seiten auf Pfeilschussweite von Gestrüpp und Unterholz befreit (ein Befehl des vorigen Königs Uther Pendragon!), sodass ein unvorhergesehener Überfall kaum möglich war, aber trotzdem konnten auf jeder Brücke, hinter jedem Hügel Bewaffnete im Hinterhalt liegen und auf diejenigen warten, die des Weges kamen. Und oft genug verengte sich die Straße zu einem schmalen Pfad, der sich zwischen Dünenkuppen und durch vereiste Moore hinzog, vorbei an weiten Riedgrassteppen, in denen Schwärme von Enten hausten, und durch dicht verschneite winterliche Wälder, vor denen man sich am meisten fürchtete – denn die berüchtigten Vogelfreien trieben dort ihr Unwesen und hatten es auf vornehme Reisende abgesehen.

Aber die drei hatten Glück. Ihnen stieß nichts zu; sie übernachteten zweimal in kleineren Städten und gelangten unbeschadet nach London, wo Sir Ector einen guten Bekannten hatte, bei dem man absteigen konnte – sonst wäre es wohl schwer gewesen, ein Quartier zu finden in der überfüllten Stadt.

Man war gerade noch rechtzeitig angelangt. Der große Tjost fand am nächsten Tag statt.

Sir Kay konnte die ganze Nacht vor Aufregung nicht schlafen. Sein erstes Turnier! Er malte sich immer wieder aus, wie er die besten Barone Englands aus dem Sattel heben würde. Zum Frühstücken war er viel zu aufgeregt und brachte es fertig, seinen Vater und seinen Knappen schon eine Stunde vor dem Beginn zum Turnierplatz, dem Tilte-Feld, zu scheuchen.

Noch waren die Ritter nicht erschienen, aber der riesige Kampfplatz beeindruckte die drei »vom Lande« auch ohne Akteure: Der Rasen schimmerte grün trotz des Wintertags – man hatte den Schnee weggefegt und über Nacht Stroh darauf gelegt, um das Grün frisch zu halten. Die Tribünen und die Absperrungen leuchteten in Weiß und Purpurrot und für die ganz Vornehmen waren seidene Zelte in allen Farben des Regenbogens aufgeschlagen. Flaggen mit den Wappen des englischen Hochadels flatterten knarrend im Winterwind und man konnte sich gut vorstellen, wie die Plätze sich bald mit schön geschmückten und goldgezierten Damen füllen würden, wie die Rüstungen der Kämpfer im Licht der Wintersonne gleißen und blitzen würden und mit dem Metall der Trompeten an Glanz wetteifern …

Sir Kay sah sich um, griff an seine Seite, um sich zu vergewissern, dass die Rüstung korrekt fest geschlossen war – und ließ die Hand sinken. »Großer Gott!«, rief er, bleich vor Schreck. »Mein Schwert! Ich habe es in unserem Zimmer vergessen!«

Sein Vater sah ihn unwillig an und schüttelte den Kopf. »Ohne Schwert kannst du nicht tjostieren, Junge. Das verstößt gegen alle Regeln. Aber zum Glück ist ja noch Zeit, es zu holen.«

»Das ist ein Auftrag für meinen Knappen!«, sagte Kay. »Schnell, Artus, lauf zu unserem Quartier und hol das Schwert. Wenn du es zur Zeit schaffst, werde ich dich belohnen.«

Artus war zwar einiges gewohnt von seinem hochfahrenden Milchbruder, aber diesmal wurde er ärgerlich. Natürlich, er war nur der Knappe. Aber er hätte um sein Leben gern den Anfang dieses Turniers mitangesehen. Das würde er nun wohl verpassen. Trotzdem sagte er: »Wie Ihr gebietet, Sir Kay!«, drehte sich um und strebte gegen den Strom der langsam herbeikommenden Menschenmassen zurück zu dem Haus, wo sie übernachtet hatten.

Aber als er ankam, fand er die Türen verriegelt und die Fenster mit dicken Holzbalken verbarrikadiert. Alle, vom Hausherrn bis zum Gesinde, waren zu dem bevorstehenden Kampf unterwegs, und natürlich ließ man in diesen zügellosen Zeiten sein Haus nicht unverschlossen, wenn man wegging.

Wo sollte Artus nun ein Schwert für Kay herbekommen? Er überlegte, ob er vielleicht noch irgendeinen Waffenschmied finden könnte, der in seiner Werkstatt war – aber er kannte sich ja nicht aus in London.

Unversehens hatten ihn seine Füße vor eine große Kirche getragen und da auf dem Kirchhof entdeckte er etwas.

In einem Amboss über einem Stein steckte ein glänzendes Schwert. An seinem Knauf funkelten Juwelen und ein paar kleine goldene Buchstaben, auf die der Junge nicht weiter achtete.

Artus war froh über seine Entdeckung. Er blickte sich um, aber da war niemand, dem die Waffe zu gehören schien.

Nun konnte er seinen Auftrag ausführen. Mit diesem Schwert würde er zu Sir Kay gehen, damit der sein erstes Turnier bestreiten konnte.

Er fasste das Schwert am Griff.

Auf einmal war ihm, als würde das Licht auf dem Kirchhof leuchtender, und er sah alle Dinge viel klarer als zuvor. Waren da Klänge in der Luft? Hörte er Musik – oder war es das Rauschen von Bäumen? Eiche und Esche und Weißdorn …

»Merlin?«, fragte er mit erhobenem Haupt und lauschte ins Blaue hinein. »Bist du hier?«

Aber da kam keine Antwort.

Für einen Augenblick ließ Artus den Schwertknauf los. Und sogleich war alles, wie es immer gewesen war. Keine Klänge, keine leuchtende Klarheit, kein Baumrauschen. Gar nichts.

Artus schauderte. Aber dann nahm er sich zusammen. Schließlich brauchte Kay ein Schwert …

Er packte wieder zu. Mit lockerer Hand zog er daran und das Schwert glitt heraus, so leicht, als habe es in einer Scheide gesteckt.

Wie Artus König wurde

Um den Turnierplatz herum herrschte ein Lärm wie auf einem Jahrmarkt. Die Zuschauer grölten und schrien, feuerten die Kämpfer mit rhythmischen Zurufen und Händeklatschen an, pfiffen, wenn einer etwas tat, was gegen das strenge Turnierreglement verstieß, brüllten vor Begeisterung, wenn jemand aus dem Sattel gehoben wurde und in hohem Bogen durch die Luft flog, und spendeten dem Sieger wie wild Beifall. Mit Mühe bahnte sich Artus, das großartige Schwert in der Hand, seinen Weg durch die Menge, zu der Stelle, wo er seinen Pflegevater und dessen Sohn verlassen hatte.

Sir Kay hatte bis jetzt dem Lanzenstechen zugesehen und wartete bereits aufgeregt auf Artus, denn er sollte bald an die Reihe kommen. »Wo bist du so lange gewesen?«, rief er seinem Knappen entgegen.

»Entschuldigt, aber das Haus war verschlossen. Ich musste ein anderes Schwert für Euch besorgen«, erwiderte Artus und hielt ihm die Waffe mit dem funkelnden Knauf entgegen.

»Wo hast du das her?«, fragte der junge Ritter.

»Vor einer Kirche hat es in einem Amboss gesteckt«, sagte Artus. »Ich habe es herausgezogen. Wir können es ja nach dem Turnier wieder dorthin zurückbringen.«

Sir Kay bekam Riesenaugen. Im Gegensatz zu seinem Milchbruder hatten nämlich er und sein Vater während der Zeit, die sie auf dem Platz gewartet hatten, reichlich Gelegenheit gehabt, das Gerücht von dem Schwert im Stein zu hören. Er las die Worte, die auf dem Schwertgriff geschrieben standen. Dann wandte er sich an Sir Ector und sagte: »Vater, ich habe das Schwert aus dem Stein. Nun muss ich König von England werden.«

Doch Sir Ector wiegte den Kopf. Er war ein bedächtiger und verständiger Mann. Er sah von einem zum anderen. Dann sagte er: »Kommt, ihr beide. Kay, wir verlassen das Turnier. Es gibt Wichtigeres zu tun.«

Kay wollte widersprechen – schließlich ging es um seinen ersten Kampf! –, doch die Miene seines Vaters war zu ernst. Er fügte sich.

Die drei begaben sich zu der Kirche, wo Stein und Amboss nun ohne die Waffe standen. Sir Ector sagte zu seinem Sohn: »Nun steck das Schwert wieder in den Amboss, Kay, und dann zieh es heraus.«

Kay tat, wie ihm sein Vater geheißen hatte, und steckte die Klinge in den Schlitz im Amboss – aber sosehr er sich auch mühte, es gelang ihm nicht, sie wieder herauszuziehen. Auch Sir Ector versuchte es. Ebenfalls vergeblich.

»Nun du, Artus!«, sagte der alte Mann. Und Artus trat hinzu und zog das Schwert so glatt heraus, als stecke es in Butter.

Sie versuchten es mehrmals, aber einzig Artus war imstande, die Klinge zu bewegen.

Und dann sah er, dass sein Pflegevater vor ihm in die Knie ging und auch seinen Sohn Kay herunterzog.

»Was soll das, Sir Ector?«, rief er erschrocken. »Warum kniet Ihr vor mir?«

»Mein Herr und Gebieter«, sagte Sir Ector, »habt Ihr nicht gelesen, was auf dem Knauf dieser Waffe steht? Jeder hier in London weiß es: Der, welcher dieses Schwert aus Stein und Amboss zieht, ist rechtmäßiger König von Britannien. Ihr, mein Pflegekind, werdet unser Herrscher sein – Ihr seid offenbar von edlerem Blut, als ich es bin, und sicher wird Merlin das Geheimnis Eurer Herkunft bald lüften. Ich bitte Euch nun um eins, Majestät: Seid mir und meinem Sohn ein guter und mildtätiger Herrscher und nehmt Kay mit auf den Weg, der Euch nun bevorsteht.«

Der Kampf um den Thron

Artus stand da, das Schwert in der Hand, und sah auf die Knienden herab. Er, das Pflegekind, der Niemand – und nun nannten ihn diese Edelleute plötzlich Majestät?

»Bitte steht doch auf, Sir Ector, Sir Kay – ich … das kann ich nicht dulden!«, sagte er.

Und dann wanderte sein Blick über die beiden hinweg in die Ferne und ihm war, als sähe er Merlins Turm auf der Lichtung unter den drei Bäumen Britanniens stehen. Auf einmal fügte sich alles zusammen. Er begriff, wozu ihn der Zauberer erzogen hatte und warum er ihn in Dinge eingeweiht hatte, deren Sinn er damals noch gar nicht verstand. All das, was er, die drei Blätter der heiligen Bäume in der Hand, damals »vergessen« hatte, strömte nun in seinen Kopf zurück. Und für einen Augenblick senkte sich die ganze Bürde seiner künftigen Pflichten wie ein bleierner Mantel auf seine Schultern.

Aber dann straffte er sich und seine Augen leuchteten. Ja. Es hatte wohl alles seine Richtigkeit. Dazu hatte ihn Merlin erzogen.

»Lasst uns zum Erzbischof gehen«, sagte er. »Gewiss ist er weise genug zu verstehen, was hier passiert ist.«

Nun versammelte das geistliche Oberhaupt des Landes die Großen des Reichs ein zweites Mal in der Kirche und verkündete, dass dank der Gnade Gottes ein Wunder geschehen war: »Ihr Herren und Volk von London!«, rief er mit tönender Stimme. »Es ist entschieden. Einem fünfzehnjährigen Knaben, einem jungen Mann ohne Titel und von unbekannter Herkunft, ist es gelungen, das Schwert der Verheißung aus dem Stein zu ziehen. Er gewann, ohne zu wissen wie, ein Königreich.« Und er nahm Artus an die Hand und führte ihn vor die Stufen des Hochaltars, rufend: »Hier, ihr Herren, steht euer neuer König!«

Artus stand da, ein blonder Junge, das große Schwert in der Hand, und aus seinem freundlichen treuherzigen Gesicht leuchteten die blauen Augen voller Verwunderung und ernster Freude.

Nach ein paar Momenten der Stille erhob sich in der Kathedrale ein unbeschreiblicher Tumult. Während die paar einfachen Leute, die sich hinten im Kirchenschiff zusammengedrängt hatten, in lauten Jubel ausbrachen und den neuen König begrüßten, der der Willkür im Lande ein Ende setzen würde, begannen die Lords zu fluchen und zu toben.

»Wie denn? Soll jetzt Britannien von einem bartlosen Knaben regiert werden, einem Kind, von dem man nicht einmal weiß, wessen Sohn er ist? Das lassen wir nie und nimmer zu! Wir wollen die Probe noch einmal machen – vielleicht ist ja der Zauber erloschen und jeder Beliebige kann nun das Schwert aus Amboss und Stein ziehen!«

Der Erzbischof konnte sich ihrem Drängen nicht entziehen. Er befahl, die Klinge wieder an ihren Platz zurückzubringen.

Und dann probierten einen ganzen Tag lang die Lords und Barone Englands ihre Kräfte an diesem Schwert aus – vergeblich. Nur Artus konnte es jedes Mal ohne Anstrengung bewegen.

Die Großen des Landes gaben aber noch nicht auf. »Lasst uns die Entscheidung vertagen, hochwürdiger Herr! Vielleicht gibt es irgendwo ja noch einen Ritter, der nicht von diesem Ding gehört hat und dessen Bestimmung es ist, das Wunder zu vollbringen!«, forderten sie.

(Natürlich war das nur eine Ausflucht, denn keiner von ihnen gönnte dem anderen die Königswürde, ganz gleich, wie berühmt und mächtig er war.)

Schließlich sagte der Erzbischof: »Nun gut. Wir wollen uns alle zu Mariä Lichtmess wieder versammeln zu einer erneuten Probe!« Das war aber zu Anfang Februar.

So geschah es und wieder war das Ergebnis das gleiche. Doch die aufgebrachten Barone erzwangen noch eine zweite und dritte Verschiebung, bis Ostern zuerst, dann bis Pfingsten. Es wollte nicht in ihre hochmütigen Köpfe, dass sie sich von einem »Dahergelaufenen« beherrschen lassen sollten. Schließlich versammelten sich ein letztes Mal zur Probe alle um Stein, Schwert und Amboss.

Inzwischen hatten sie eine solche Wut auf den jungen Artus, dass man um sein Leben fürchten musste. Sir Ector und sein Sohn Kay sowie einige der alten Vertrauten des Königsgeschlechts, aus dem König Uther stammte, bewachten den jungen Mann bei Tag und Nacht und ließen ihn nicht aus den Augen, denn gern ging er aus dem Haus und wanderte durch die Straßen Londons, wo er von den einfachen Leuten überall mit Freude und Hochachtung begrüßt wurde. »Liebe Majestät«, riefen sie wohl, »Gott segne dein blondes Haar und deine Jugend und deine Kraft und deine treuen Augen! Du wirst uns zu unserem Recht verhelfen! Unter dir werden wir sicher und in Frieden leben können!« Das hörte Artus und er gelobte sich in seinem Herzen, die Erwartungen der Menschen nicht zu enttäuschen.

Die großen Herren des Landes also versuchten sich noch einmal am Schwert im Stein und wieder zeigte sich, dass keiner von ihnen imstande war, die magische Waffe herauszuziehen. Da versammelten sie sich, ungeachtet der Heiligkeit des Orts, unter Lärmen und Toben in der Kirche. Sie gaben wiederum ihre Meinung kund, dass sie – Schwertprobe hin oder her – nicht bereit seien, sich diesem hergelaufenen Niemand zu unterwerfen. Der Erzbischof besaß keine Macht über sie.

Da erschien auf einmal Merlin inmitten der Versammlung und in seiner Hand trug er ein weißes Banner mit einem blutroten Drachen, der wie lebendig wirkte, wenn sich die Seide bewegte.

»Ihr Herren!«, rief er, »hört mich an. Erkennt ihr dieses Zeichen? Es ist die Fahne, unter der König Uther Pendragon, das Drachenhaupt, zu Felde zog und Unbotmäßige niederzwang, wie ihr wohl wisst. Und so wahr ich des großen Königs Vertrauter gewesen bin, so gewiss ist es, dass dieser Knabe Uthers Sohn ist. Ich selbst habe den Herrscher heimlich zu Lady Igraine geführt, während der Zeit, als er die Burg von Terrabil belagerte, und aus dieser Verbindung ist Artus hervorgegangen. Und ich habe dann das Kind zu Sir Ector gebracht, damit ich es in aller Ruhe, unbehelligt von den heimtückischen Plänen machthungriger Barone, zu dem erziehen konnte, was er einmal sein wird: Britanniens großer Herrscher. The once and future King – der einstige und künftige König.«

griechische sagen

ISBN 978-3-7855-7660-1

Troja schläft. Im Schutze der Dunkelheit wird ein hölzernes
Ungetüm vor den Mauern der Stadt aufgebaut.
Noch ein paar geflüsterte Befehle, dann ist der Spuk zu Ende.
Als die Bewohner am nächsten Morgen das riesige Pferd
entdecken, ist die Überraschung groß. Bestimmt ist es ein
Geschenk der Götter. Feiernd ziehen die Trojer das Pferd in
ihre Stadt. Doch damit nimmt das Verhängnis seinen Lauf:
in der nächsten Nacht steigen bewaffnete Soldaten aus dem
Bauch des Tieres …
Das spannende Epos um den Untergang Trojas fesselt von
jeher junge und ältere Leser – wie auch die Sagen um Jason
und das goldene Vlies, Herakles und Odysseus.

Artussagen

ISBN 978-3-7855-6012-9

Wer das Schwert aus dem Fels zieht, soll König von Britannien werden. Alle Ritter und Edlen des Landes folgen dieser Verheißung, doch keiner von ihnen kann das mit Edelsteinen besetzte Schwert auch nur einen Millimeter bewegen. Erst ein unbedeutender Knappe vermag das Unmögliche: der junge Artus, der unbekannte Königssohn, ergreift das Schwert und zieht es aus dem Stein. So beginnt die abenteuerliche Geschichte um Artus, die Ritter der Tafelrunde und Merlin, den weisen Zauberer.

Helden- und nordische Sagen

DEUTSCHE HELDENSAGEN

WALDTRAUT LEWIN

WALDTRAUT LEWIN

NORDISCHE GÖTTERSAGEN

ISBN 978-3-7855-4175-3   ISBN 978-3-7855-4826-4

Odin, Thor, Freyja … Siegfried und Kriemhild. Seit
Jahrhunderten werden die Geschichten um Götter und
tapfere Krieger, um wunderliche Abenteuer und unsterbliche
Liebe von Generation zu Generation überliefert.
Die Sammlungen der Nordischen Sagen und der Deutschen
Heldensagen erzählt die bekanntesten und beliebtesten Epen
der nordischen Götterwelt und des Mittelalters spannend und
mitreißend nach und entführt junge und alte Leser in
die Welt der Legenden.